한국목간학회총서 02

목간과 문자 연구 II

| 한국목간학회 엮음 |

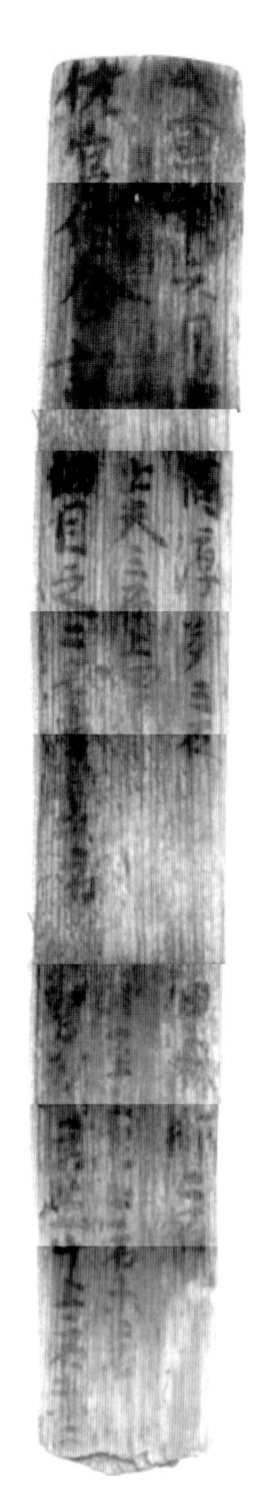

“佐官代食記” 목간 적외선사진(좌 : 앞면, 우 : 뒷면)

四二四　三方郡弥美郷中村里 別君大人 三斗　201×41×4 6051

四二五　三方郡弥美郷中村里 別君大人 三斗　202×41×6 6031

PL2 若狭国同文荷札

尙州 伏龍洞 납석제 명문 유물

목간과 문자 연구 Ⅱ

| 차 례 |

논/문

신/출/토 목/간 및 문/자/자/료

역/주

논/평

논/문

樂浪郡에 보급된 鐵官의 철제 농구 – 平壤 출토 '大河五' 銘 鐵斧의 考釋

道祖神신앙의 원류 – 고대 길의 제사와 양물형 목제품

고대 지명형태소 '本波/本彼'에 대하여

신라 城址 출토 문자 자료의 현황과 분류

走馬樓吳簡 賦稅 징수기록에 대한 고찰

古代日本의 荷札

논 문

樂浪郡에 보급된 鐵官의 철제 농구

-平壤 출토 '大河五' 銘 鐵斧의 考釋-

이성규*

Ⅰ. 머리말

前漢 武帝 元封 3년(B.C. 108) 조선의 고지 대동강 유역을 중심으로 설치된 낙랑군은 313년 고구려에게 최종 합병되었다. 낙랑군이 존속한 400여 년은 요하 이동과 한반도에서 예·맥·한계 종족들이 고구려 백제 신라를 형성, 발전시킨 기간이었다. 낙랑군은 이 고대국가들이 필요한 중국 선진 문물 수용의 중요한 창구가 되었다. 특히 400여 년 동안 중국의 군현 지배가 비교적 성공적으로 관철된 낙랑군의(낙랑군에서 분치된 대방군 포함) 유산이(주민, 문화, 생산력, 행정조직 등) 대부분 고구려·백제 등에 흡수되었기 때문에, 한국 고대사 연구에서 '낙랑군의 구체적인 실태와 그 유산'은 피할 수 없는 핵심 과제의 하나이다. 필자가 최근 발표한 「중국 군현으로서의 낙랑」(동북아역사재단 연구총서 20, 『낙랑문화연구』 2006.12)은 바로 이러한 문제의식에서 한제국의 군현 지배가 낙랑군에서 구체적으로 어떻게 관철되었으며, 그 결과 어떤 정치 경제 사회 문화적 환경을 형성시켰는가를 종합적로 고찰한 것이었다. 그 글에서 필자는 낙랑군의 철제 농구의 보급에

* 서울대학교 동양사학과 교수

관해서 다음과 같은 추정을 제시하였다. 즉 한제국의 철기전매 정책아래에 낙랑군에는 鐵官이 설치되지 않았고, 철관이 설치되지 않은 다른 邊郡과 마찬가지로 內郡의 철관이 생산한 철기가 보급되었다는 것이다. 그러나 이 추정은 낙랑군에서 출토된 내군 철제 농구 유물도, 內郡이 낙랑군에 철제 농구를 공급하였다는 직접적인 문헌 자료도 제시하지 못하였다.

때문에 필자도 상기 추정의 설득력이 크게 떨어진다는 것은 자인하지 않을 수 없는 바이지만, 한국 고고학자들은 대체로 낙랑군의 철제 농구 보급 자체에 대해서도 대단히 회의적인 것 같다. 이것은 주로 ①중국 內郡에서 생산된 철제 무기가 비교적 다수 출토된 반면 철제 농구는 거의 확인되지 않는 사실과 ②낙랑군 자체의 철기 생산을 적극적으로 평가하려는 경향 때문인 것 같다.[1] 낙랑군 설치 이전 한반도, 특히 청천강 이남의 철기문화가 적극적으로 확인되지 않는 상황에서 낙랑 철기 문화는 한반도 초기 철기문화를 해명하는데 불가결한 연결 고리라면, 자체 철기 생산의 유무는 낙랑 철기 문화의 성격뿐 아니라, 낙랑 이후 한반도 철기문화를 크게 규정한다.

현재 낙랑군의 자체 철기 생산을 입증할 수 있는 증거는 대단히 미약하다. 평안남도 甑山郡과 大同郡에서 각각 출토된 2건의 鐵斧鑄型도 靑銅斧 제작을 위한 鑄範, 또는 낙랑군 설치 이전의 유물일 가능성을 주장하는 견해도 있지만[2], 단조철기와 鑄造鐵器의 생산을 주장하는 근거로 지적하고 있는 鉗과 鎚등의 鍛冶具와 車軸頭 釭과 같은 주철 車馬具 및 鉢形 주조 鐵釜 등도 낙랑 철기 생산을 확실하게 입증할 수 있는 자료는 아니다.[3] 그러나 낙랑 토성에서 수집된 철 슬래그가 鍛冶爐에서 발생한 것이라면[4], 낙랑 토성에서 다수 출토된 鍛造 철기들도 현지에서 鍛造되었을 가능성이 높은데, 중국의 李京華는 낙랑군의 단조 철기들은 內郡 철관에서 공급한 板狀 또는 條狀의 鐵材를 원료로 제작되었을 것으로 추정한다.[5] 또 낙랑 토성에서 다수의 철기와 함께 수집된 鐵斧 內

---

1) 이남규, 「1~3세기 낙랑지역의 금속문화」(한국고대사연구소 편, 『한국고대사논총』 5, 1993), 이남규, 「낙랑지역 한대 철제병기의 보급과 그 의미」(동북아역사연구재단 연구총서 20, 이성규 · 정인성 · 이남규 · 오영찬 · 김무중 · 김길식 『낙랑문화연구』, 2006.12), 정인성, 「낙랑토성의 철기와 제작」(『낙랑문화연구』 소수)

2) 이것을 처음 소개한 북한의 정백운은 "출토 상황과 반출 유물에 대해서 알 방법이 없지만……그 형태가 우리나라에서 발견된 일이 있는 청동부를 만들기 위한 것이 아니고, 그 형태로 보아 철부의 주형인 것은 명백하다"는 견해를 제시하였다(鄭白雲, 朴文國譯, 「朝鮮における鐵器使用の 開始について」(『朝鮮學報』 17, 1960), pp177~178). 한편 일본의 東潮도 이 2건의 鑄型을 靑銅斧 제작을 위한 주형일 가능성을 지적하면서도 전한 중기 이후 대동강 유역의 철기생산의 구체적인 자료로 평가하였다(東潮, 『古代東アジア鐵と倭』, 廣島, 1999, pp.100~101). 이에 비해 이남규는 낙랑군 설치 이후 주조 철부가 전혀 출토된 예가 없다는 이유로 그 낙랑 이전 시대의 유물로 추정하고 아울러 靑銅斧 제작을 위한 주형일 가능성도 배제하지 않았다(이남규, 「韓半島初期鐵器文化의 流入樣相--樂浪 설치 以前을 중심으로」(『韓國上古學報』 36호, 2002.5, p.39).

3) 이남규, 「1~3세기 낙랑지역의 금속문화」, pp.224~229 참조.

4) 정인성, 「낙랑토성의 철기와 제작」, p.160.

5) 李景華, 「試談日本九州早期鐵器來源問題」(『華夏考古』 1992-4). 그러나 李가 제시한 근거는 九州에서 출토된 철재와 중국 河南 鐵材의 금상학적 분석 결과 동일한 특징을 보이고 있다는 사실과 조기 九州 철기가 한반도에서 수입된 것이라는 추정뿐이며, 낙랑 철재와 중국 內郡 철재를 비교 분석한 결론은 아니다.

范(철부에서 떨어진) 1건과 內范이 부착된 鐵斧 1건은 확실히 주조 철기 생산을 입증한다. 그러나 낙랑 토성 내 청동기 제작 공방으로 추정되는 유지 부근에 위치하였을 것으로 추측되는 철기 공방은 현재로서는 확인할 수 없는 상태인데, 청동기 공방과 유리옥 등의 공방이 위치한 전체 유지의 규모를 고려하면, 철기 공방의 규모는 그리 크지 않았을 것으로 짐작된다.[6] 이와 같이 자체 생산의 증거가 극히 영성한 상황에서 평양 지역에서 출토된 '大河五' 銘 鑄造 鐵斧가(그림 1) 종래 많은 연구자들이 조심스럽게 추정한 것처럼 낙랑군의 자체 생산품이라면(후술), 주철의 자체 생산 주장이 크게 보강될 수 있으며, 더욱이 內郡 철관에서 공급된 주철 농구를 입증할 수 있는 확실한 자료가 전혀 없다면 이 주장을 반박할 근거도 없는 셈이다.

그러나 漢 帝國의 철 專賣 정책과 철저한 대외 철 禁輸 정책, 그리고 철기의 關外 반출은 물론 북방과 서북 변경 지역에 冶鐵과 採鑛도 일체 금지한 唐代의 정책[7]을 고려할 때, 漢 제국이 낙랑군에게 철기 생산을 허용할 가능성은 극히 희박하다. 더욱이 鐵官이 없는 '北 邊郡'에 內郡의 철제 농기를 공정하게 공급하라는 조서는[8] 비단 '북 변군'에 국한된 정책으로 볼 특별한 이유도 없지만, 실제 하남군 철관 생산품임을 표시한 '河二' 명문 鐵鏵와 鐵鏟, 그리고 河東郡 철관 제품임을 표시하는 '東二' 명 鐵産이 각각 서북의 변군 隴西郡에서(감숙 동부) 출토되고[9], 동남 연안에 위치한 臨淮郡(江蘇 남부) 소재 철관의 생산품이 서남의 내륙 변군 桂林郡 布山縣에서 출토되었다면[10] 낙랑군에도 內郡 鐵官의 생산품이 일정 규모 공급되지 않을 이유가 없었을 것이다. 그러므로 필자는 앞으로 內郡 철관에서 공급된 낙랑 철기 유물이 확인될 것으로 확신하지만, 사실 기왕에 보고된 평양 출토 '大河五' 銘 鑄造 鐵斧는 의문의 여지가 없는 內郡 鐵官 제품으로서 '철관 생산 농구의 낙랑 공급'을 직접 증언하는 귀중한 자료이다. 그러나 종래의 연구자들은 '大河五'의 의미를 정확히 이해하지 못하였고, 그 결과 낙랑군 유지에서 출토된 철기들에 대해 적지 않은 오해를 남기고 말았다. 본 소고는 '大河五'의 정확한 의미를 釋明함으로써, 낙랑 철기에 대한 종래의

6) 정인성, 「낙랑토성의 철기와 제작」, p.168, pp.173~175 참조.

7) 漢과 唐의 철기 금수 정책은 졸고 「동아시아 교류의 열림[開]과 닫힘[塞]」(한림대학교 아시아문화연구소 엮음, 『동아시아 경제문화 네트워크』(태학사, 2007), pp.132~138 참조.

8) 甘肅省文物研究所 甘肅省博物館 文化部古文獻研究室 中國社會科學院歷史研究所 編, 『居延新簡』(文物出版社, 1990), p.228, E.T.P: 52~15 "墾田以鐵器爲本 北邊郡毋鐵官 卬器內郡 令郡以時博賣予細民, 毋令豪富吏民得多取 販賣細民". 매수인이 '豪富吏民', '細民'으로 명기된 것을 보면 이 철제 농구는 민간의 사적 농경용으로 공급된 것이 분명하다.

9) 陜西省博物館, 陜西省文物管理委員會, 「陜西省發現的漢代鐵鏵和鐴土」(『文物』 1966-1), pp.21~22.

10) 한대 桂林郡 布山縣이 위치하였던 廣西 貴縣 羅泊灣 M1 漢墓에서는 철제 鍤을 비롯한 다수의 철기가 출토되었는데, 특히 함께 출토된 목간의 "東陽田器志 人桶卅●正月甲申中侍□□ □□十八其九在中"은 臨淮郡 東陽縣의 철제 농구가 계림군 포산현에 공급된 사실을 입증한다(廣西壯族自治區博物館 編, 『廣西貴縣羅泊灣漢墓』, 文物出版社, 1988, pp.52~53, 85). 또 臨淮郡 철관 제품임을 표시하는 '淮一' 명문 鐵鏟과 鐵鍤은 철관이 설치되지 않은 한대 豫章郡 지역(현 江西省 修水縣)에서도 출토되었다(江西省文物管理委員會, 「江西修水出土戰國銅器和漢代鐵器」, 『考古』 1965-6)

부분적인 오해를 시정하는 계기를 제공하기 위한 것이다.

Ⅱ. '大河五' 銘에 대한 종래의 이해

'大河五' 명문 鐵斧를 처음 학계에 보고한 것은 북한 鄭白雲의 「우리나라에서 철기 사용의 개시에 관하여」(『문화유산』 1958-3)이다. 그러나 한국과 일본 학계에 본격적으로 이 철부가 알려진 것은 1960년 일본의 『조선학보』 17집에 이 논문의 전문이 日譯, 소개된 이후였다. 정백운은 刃部가 넓은 형식이란 것 이외에는 구체적인 형태와 크기는(長, 寬, 厚) 언급하지 않은 채 이 鐵斧를 다음과 같이 소개하였다. 즉 '이 철부는 漢, 晉시대의 유물이 많이 발견된 대동강 연안 평양 낙랑리 助王 부락에서 발견되었으며, 어디서 제작된 것인지는 不明이지만, 고대 중국 철기문화와 관련된 것은 의문의 여지가 없다. 그러나 이것은 우리나라에서도 주조철부가 확실히 제작된 증거의 하나이다'.[11] 이 주장은 초기 주철 생산의 확실한 증거가 없는 상황에서 이 철부를 '우리나라'의 주조철기 생산 개시를 입증하는 유력한 증거로 만든 결과가 되었다.

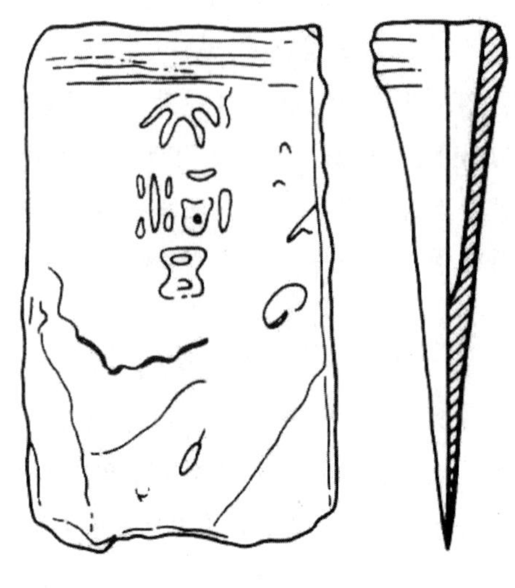

〈그림 1〉 '大河五'銘 鐵斧

그 후 이 철부를 검토한 일본의 潮見 浩도 이 철부의 '우리나라 제작' 설을 일단 부정하지 않으면서도 河南 공관 제품일 가능성도 다음과 같이 조심스럽게 인정하였다. 즉 중국 철기 명문들과 비교해 볼 때, '大河'는 지명에 해당하지만 '大河'를 군국명이나 현명으로 보는 것은 적절하지 않기 때문에 낙랑군 독자의 철기 공방에서 제작되었을 가능성도 있다. 그러나 한편 '大河'의 '河'를 주목하면 '大河五'는 '河一', '河二', '河三' 명과 마찬가지로 河南郡 철기 공방 제품을 표시한 것일 가능성도 있다는 것이다. '河一'은 하남 鄭州市 古滎鎭 한대 제철유적에서 출토된 鐵鏟과 犁의 鎔範에서, '河二'는 하남성 汝州市 夏店 冶鐵 유적에서 출토된 鐵犁와 鐵鏟에서, '河三'은 하남성 鞏縣 한대 鐵生溝에서 출토된 鐵犁·鐵鏟에서 각각 확인되었다. 결국 그는 2가지 가능성 사이에서 다음과 같은 말로 유보적인 입장을 견지하였다. 즉 "어쨌든 '大河五'의 명문은 흥미를 자극하는

11) 鄭白雲, 「朝鮮における鐵器使用の開始について」, p.177.

중요한 자료이지만, 금후의 검토를 기다리지 않으면 안된다."[12] 이에 비해 東潮는 중앙의 국가적 기구인 철관에서 미확인되는 '大河五'라는 명문은 낙랑군에서 만든 것이며, 하남 철관의 기술을 이용하였기 때문에 '大河五'란 銘을 사용하였을 것으로 추측하였다. 그는 私鑄의 가능성도 인정하였지만, 결국 이 철부를 하남 철관의 기술을 이용한 낙랑 공방의 제품으로 이해함으로써, 정백운의 '우리나라에서 주조한 철부' 설을 지지한 것이다.[13] 이 추정은 사실상 하남 철관의 支部를 낙랑군에 상정한 것으로서, 이 추정을 따를 경우 漢 제국 철기생산의 중심지의 하나인 하남군의 철기 생산기술이 낙랑군에 그대로 이식되었다는 주장도 가능할 것이다.

그러나 낙랑군 설치 이후 낙랑의 鐵斧 주조에 극히 회의적인 이남규는 '大河五' 철부의 제조 문제에 대해서는 별도의 검토를 요한다는 입장을 일단 취하였다. 그러나 그는 이 철부가 서북한 지역에서 독자적으로 생산되었을 가능성도 인정하는데, 동시에 기원전 2세기 이후의 유물인지는 확실히 말하기 어렵다는 견해를 표함으로써[14], 이 철부가 낙랑군 설치 이전 서북한에서 제작되었을 가능성은 완곡하게 주장하고 있는 것 같다.

이와 같은 기왕의 추론들은 결국 낙랑군 또는 그 이전부터 한반도 서북지역에 중국과 동일한 수준의 철기 주조 기술이 존재하였다는 주장으로 연결될 수 있는데, 기왕의 논자들이 이처럼 '大河五' 鐵斧의 '우리나라 제작' 설에 집착한 것은 다른 철기 명문의 용례로 보아 '大河'를 지명으로 이해하는 것이 가장 자연스럽지만, 이에 상응하는 중국의 군현명을 확인하지 못하였기 때문이다. 즉 '大河'가 중국의 지명과 관련되지 않다면, 중국 이외, 특히 그 철부가 출토된 지역과 관련될 수밖에 없다는 것이다.

이런 상황에서 李京華가 '大河五' 철부를 漢 河東郡 철관 제품으로 추정한 것은 낙랑군 철기 來源에 새로운 파문을 일으킨 것이었다. 당초 李京華에게 이 철부에 대한 정보를 제공한 것은 潮見浩였다. 80년대 초 '大河五' 철부에 대한 금후의 검토를 기다려야 한다던 그는 이경화에게 '大河五' 철부의 線圖를 제공하면서 그 고증을 부탁한 것이다. 이경화는 이 시점을 정확히 200년 10월 18일로 전한다.[15] 潮見浩가 이경화에게 이 철부의 고증을 의뢰한 것은 이경화가 한대 철관 標志銘에 관한 최고의 권위자이기 때문으로 추측된다. '河一', '河三', '東三', '內一' '內二' 등의 명문들이 그 철기를 생산한 철관의 소재 郡國 또는 縣名의 약칭이며, 뒤의 수자는 群內 복수 철기 작방을 구분하는 序數라는 것을 처음 밝힌 것도 이경화인데, 그는 70년대 이후 출토되는 철기 명문을

12) 潮見 浩, 『東アジアの初期鐵器文化』(東京, 1982), p.186, pp.224~225.

13) 東潮, 『古代東アジアにおける鐵と倭』, pp.99~101. 東潮도 이 철부의 크기는 언급하지 않았지만, '大河五' 명문이 보이는 평면도 입면도를 게재하였다.

14) 이남규, 「1~3세기 낙랑지역의 금속문화」, p.218, 「한반도 초기철기문화의 유입양상--낙랑 설치 이전을 중심으로」, p.40 참조.

15) 李京華, 「朝鮮平壤出土 "大河五" 鐵斧」(『中原文物』 2001-2). 이하 '대하오'에 대한 이경화의 고증 소개는 모두 이 글에 의거한 것이다.

분석하여 명문과 철관의 대응 관계를 밝히는 작업을 계속하였다. 그는 지금까지 20개 이상의 철관 표지 명문을 고증하였는데, 명문은 대체로 郡名 또는 縣名의 첫 글자 또는 뒷글자로 표기되었지만, '中山', '山陽' 과 같이 郡國名을 그대로 표기한 것도 있으며, '蜀郡成都' 와 같이 郡과 縣名이 모두 표기된 예도 확인되었다.[16] 李京華의 논증은 몇 가지 문제점은 있어도[17] 대체로 학계의 '정설' 로 인정되고 있는 것 같다.

李京華도 '大河五' 의 '大河' 를 일단 '中山', '山陽' 등의 철기명과 마찬가지로 군 · 현명을 약칭하지 않은 철관 銘으로 판단하였다. 그러나 한대 郡國과 縣의 명칭에서 '大河' 를 확인하지 못한 그는 먼저 '大河' 를 '황하의 統稱' 으로 이해한 후, 황하 연안에서 이에 어울리는 지명을 탐색한 결과 後漢의 應劭가 "大河의 북쪽에 있다(在大河之陽)"고 주석한 하동군 大陽縣을 주목하였다. 현재의 산서성 平陸縣 서남에 비정되는 대양현은 황하 북안에 있고 황하에서 가장 가까운 거리에 위치한 현이기 때문에 그 명칭을 얻었는데, 대양현 북쪽의 中條山은 대양현과 북으로 직선 거리 40㎞ 위치한 安邑 철관이 철광을 채굴하는 산이므로 대양현도 철관을 설치할 수 있는 천연의 조건을 갖추고 있다는 것이다[18]. 그러나 '大陽' 이 철부에 '大河' 로 표기된 것은 특수한 사정에(避諱 吉祥 災害, 人事, 王朝의 교체 등) 의해 '大河' 로 개명된 시기가 있었기 때문일 것이며, 특히 이루 기록할 수 없을 정도로 번잡하게 지명을 변경한 왕망시대의 명칭이었을 가능성도 있다는 것이다[19]. 또 '大河' 에서 '河' 를 생략하면 太原郡 大陵 철관의 표기인 '大' 와 중복되고, '大' 를 생략하면 하남군 철관의 표기 '河' 와 중복되기 때문에 '大河' 를 약칭할 수 없었다는 것이다. 이와 같이 '大河' 를 현명으로 볼 경우, '大河五' 는 '대하현에 소속된 제 5호 철기 작방' 을 표기한 것으로 이해

---

16) 이상 李京華, 「漢代鐵農器銘文試釋」(『考古』 1974-1), 「漢代濟南郡鐵官銘文」(『華夏考古』 1998-4), 「"王小", "王大"與"大官釜"銘小考」(『華夏考古』, 1999-3), 「新發現的三件漢代鐵官銘器小考」(『考古』 1999-10), 「漢代大鐵官管理職官的再研究」(『中原文物』 2000-4) 참조.

17) 예컨대 한대 弘農郡 新安縣 소재 야철유지에서 弘農郡 철관표지 명문으로 알려진 '弘一' 銘 철기 範 4건과(鐵 鏟范 3건, 鐵鋤範 1건) 함께 '弘二' 銘 鐵犁鏵范 1건이 동시에 출토된 것은(河南省文物研究所 「河南新安縣上孤燈漢代鑄鐵遺趾調査간報」(『華夏考古』 1988-2, p.50) 명문의 숫자를 모두 郡內 作坊의 일련번호로 단정하기 어려운 증거이며, 특히 長安 주철유지에서 이경화가 하동군 安邑 철관(하동군 3호 작방) 표지 명문으로 추정하는 '東三' 銘 齒輪範이 출토된 것도 '東三' 을 모두 하동군 제 3 철기 作坊의 표지로 볼 수 있느냐는 의문을 제기한다. 이경화는 장안 유지 출토 '東三' 銘은 장안 주철 작방이 하동군 제 3 철기작방의 표지를 사용한 것으로 해석하고 그 이유는 연구할 새로운 課題로 삼았다(李京華, 「對漢代長安城冶鑄遺趾的簡報談幾點意見」, 『華夏考古』, 1997-4, p.88). 그러나 中國社會科學院考古研究所漢城工作隊, 「1992年漢長安冶鑄遺趾發掘簡報」(『考古』 1995-9), p.798은 이경화가 제시한 '東三' 을 '車三' 으로 보고하고 있는데, 이 '車三' 은 車輪 부속품의 일련번호로 이해해도 무방하다.

18) 『漢書』 地理志는 大陽縣에 철관 설치를 언급하지 않았지만, 후술할 바와 같이 『漢書』 地理志가 전하지 않은 東平工官이 武庫 출토 骨簽에 의해서 확인되고, 동해군의 鹽官과 鐵官(朐)이 尹灣 간독을 통해서 확인된 것을 상기하면 地理志의 누락도 고려할 필요가 있다.

19) 『漢書』 地理志에 의하면 大陽縣은 왕망시대 '勤田' 으로 改名되었다고 하는데, 왕망의 문란한 개명을 고려하면 혹 또 다른 개명도 배제할 수는 없다.

할 수 있지만, 지금까지 郡 철관의 일련번호에서도 4이상이(하동군의 제 4호 작방으로 알려진 '東四') 확인되지 않은 상황에서 縣 철관에 5개의 독립된 작방을 상정하는 것은 부자연스럽다. 이 때문인지 李京華는 '五'를 하동군 철관의 일련번호로 이해하여 '大河五'를 '하동군 제 5의 작방으로서 대하현에 위치한 작방'의 표기로 해석하고, 이것을 '東五'로 표기하지 않은 것은 大河縣(즉 대양현) 작방이 하동군의 통일적 철관체제에 완전히 편입되지 않았기 때문일 것으로 추측하였다.

비록 2 페이지 미만에 불과한 小考이지만 李京華의 논증은 '大河五'에 관한 기왕의 어떤 검토보다도 종합적이며 최고 전문가다운 수준을 과시하면서, '금후의 검토를 기다린' 연구자들이 제기한 의문을 나름대로 모두 해결한 것처럼 보인다. 어쨌든 이경화의 결론을 따를 경우, 종래 한반도 초기 철기주조의 유력한 증거로 평가되었던 '大河五' 철부는 오히려 漢 제국이 內郡 철관의 철제 농구를 낙랑군에게 공급한 증거가 되며, 아울러 한대 가장 많은 철관이 설치된 것으로 알려진 하동군 철관에[20] 대한 새로운 知見을 첨가한 자료로 평가하지 않을 수 없다. 그렇다면 과연 이경화의 논증은 어느 정도 설득력이 있는가? 管見에 한한 '大河五'에 대한 이경화의 논증에 대한 학계의 반응은 아직 없는 것 같으며[21], 필자도 낙랑군의 철기문제를 검토하면서 '大河五' 鐵斧를 전혀 주의하지 못한 실책을 범하고 말았던 것이다.

Ⅲ. 大河郡의 存廢와 그 郡勢

李京華가 논증이 지나치게 일방적이며(특히 '大河'를 大陽縣으로 비정한 것) 쉽게 동조하기 어렵다는 것은 비단 필자만의 판단만은 아니겠지만, 李京華의 최대 실수는 다른 연구자들과 마찬가지로 前漢 大河郡의 존재를 알지 못한 것이다. 그가 그토록 무리한 추론을 전개한 것도 바로 이 때문이다. 필자가 '大河五' 鐵斧를 주목하면서 우선 놀란 것은 모든 연구자들이 한대 '大河郡의 不在'를 전제로 논의를 시작하였고, 李京華 같은 斯界의 대가도 예외가 아니었다는 사실이다. 한대 印章·封泥에 어느 정도 관심을 가진 사람들은 大河太守章의 封泥가 명백한 '大河□守□' 명문 봉니를(그림 2)[22] 기억하고 있으며, 거연한간을 자주 접하는 사람들에게는 '大河'는 결코 낯선 군명이 아니다. 한대 서북 屯田 연구에서 흔히 이용되고 있는 다음과 같은 居延漢簡에 大河郡이 명기

20) 『漢書』 地理志는 河東郡 安邑, 皮氏, 平陽, 絳 4개 縣에 철관 설치를 전하고 있는데(有鐵官), 이것은 1郡에 보고된 가장 많은 철관 수이다. 그러나 유감스럽게도 河東 한대 야철 유지는 거의 발굴, 조사되지 못한 것 같다.

21) 가장 최근에 낙랑 철기 문제를 다룬 정인성 「낙랑토성의 철기와 제작」, p.130의 다음과 같은 구절을 보면 정인성도 이경화의 논문을 참고하지 않고 의연히 '大河五' 철부를 낙랑에서 주조한 철부로 이해하고 있는 것 같다. 즉 "낙랑군의 철기 단조 철기로 대표되는 漢式 철기와 쉽게 동일시되기도 하여 '大河五' 銘의 주조 철부가 주목된 이외에는 주조철기 생산과 관련된 논의는 거의 이루어지지 않았던 점도 문제로 지적된다."

22) 東京國立博物館編, 『中國の封泥』(동경, 1998), p.179. 수록

되었기 때문이다.

① 大河郡東平陸北里公士張福年□(11 · 18)

② 田卒大河郡平富西里公士昭遂年卅九庯擧里嚴德年卅九(303 · 13)

③ 田卒大河郡任城□昌里公士莊延年□□□□ 年卄四(497 · 21)

④ 田卒大河郡瑕丘襄成里王勝年卅八(498 · 11)

⑤ 大河郡瑕丘多禾里陽振(499 · 3)

⑥ 田卒大河郡東平陸常昌里公士吳虜年三十四(509 · 1)

⑦ 受大河郡田卒卅九人(514 · 38)

⑧ 田卒大河瑕丘邑廣昌里張□(551 · 42)[23)]

⑨ 田卒大河郡東平國成宋里□(299 · 30)[24)]

〈그림 2〉 封泥 "大河□守□"

이상의 간독들은 모두 田卒로 거연에 파견된 大河郡民에 대한 기록인데, 연대는 모두 前漢에 속한다. ⑦은 모부서에서 새로 도착한 大河郡 출신 田卒 39인을 인수한 기록이며, 나머지는 모두 田卒의 본적(郡+縣+里)과 신분(유작자는 爵을 표시,①②③⑥의 公士는 한대 20等爵制의 제 1級爵), 성명, 연령을 기록한 것이다. 縣은 郡名 아래 縣名만 기록하고 '縣' 字는 표기하지 않는 것이 관례인데, ②, ③, ④, ⑥ 은 모든 항목을 구비한 반면, 나머지는 竹簡이 잘려나가 일부 항목들이 보이지 않는다.[25)] 이 간독들은 동시대의 행정문서이기 때문에 가장 신빙성이 높은 사료이다. 비록 연대는 명기되어 있지 않아도 단순한 군명만이 아니라 이와 같이 大河郡이 서북 변경으로 다수의 田卒을 파견한 사실도, 또 일부나마 그 소속 縣도(①의 東平陸, ②平富, ③任城, ④의 瑕丘, ⑧의 瑕丘邑)[26)], 심지어 자기와 같은 縣의 동일한 연령의 남자를 고용하여 대신 변경으로 보낸 사실까지도(②) 확인되었다면, 前漢 대하군의 존재를 더 이상 의심할 이유는 없을 것이다. 그렇다면 왜 『漢書』 地理志(이하 「地理志」로 약

---

23) 이상 각각 謝桂華 · 李均明 · 朱國炤, 『居延漢簡釋文合校』(文物出版社, 1987), p.19, 497, 598, 597, 598, 614, 626, 629.

24) 簡牘整理小組編, 『居延漢簡補編』(中央硏究院歷史語言硏究所(臺灣), 1998), p.184,

25) ②의 "庯擧里嚴德卅九"는 田卒 公士 昭遂가 同縣 擧里의 39세 嚴德을 고용하여 대신 居延으로 보낸 것을 명기한 것이다.

26) ④의 瑕丘가 ⑧에서 瑕丘邑으로 표기된 것은 후술할 바와 같이 후국을 잘못 표기한 것이다.

함) 大河郡을 기록하지 않았는가? 확실히 『漢書』 地理志 본문에 열거된 郡에는 대하군이 없다. 그러나 「地理志」 東平國 條에는 다음과 같은 自注가 기록되어 있다. 즉,

> (東平國은) 故 梁國으로 景帝 中 6년(B.C. 144) 나뉘어 濟東國이 되었다. 武帝 元鼎 원년(B.C. 116) 大河郡이 되었고, 宣帝 甘露 2년(B.C. 52) 東平國이 되었다.

이것을 보면 대하군은 기원전 116년에서 52년까지 64년간 존속하였던 것이 분명하다. 따라서 위에서 소개한 居延漢簡들의 연대는 모두 이 범위에 속한다. 「지리지」가 大河郡을 다른 郡과 나란히 열거하지 않은 것은 平帝 元始 2년(A.D.2)의 상황을 기술하였기 때문인데, 鄭白雲 이하 李京華에 이르는 연구자들은 바로 이 구절을 확인하지 못한 것이다. 그러나 이 구절은 이와 관련된 자료를 압축하여 서술한 것에 불과하며, 『史記』도 이미 대하군의 설치를 다음과 같이 명기하였다. 즉,

> 濟東王 彭離는 梁 孝王의 아들로서 孝景帝 중 6년에 濟東王이 되었다. 29년 (간 왕위에 있었는데, 사람이) 교만하고 사나웠으며 君王의 禮가 없었다. 저녁 어둠이 지면 노예 · 망명소년 수십 인과 함께 행인을 겁박하여 죽이고 재물을 탈취하는 것을 즐겼다. (살인이) 발각된 것도 수백 인이며, 國人도 모두 이를 알고 있어 감히 밤에 다니지를 못하였다. 살해된 자의 아들이 상서를 올려 (고발하자) 漢의 有司들은 처형할 것을 청하였으나 上(武帝)은 차마 죽이지 못하고 (왕을) 폐하여 서인으로 삼아 上庸으로 천사시킨 후 그 땅은 漢에 편입시켜 大河郡을 설치하였다. (『史記』 권 58 梁孝王世家)[27]

『漢書』도 이 구절과 거의 동일한 내용과(권 47 文三王傳, 梁孝王 附 濟東王) 함께 대하군이 東平國이 되었다는 짤막한 기사[28], 그리고 韋玄成이 父 韋賢의 列侯位를 계승할 당시 그의 관직이 大河郡 都尉였다는 사실도 전한다.[29] 韋玄成이 열후가 된 것은 宣帝 神爵 원년(B.C.61)이었다.[30] 이경화가 만약 이와 같은 『사기』와 『한서』의 기사를 상기하였다면 그는 '大河五'의 '大河'를 주저 없이 大河郡으로 이해하고 나름대로의 무리한 추론을 시도하지도 않았을 것이다. 또 대하군의 후신 동평국의 철관도[31] 주의하였다면 '大河五' 鐵斧를 대하군 철관 제품으로 쉽게 결론지었을 것이

---

27) 『史記』 권 17 漢興以來諸侯王年表 , 武帝 元鼎 원년 濟東 格도 濟東王의 폐위, 천사와 대하군의 설치를 다음과 같이 전한다. 즉 "二十九 剽攻殺人 遷上庸 國爲大河郡".

28) 『漢書』 권 75 夏侯勝傳 "夏侯勝 字長公 初 魯共王分魯西寧鄕以封子節侯 別屬大河 大河後更名東平 故勝爲東平人".

29) 『漢書』 권 73 韋玄成傳 "於是(韋)賢門下生博士義倩等與宗家計議 共矯賢令 使家丞上書言大行 以大河都尉玄成爲後……玄成不得已受爵 宣帝高其節 以玄成爲河南太守".

30) 『漢書』 권 18 外戚恩澤侯表 "扶陽節侯韋賢 以丞相侯 七百十一戶……神爵元年 共侯玄成嗣".

다.

그렇다면 '大河五'의 '五'는 과연 大河郡의 제 5호 철관을 의미하는 숫자인가? 이 문제는 결국 다른 철기명의 序數가 군내 철관의 일련번호라고 할지라도 현재까지 철기 생산으로 저명한 군들의 철기명에도 '四' 이상이 확인되지 않는 상황에서 별로 大郡도 아닌 대하군에 과연 5개의 철관이 설치될 수 있느냐는 것인데, 이것은 대하군의 郡勢와 아울러 前漢 철관 설치에 대한 구체적인 이해를 요구한다. 먼저 대하군의 상황을 검토해 보자.

葛劍雄에 의하면 대하군의 후신 東平國의 총면적은 3,744 평방 킬로, 제국 전체 면적의 0.1%를 점한 소 제후 왕국이며 「지리지」가 전하는 그 屬縣도 7개에 불과하다. 그러나 A.D.2년 동평국의 인구는 약 13만 1천 戶, 약 60만 8천인으로(주 31 참조) 총 인구의 1.06%를 점하고, 인구 밀도는 전국 7위에 해당하는 1 평방 킬로 당 164.50인이다.[32] 이 수치는 東平國이 작지만 대단히 번성하고 생산력이 높은 지역이었음을 말해 준다. 더욱이 「지리지」가 山陽郡 속현으로 기록한 瑕丘가 大河郡의 소속 후국이었고(상기 대하군 관계 거연한간, ④⑤⑧ 참고)[33], 「지리지」에 泰山郡 소속으로 전하는 寧陽 후국도(魯 共王의 아들, 武帝 元狩 2년 封)도 처음에는 대하군 소속이었다.[34]

제후왕의 아들들을 열후로 봉하는 관례는 차자 이하의 왕자들에게도 귀족 신분을 보장하는 은택을 베푼다는 미명하에 제후왕국의 영지를 삭감하기 위한 정책이었다. 때문에 왕자후의 侯國은 이웃 郡과 인접한 지역에 설정하고 그 소속을 인접 郡으로 옮기는 것이 원칙이었지만, 郡이 왕국이 되면 군내의 후국은 다시 인접 군으로 이속되었다. 그러므로 대하군의 후국들도 동평국을 빠져나갔지만, 東平國이 된 이후 동평왕의 왕자 후국들도 계속 동평국을 축소시키는 요인이었다. 『漢書』 王子侯表 下에 의하면 成帝 鴻嘉 원년(B.C.20) 4월 東平思王의 왕자 護는 ①栗鄕侯로, 頃은

---

31) 『漢書』 地理志 "東平國 (故梁國 景帝中六年別爲濟東國 武帝元鼎元年爲大河郡 宣帝甘露二年爲東平國 莽曰 有鹽 屬兗州) 戶十三萬一千五十三 口六十萬七千九百七十六 (有鐵官)". ( )안은 自注

32) 葛檢雄, 『西漢人口地理』(人民出版社, 1987), p.97, 29. 인구밀도가 100인 이상 군국은 모두 13개뿐인데, 동평 인구밀도의 상대적인 위치를 이해하기 위하여 그 일부만 소개해 보자. 1위 濟陰郡 261.95, 2위 菑川國 247.84, 3위 潁川 192.06, 6위는 魯國 165.23, 8위 北海는 148.29인, 13위 千乘郡 119.80인, 14위 京兆 95. 52인. 한편 일찍이 勞幹도 한대 郡國의 면적과 인구밀도를 추정하였는데, 그에 의하면 東平國의 총면적은 3,150 평방킬로 인구밀도는 193.0인이다(勞幹, 「兩漢郡國面積估計及口數增減之推測」(『中央研究院歷史語言研究所集刊』 5권 2기, 1935, p.219)

33) 『漢書』 지리지 山陽郡 조는 먼저 縣을 모두 열거하고 侯國을 기술하는 방식으로 취하여 城都 이하 西陽까지 총 12개의 지명 아래 일일이 '侯國'을 명시하였지만, 유독 鄭과 甾鄕 사이의 瑕丘에만 아무 注記가 없어 瑕丘는 縣처럼 보인다. 그러나 『한서』 권 15 王子後表 瑕丘節侯政 條에 의하면, 魯 共王의 아들 政이 하구후에 책봉된 것은 무제 원삭 3년(B.C. 126), 이후 瑕丘 후국은 전한 말까지 존속하였다. 따라서 前漢 산양군 瑕丘는 본래 魯國에서 분할된 侯國이 분명한다. 여기서 侯國은 郡에 소속시키다는 원칙을 상기하면, 거연한간의 大河郡 瑕丘는 濟東國이 대하군이 된 이후 이속된 侯國이 분명하다. 이 瑕丘가 산양군의 속현이 된 것은 대하군이 동평국이 되면서 다시 侯國은 郡에 속한다는 원칙이 적용되었기 때문일 것이다.

34) 주 29 및 『한서』 권 15 王子侯表 寧陽節侯恬, 寧陽侯國도 전한 말까지 존속하였는데, 『한서』 지리지는 泰山郡 소속 侯國으로 전한다. 대하군에서 태산군으로 이속된 것은 瑕丘가 산양군으로 이속된 것과 같은 이유였을 것이다.

②桑丘侯로 각각 봉해졌으며, 鴻嘉 2년에는 역시 東平思王의 왕자인 宣이 ③桃鄕侯로, 永始 3년(B.C.14)에는 萌이 ④富陽侯, 元延 2년(B.C. 11) 並이 ⑤西陽侯로 각각 봉해졌다. 또 哀帝 건평 2년(B.C.5) 東平煬王의 왕자 信은 ⑥嚴鄕侯에, 璜은 ⑦武平侯에, 元始 원년(A.D.1) 2월 恢는 ⑧陶鄕侯, 褒는 ⑨釐鄕侯, 의는 ⑩ 昌侯, 鯉는 新鄕侯가 되었다. 또 元始 2년(A.D.2) 4월 東平煬王의 아들 允도 ⑪春成侯가 되었는데, 이 해에는 東平思王의 손자 17인도 열후가 되었다(金鄕 · 平通 · 西安 · 湖鄕 · 中鄕 · 陽興 · 陵陽 · 高樂 · 平邑 · 平纂 · 合昌 · 伊鄕 · 就鄕 · 膠鄕 · 宜鄕 · 昌成 · 樂安). 결국 총 28인 동평왕의 아들과 손자가 후국을 갖게 되었는데, 이 중 ①栗鄕侯國과 ⑤西陽侯國은 山陽郡의 후국으로, ③桃鄕侯國과 ④富陽侯國은[35] 泰山郡에서 각각 확인되며(『한서』 지리지), 桑丘縣도 '泰山郡 桑丘縣' 을 상기하면[36] 원시 2년의 상황이야 어쨌든 桑丘侯國이 당초 태산군으로 이속된 것은 인정해도 좋을 것이다. 이와 같이 B.C. 11년까지 분봉된 동평왕국 왕자후들이 모두 원칙에 따라 인접군으로 移屬되었다면, 그 이후 분봉된 왕자후국들도 특별한 이유가 없는 한 인접군으로 이속되었을 것으로 추측되는 되는데, 居攝 2년(A.D.7) 동군태수 翟義가 東郡의 長吏 및 유력인사들과 왕망 타도를 명분으로 거병할 때 B.C. 5년에 분봉된 嚴鄕侯 劉信과 武陽侯 劉璜도 처음부터 공모한 것을[37] 보면 ⑥엄향후국과 ⑦무양후국은 모두 東郡에 속한 것으로 추측된다.[38] 그러나 元始 원년에 분봉된 ⑧⑨⑩과 元始 2년에 분봉된 ⑪및 17개 후국들은 그 移屬 관계가 원시 2년(A.D. 2) 기준의 지리지에 반영되기 어려웠을 가능성이 높다면, 『한서』 지리지 동평국의 국세는 아직 이 21개 후국이 인접군으로 이속되지 않은 상황이었을 가능성도 높다. 그러므로 필자는 대하군이 동평국이 된 이후 타군으로 이속된 후국을 앞에서 언급한 瑕丘 · 寧陽侯國과 ①율향후국-⑦무평후국까지 총 9개 후국으로만 일단 계산하고자 한다.

왕자후국은 대체로 향 단위로 설치되었는데, 전한 1향 평균 호구는 약 1850호 약 9000 구로 계산

---

35) 『한서』 지리지 태산군 부양은 후국이란 명기가 없다. 그러나 富陽이 후국 사이에 기술된 것도 후국이었을 가능성을 강력히 시사하지만, 특히 富陽侯 萌이 永始 3년(B,C. 14) 2월 분봉 후 23년 만에(A.D.9) 면봉되었기 때문에, 『한서』 지리지가 근거한 원시 2년(A.D. 2)에는 侯國이 명백하다.

36) 『史記』 권 43 趙世家 肅侯 17년 "韓擧與齊 魏戰 死于桑丘"의 桑丘는 『集解』가 주장한 바와 같이 태산군의 상구가("地理志云 泰山有桑丘縣") 아니라 『正義』가 주장한 바와 같이 燕 지방의 桑丘일 것이다("括地志云 桑丘城在易州遂城縣界 或云在泰山 非也 此時齊伐燕桑丘 三晋皆來救之 不得在泰山之桑丘縣 此說甚誤也"). 그러나 『정의』도 태산군 상구현 자체는 부정한 것이 아니다. 『한서』 지리지에는 보이지 않지만, 이들이 언급한 태산군 桑丘縣은 桑丘侯國의 後身으로 보아도 좋을 것이다.

37) 『漢書』 권 84 翟方進傳 附 翟義 "(東郡太守翟)義遂與東郡都尉劉宇 嚴鄕侯劉信 信弟武平侯劉璜結謀 及東郡王孫慶素有勇略 以明法 徵在京師 義乃詐作移書以重罪傳逮慶……勒其車騎材官士 募郡中勇敢 部署將帥".

38) 이 후국들이 『漢書』 지리지 東郡에 보이지 않는 것은 分封後 4년만에(B.C.1) 父 東平王 雲의 대역에 연루되어 폐봉되었다가 1년 후(원시 원년, A.D.1) 復封되었기 때문에, 復封이 반영되지 못한 것으로 해석된다. 『漢書』 권 15 下 王子侯表 下 嚴鄕侯信 "東平王子 (建平二年) 五月丁酉封 四年坐父大逆免 元始元年復封 六年 王莽居攝二年 東郡太守翟義擧兵 立信爲天子 兵敗死", 武平侯璜 "東平王子 (建平二年)五月丁酉封 四年 坐父大逆免 元始元年復封 居攝二年 擧兵死".

된다.[39] 안구밀도가 전국 7위인 동해군의 경우 1향 호구도 이 평균치 보다 많았겠지만, 일단 이 평균치만 계산해도 이속된 9개 후국의 총 호구는 약 16,650戶 8만 1천 口가 된다. 일단 인구의 증감을 고려하지 않는다면, 대하군의 호구는 『한서』 지리지가 전하는 동평국의 호구 131,753戶 607,976口 보다 많은 약 14만 8,400호, 약 68만 9천인으로 추산된다. 즉 대하군은 「지리지」가 전한 동평국에 비해 약 12%가 많은 호구를 갖고 있었다는 것이다. 그러나 만약 계산하지 않은 21개 후국이 동평왕국의 호구에서 빠졌나갔다면, 대하군의 호구는 동평국보다 약 40% 정도가 많았을 것이다.

대하군이 이처럼 면적은 작지만 인구밀도는 전국 7위인 동평국보다 더 부강한 군으로서 실제 인구도 약 70만 이상이었다면, 원료 문제만 해결될 경우 대규모의 수공업 생산도 충분히 가능하였을 것이다. 동평국의 인접 군국인 泰山郡 · 魯國 · 山陽郡 · 東郡에 모두 철관이 설치되었다는 것은(「지리지」 참조) 이 일대 철광이 풍부하였기 때문일 것이며, 대하군–동평국 철관 역시 이 자원을 공유할 수 있었을 것이다. 더욱이 최근 장안성 武庫 유지에서 발견된 骨簽 刻文은 동평국에도 工官이 설치되어 병기가 제작된 사실을 처음으로 확인시켜 주었다.[40] 이 工官은 단순한 官府 수공업 作坊이 아니며, 중앙 정부가 특정 제품을 생산하기 위하여 지방 군국에 설치한 특설관으로서, 종래 확인된 것은 南郡 · 河內郡(懷縣) · 潁川郡(陽翟縣) · 南陽郡(宛縣) · 濟南郡(東平陵縣) · 廣漢郡(雒縣 외 1현) · 泰山郡 · 蜀郡(成都縣) 8郡 공관에 불과하였는데, 이제 동평국에서도 이 공관이 확인된 것이다. 이 중 촉군 · 광한공관에서는 황제 어용의 칠기 · 동기 · 금기 · 은기를 주로 생산하였으나, 다른 공관들은 주로 병기를 생산한 것으로 알려졌는데[41], 장안성 未央宮 3호 건축유지에서 발견된 骨簽들은 하남 · 영천 · 남양 공관의 대규모 병기생산을 입증해 주었다.[42] 미앙궁 유지 출토 골첨에는 동평 工官이 보이지 않지만, 武庫 유지 骨簽에 영천 · 하남 · 하내 工官과 함께 동평공관이 생산한 병기가 나란히 확인된 것은 동평국이 그 공관을 설치할 만한 물적 인적 자원을(기술 포함) 풍부하게 확보할 수 있었기 때문일 것이다. 특히 공관 설치 郡에는 예외 없이 철관이 설치된 것을 상기할 때, 동평국이 대규모의 철관이 설치될 수 있는 조건을 갖추고 있었다고 해도 대과는 없을 것이다. 이 점은 그 이전 대하군 시기에도 마찬가지였을 것이다. 그렇다면 실제 대하군의 철관은 어떤 규모로 어떻게 설치되었는가? 다시 말해 그 철관은 과연 '大河五' 銘 철기를 생산하고 있었는가? 이 문제는 결국 한대 철관의 조직 방식과 그 규모에 대한 전반적인 이해를 요구

---

39) 前漢 총 鄕數는 6,622(『한서』 권 19 상 百官公卿表 상), 전체 호구는 12,233,062호, 59,594,978구(『한서』 지리지 하).

40) 中國社會科學院考古研究所 編著, 『漢長安城武庫』(文物出版社, 2005), pp.122~123. 이 책은 骨簽의 '東平工官'을 혹 濟南郡 東平陵에 설치된 工官일 가능성도 제시하였지만, 다른 공관이 모두 군명+공관으로 표기되었는데, 유독 '東平工官'의 '東平'을 구차하게 '東平陵'으로 볼 이유가 없다. 이 추측은 『한서』 지리지가 동평국에 공관을 기록하지 않은 것을 의식한 결과일 것이다.

41) 方詩銘, 「從出土文物看漢代"工官"的一些問題」(『上海博物館集刊』 1982, 古籍出版社, 1983)

42) 中國司會科學院考古研究所編著, 『漢長安城未央宮--1980-1989年考古發掘報告(上)』(中國大百科全書出版社, 1996), pp.102~115.

한다.

Ⅳ. 漢代 鐵官 조직과 '大河五'

「지리지」는 郡·國의 철관이나 염관을 ①戶口 통계 아래 '有鐵(鹽)官'을 표기하거나 ②소재 縣 아래 '有鐵(鹽)官'을 自注로 표기하였다. ①은 소재 현도 분명치 않고 대체로 단수 염·철관이 설치된 경우가 많고, ②는 복수 염·철관이 설치된 경우가 많다. 東平國 철관은 ①에 해당한다. 李京華는 河東郡(4현)·臨淮郡(2현)과 같이 복수 현에 철관이 보고된 경우는 철기 銘의 숫자를 縣 소재 철관에 부여된 것으로 이해한다. 예컨대 하동군 4개 縣의 철관은 각각 '東一', '東二', '東三', '東四'로 표기되었다는 것이다. 이에 비해 1개의 철관이 보고되었으나 군명(약칭) 아래 표기된 번호가 '2' 이상인 경우는 단일 철관에 소속된 作坊의 일련번호로 이해하면서, 동시에 이 작방도 복수의 소 작방으로 구성된 경우도 인정한다. 예컨대 河內郡의 경우 철관이 보고된 현은 隆慮縣뿐이지만, 河內郡 철관을 표시하는 '內一', '內二' 銘이 확인되자 李京華는 발굴 조사된 하남성 林州市 正陽地 야철 유지와 鶴壁市 鹿樓 야철 유지를 '河一'에 속한 것으로, 하남성 其縣城外 야철유지와 하남성 溫縣 招賢 야철유지를 '河二'에 속한 작방으로 각각 비정하고 있다.[43] 그렇다면 명문 번호로 표기된 철관은 그 규모와 소속 冶鐵所 수에 있어서도 큰 편차가 있었다는 것인데, 전국시대 이래 철 생산지로 유명한 한대 남양군 내에서 현재까지 7처의 대규모 야철 유지가 발굴되었지만, 南陽郡 철관 표지는 '陽一', '陽二'만 확인되었다.[44] 이것은 모든 대소의 야철 작방에 일련번호를 부여하지 않고, 작방의 규모가 일정 수준에 달하거나 다수의 小 작방을 통속하는 작방에게만 번호가 부여되었음을 시사한다. 그렇다면 과연 대하군에 그런 규모의 작방이 적어도 5소가 있었고, '大河五'는 바로 그중 제 5 작방을 표시한 것인가? 이 문제를 위하여 전한 말 동해군의 염관과 철관 설치를 상황을 보고한 다음과 같은 尹灣簡牘을 주목해 보자.

① 縣邑侯國卅八 縣十八 侯國十八 其廿四有堠 都官二(木牘 1 正)

② 伊盧鹽官 吏員 30인 長 1인 秩 300石 丞 1인 秩 200石 令史 1인 官嗇夫 2인 佐 25인 凡 30인

北浦鹽官 吏員 26인 丞 1인 秩 200石 令史 1인 官嗇夫 2인 佐 20인 凡 26인

郁州鹽官 吏員 26인 丞 1인 秩 200石 令史 1인 官嗇夫 1인 佐 23인 凡 26인

---

43) 李景華, 「漢代大鐵棺管理職官的再研究」, pp.29~30, 漢代地方大鐵官系統表 참조

44) 이경화, 상게 논문, p.29

③ 下邳鐵官 吏員 20인 長 1인 秩 300石 丞 1인 秩 200石 令史 3인 官嗇夫 5인
佐 9인 정장 1인 凡 20인
□鐵官 吏員 5인 丞 1인 秩 200石 令史 1인 官嗇夫 1인 佐 2인 5人
(이상 木牘 2 反)

④ 鹽官長 琅邪郡東莞徐政 故都尉屬 以廉遷
鹽官丞 汝南郡汝陰唐宣 故太常屬 以功遷
鹽官別治北浦丞 沛郡竹薛彭祖 故有秩 以功遷
鹽官別治郁州丞 沛郡敬丘淳于相 故侯門大夫 以功遷

⑤ 鐵官長 沛郡相壯仁 故臨朐右尉 以功遷
鐵官丞 臨淮郡陵龔武 故校尉史 以軍吏十歲補
鐵官別作□丞 山陽郡方與朱賢 故有秩 以功遷(이상 木牘 4)[45]1

이상은 그 상한이 前漢 成帝 元延 3년(B.C. 10)으로 추정되는 강소성 연운항시 동해현 漢墓(M6)에서 출토된 前漢末 東海郡 上計文書 草本의 일부이다.[46] ①은 동해군의 현황을 총괄 보고한 「集簿」 중 동해군 소속 縣 · 侯國 · 邑 · 都官의 총수와 그 내역, ②와 ③은 동해군 전체의 吏員組織과 그 정원을 보고한 「東海郡吏員簿」중 각각 염관과 철관에 관한 부분, ④와 ⑤는 동해군 소속 長吏의 본관(郡+縣), 성명, 전직, 현직에 부임한 경위를 보고한 「東海郡下轄長吏명적」 중 ②와 ③의 열거된 염 · 철관 長吏 長 · 丞에 실제 임명된 사람의 명단이다. 여기서 먼저 주목하고 싶은 것은 ②와 ③에서 丞만 파견된 鹽官에는 '別治', 철관에는 '別作'이 첨가된 점이다.

②와 ③에 의하면 동해군에는 3처의 염관과 2처의 철관이 설치되어 있다. 그러나 「지리지」 동해군 조에는 염관은 없고, 下邳縣과 朐縣에 각각 '有鐵官'이 명시되어 있다. 결국 「지리지」는 ②를 누락한 것이다. 이에 대해 周振鶴은 後漢 동해군 朐縣의 伊盧鄕과(『續漢書』 郡國志), 『山海經』에 등장하는 해중 郁州山이 朐縣 경내에 있다는 郭璞의 注를 근거로 ②의 伊盧鹽官과 郁州鹽官은 모두 朐縣에 설치되었으며, 「地理志」가 朐縣 아래 명시해야 할 '有鹽官'을 누락한 것으로 추정하였다.[47] 별로 반대할 이유는 없는 것 같으며, 『水經注』도 郁州를 朐縣 해상의 큰 섬으로 전한다.[48] 그러나 그는 北浦 염관에 대해서는 언급하지 않았는데, 이것은 北浦가 다른 현에 위치하였을 가능성을 열어 놓은 것이다.[49] 어쨌든 伊盧 염관에만 장관인 長과 차관이 丞이 모두 배치된 반면 北浦

45) 連雲港市博物館 中國社會科學院簡帛硏究中心 東海縣博物館 中國文物硏究所, 『尹灣漢墓簡牘』(中華書局, 1997), p.79, 84, 93~94.

46) 「尹灣漢墓發掘報告」(『尹灣漢墓簡牘』 소수), p.166.

47) 周振鶴, 「西漢地方行政制度的典型實例--讀尹灣六號漢墓出土木牘」(『學術月刊』 1997-5)

48) 熊會貞 參疏 『水經注疏』(江蘇古籍出版社, 1989) 권 30 淮水, p, 2564 "朐縣……東北海中有大洲 謂之郁洲"

와 郁州 염관에는 丞만 배치된 것은 비록 3개 염관의 규모가 거의 비슷하지만 北浦와 郁州 염관은 모두 伊盧 염관의 통제 하에 있는 支部에 불과하였음을 시사한다. 北浦鹽官의 丞과 郁州 염관의 丞이 ④에서 각각 鹽官別治北浦丞, 鹽官別治郁州丞으로 표기된 것은 바로 이 관계를 보다 분명히 드러낸 것이다. '別治'는 분치된 지부의 의미가 분명하기 때문이다.

이 관계는 ③의 하비철관과 □철관에서도 확인된다. 下邳 철관은 長과 丞이 모두 배치된 반면, □철관은 丞만 배치되었고 규모도 □철관은 하비철관의 1/4 정도의 총 5인의 작은 기구에 불과하여 그 지부적 성격이 더욱 뚜렷하다. ③의 □鐵官丞을 ⑤鐵官別作□丞으로 표기하는 것은 바로 이 때문일 터인데, 염관의 '別治'를 철관에서 '別作'으로 표현한 차이뿐이다. 여기서 ③을 「지리지」 동해군의 철관 기사와 대응시키면 '□철관'은 '朐鐵官'으로 보는 것이 자연스러운데, 이것은 「지리지」의 동해군 朐縣 소재의 철관이 下邳縣 소재 철관의 지부였다는 결론으로 연결된다. 이 때문인지 謝桂華는 ⑤의 '鐵官別作□丞'의 '□' 우변에 '阝'가 보인다는[50] 이유로 ③의 □철관을 朐鐵官으로 보지 않고 하비철관의 別作 즉 '分支機構'로 이해하였다.[51] 그러나 謝桂華도 「지리지」 朐縣 소재의 철관을 부정하지는 않은 것 같은데(언급이 없을 뿐), 朐縣 철관을 부정할 별다른 이유가 없을 뿐 아니라 『後漢書』 郡國志 동해군 朐縣 아래 "有鐵"이 명기된 것을 상기하면, 역시 ③과 ⑤의 '□'는 '朐'로 보는 것이 타당하다. 앞에서 지적한 바와 같이 北浦 염관은 朐縣 이외에 존재하였을 가능성도 있다면, 朐 철관이 下邳 철관의 지부였다는 것도 별 문제가 되지 않는다. 어차피 염관과 철관은 중앙 大司農의 직속이고 비록 郡의 일정한 통제는 받아도[52] 郡의 소속도, 더욱이 소재 縣의 소속도 아닌 만큼 다른 縣에 그 지부가 있었다는 것도 결코 부자연스러운 일이 아니다. 山陽郡 철관이 魯國에도 야철 작방을 운영하였던 것은[53] 郡界를 넘어선 지부 설치의 실례이다.

---

49) 이에 비해 朱榮莉, 「西漢東海郡的海鹽生産和官吏機構」(連雲港博物館 中國文物研究所 編, 『尹灣漢墓簡牘綜論』, 科學出版社, 1999)은 北浦鹽官 역시 朐縣 경내에 위치한 것으로 추정하면서, 3개의 염관의 소재가 모두 朐縣이므로 『漢書』 지리지 朐縣 아래 "有鐵棺"은 "有鹽官"의 誤記였다고 주장한다. 그러나 그 유일한 이유는 朐縣 경내에 속하였던 현 灌雲縣 板浦鎭의 板浦가 北浦의 音轉이었다는 것뿐이다. 납득하기 어려운 억단이다. 그러나 이 억단은 ③의 □鐵官을 '朐鐵官'으로 볼 수 있는 근거를 부정한 것이므로, 이에 맞추어 □철관을 下邳鐵官의 지부로 주장하였다.

50) 본고는 편의상 '鐵官別作□丞'으로 표기하였지만, 『尹灣漢墓簡牘』은 '□'을 '□阝'로 표기하였다.

51) 謝桂華, 「尹灣漢簡所見東海郡行政文書考述(上)」(『尹灣漢墓簡牘綜述』 소수), p.37. 사계화는 분명히 언급하지는 않았으나 朐縣의 소재 철관이 下邳縣 소재 철관의 지부라는 것을 납득하기 어려웠던 것 같다.

52) 동해군 소재 鹽鐵官이 동해군의 「集簿」, 「吏員名籍」, 「下轄長吏名籍」, 「不在署者名籍」 등에 포함된 것은 바로 이들이 동해군 소속은 아니지만 동해군의 일정한 통제 아래 있었음을 시사한다.

53) 李步青, 「山東滕縣發現鐵范」(『考古』 1960-7) 滕縣 薛 故城 한대 야철유지에서 발견된 鑄範의 명문 '山陽二', '鉅野二'는 이 야철 유지가 山陽郡 철관의 소속임을 입증한다, '山陽'은 山陽郡, '鉅野'는 왕망이 개명한 산양군의 명칭이기 때문이다. 이보청은 『續漢書』 郡國志 산양군 조에 철관 기사가 없다는 이유로 前漢에 설치되었던 산양군 철관이 후한에서는 폐지되었기 때문에 후한 산양군이 거리가 '아주 가까운' 薛城에 와서 철기를 생산한 것으로 추정한다. 그러나 '鉅野' 鑄範의 연대가 왕망시대가 분명한 이상 前漢부터 이 유지에서 산양군 철관 표지 철기가 생산

이와 같이 동해군에 설치된 3처의 염관과 2처의 철관이 실제 각각 그 본부과 지부로 구성된 것이었다면, ①에 포함된 '都官二'의 의미가 분명해 진다. 都官은 경사 소재의 관 또는 군국에 설치된 중앙 직속의 특수관을 의미하는데, ①의 都官은 구체적으로 염관과 철관이다. 5처의 염관과 철관을 2개의 都官으로 표기한 것은 결국 장관이 배치된 염관과 철관 본부만을 각각 1 都官으로 계산하였기 때문일 것이다. 여기서 우리는 일단 다음과 같은 결론을 도출해 낼 수 있다.

(1) 1군내에 아무리 많은 염관과 철관을 설치하여도 1처에만 長과 丞을 파견하고 나머지는 모두 丞만 배치하여 양자를 本支 관계로 운영하였다. 이것은 중앙 정부가 사업의 성격상 여러 곳에 분산될 수밖에 없는 다수의 作坊들을 일일이 직접 통속하는 번잡을 피하고 작방 마다 300석의 장관을 파견하는 비용을 절감할 수 있는 이점도 있었을 것이다. (2) 동해군 3처 염관의 규모가 사실상 동일한 것을 보면, 本支의 관계는 규모와는 별 상관이 없었던 것 같다. (3) 군내에 산재한 작방들은 모두 그 소재 지명(縣 또는 그 이하의 지명) 이름으로 칭하였지만, 本支를 구별하기 위하여 지부에는 '別治' 또는 '別作'을 첨가하였다. 여기서 본부를 1, 나머지 지부를 2 이하의 서수로 표기하는 것이 간편하다는 발상도 제기될 수도 있었겠지만, 특히 생산품에 작방 명을 표기할 경우 약칭한 군명 아래 서수만 鑄刻하는 간편한 방식이 고안되었을 것이다. 예컨대 동해군의 '下邳鐵官'과 '鐵官別作朐'를 李景華가 추측한 바와 같이 각각 '海一', '海二'로 표기하면 얼마나 간편할 것인가?[54]

이것을 보면 대하군-동평국 철관도 鐵官長과 丞이 배치된 본부와 1개 또는 그 이상의 지부로 (鐵丞만 파견된 別作) 구성되었을 가능성도 충분한데, 이 문제를 위하여 다시 상기 윤만 간독에 전하는 철관의 규모를 주목해 보자. 이 자료를 처음 접한 필자가 놀란 것은 우선 규모가 예상외로 작다는 것이다. 하비철관과 朐 철관의 吏員이 각각 20인과 5인에 불과한 것이다. 전한 103개 군국에 철관이 설치된 군국은 42, 총 철관 수는 51에 불과하다. 그중 동해군 2개의 철관의 이토록 영세하였다면(특히 朐縣 철관) 佐原康夫가 주장한 바와 같이 제국 전체의 연간 철 생산량도 예상외로 적었을 가능성도 있기 때문이다.[55] 물론 간독에 보이는 철관 吏員은 생산을 조직, 감독하는 관리직이며, 그 아래 전문 기술인 공장과 비숙련기술자 요역으로 동원된 졸과 형도(도)가 다수 배치되

되었다고 보는 것이 자연스럽다. 또 폐지된 산양군 철관이 魯國에 가서 그 표지명의 철기를 생산하였다는 것은 납득할 수 없는 억측이다.

54) 李景華, 「漢代大鐵官管理職官的再研究」, p.30. 그러나 아직 '海一', '海二' 銘은 확인되지 않았다.

55) 佐原康夫는 호북성 銅綠山 서주-춘추시대 동광의 추정 銅 생산량을(연간 1~2백톤) 참고하여 한대 최대급 철광의 연간 철 생산량을 수백 톤 정도로 추정한 후, 이 철을 원료로 약 50개의 철관이 생산한 연간 철기도 1만~1만 5천톤 정도로 추정하였다. 그는 자신의 추정을 뒷받침하기 위하여 철 생산이 급격히 증가한 송대 연간 총 철기 생산량이 3~4만 톤에 불과하였다는 연구도 상기시켰다. 「漢代鐵專賣制のの再檢討」(『漢代都市機構の研究』, 동경, 2002), pp.355~357. 이 논문은 1993년에 발표된 것을 수정한 것이다. 너무 단순한 계산이라 그 구체적인 수치는 찬성하기 어렵지만, 한대 연간 총 철기생산량이 의외로 적었을 것이라는 결론은 참신하다.

었다.[56] 전한 元帝 時(B.C. 49~34) 제국의 鑄錢 · 銅官 · 철관에 복역한 吏卒徒의 수가 10만 이상이었다면[57] 철관 평균 인원도 약 2천 명 정도로 추정할 수도 있지만, 채광 · 제련 · 주조까지(鍛造 포함) 모두 담당한 대 철관의 은 적어도 1천인 이상의 규모도 적지 않았을 것이다.[58] 그러나 채광과 주조를 제외한 冶鍊 작방의 인원은 훨씬 적었을 터인데, 하남성 桐柏縣 固縣鄕 張畈村 冶鍊 유지의 총 면적은 약 9,400 평방미터, 하남성 동백현 毛集鐵爐村 야련 유지는 약 4만 평방미터로 보고되었다.[59]

한편 공급된 철재와 古鐵器를 원료로 철기를 생산한 한대 남양군 宛縣 성내 瓦房莊 야철 유지의 총 면적은 2만 8천 평방미터이며, 그 생산 규모를 짐작케 하는 前漢 溶爐基 4座(後漢 溶爐基는 5座), 烘范窯 5座, 炒鋼爐 1座, 鍛爐 8座가 발견되었는데, 2건의 犁鏵 上內模 2건과 六角釭 下模 2건에서 각각 남양군 제 1호 철관 표지명 '陽一'이 확인되었다.[60] 1건의 犁鏵模에서 역시 '陽一'이 확인된 하남성 魯山縣(한대 남양군 魯陽縣) 西崗 야철 유지는 동서 약 200미터 남북 170미터(약 34,000 평방미터), 이와 서로 마주 보는 東崗 유지는 동서 약 170미터, 남북 약 120미터(약 20,400 평방미터)에 달한다. 이 유지에서도 '陽一' 명 犁鏵泥模가 출토되었다.[61] 또 弘農郡 1호와 2호 철관을 각각 표시하는 '弘一', '弘二'가 함께 확인된 하남성 新安縣(한대 홍농군 신안현) 上孤燈 야철 유지의 총 면적은 약 6만 평방미터였다.[62] 이상의 예들은 한대 철관 야철 유지가 대체로 3만~6만 평방미터 정도였음을 시사한다. 이에 비해 장안성 西市 유지에서 발굴된 冶鑄 유지는 현재 확인된 야철 유지중 가장 규모가 작은 예이다. 1992년 발굴시 3좌의 烘窯와 1좌의 煉爐 및 5개 廢料 堆積坑이 확인된 이 유지의 총 면적은 138.8 평방미터[63], 그러나 1996년 이 유지에서 수십 미터 떨어진 곳에서 1좌의 烘范窯 유지와 3개의 廢料 堆積坑 및 다량의 疊鑄範이 발견되었다.[64] 때문에 장안성 西市 冶鑄 유지는 적어도 이 양 유지와 그 중간 공간을 포함한 규모로 보는 것이 타당하다면, 대체

---

56) 『鹽鐵論』 水旱篇 "大夫曰 卒徒工匠 以縣官日作公事 財用饒 器用備"는 관리직 아래 생산직 卒 · 徒 · 工匠이 배속된 것을 증언하고 있다.

57) 『漢書』 권 72 貢禹傳 "今漢家鑄錢 及諸鐵棺皆置吏卒徒 攻山取銅鐵 一歲功十萬已上 中農食七人 是七十萬人常受其飢也". 佐原康夫는 "一歲功十萬以上"을 1개월마다 교대하는 졸의 延人員數가 포함되었다는 이유로 총 약 50개 철관에 각각 할당될 수 있는 延人員도 2천인 정도로 추산하였다(「漢代專賣政策の再檢討」, p.355). 그러나 "중농이 7인을 먹이므로 이것은 70만인이 항상 굶주리게 된다"는 구절을 보면, '一歲功十萬已上'은 1개월씩 동원된 연인원이 아니라, '1년 내내 상시 복역하는 인수로 이해하는 것이 타당하다.

58) 『鹽鐵論』 復古篇 "往者豪强大家 得管山海之利 采鐵石鼓鑄 煮海爲鹽 一家聚衆或至千餘人"은 비록 민간 염철업자의 규모를 전한 것이지만, 철관 · 염관의 규모를 추측할 수 있다.

59) 河南省文物研究所 中國冶金史研究室, 「河南省五縣古代鐵鑛冶鐵遺趾調查」(『華夏考古』 1992-1, p.55, 56.

60) 河南省文物研究所, 「南陽北關瓦房莊漢代冶鐵遺趾發掘報告」(『華夏考古』 1991-1), p.1, 35, 7, 20~21, 82, 41, 57.

61) 河南省文物研究所, 中國冶金史研究室 「河南省五縣古代鐵鑛冶鐵遺趾調查」, pp.57~58

62) 河南省文物研究所, 「河南新安縣上孤燈漢代冶鐵遺趾」(『華夏考古』 1988-2), pp.42~48.

63) 中國社會科學院考古研究所漢城工作隊, 「1992年漢長安城冶鑄遺趾發掘簡報」(『考古』 1995-9), pp.792~793.

64) 中國社會科學院考古研究所漢城工作隊, 「1996年漢長安城冶鑄遺趾發掘簡報」(『考古』 1997-7), pp.581~587.

로 규모는 1만 평방미터 전후로 추정된다. 특히 南陽 瓦房莊 유지에서 5좌의 烘范窯에 상응하여 4좌의 溶爐, 8좌의 鍛爐, 1좌의 炒鋼爐가 발견된 사실을 고려할 때, 이 유지에서도 烘范窯 4좌의 상응하는 다수의 爐들이 존재하였을 것이다.

철기 제작소의 면적은 투입된 생산 노동력과 그 관리직의 규모를 규정한다면, 동해군 下邳 철관은(관리요원 20인) 그 지부인 朐 철관에(관리 요원 5인) 비해 그 생산노동자와 작방 규모도 4배 정도는 되었을 것으로 일단 추측되지만, 이 문제를 보다 심도 있게 이해하기 위하여 다음과 같은 미앙궁 3호 건축 유지 출토 骨簽 각문을 주목해 보자.

Ⓐ 始元四年 河南工官 守令石 丞常知見 護工卒史堯 令史月 作府嗇夫魏 佐喜 冗工樂安世 工宗造(3:06449)

Ⓑ 二年 南陽工官令捐 護工賀 守丞萬年 作府嗇夫甫 亭長訥 工[月+甬]造(3:04839)

Ⓒ 元鳳二年 南陽工官 護工卒史見天 守令充國 丞訢 令史宮 作府嗇夫定主 佐彭視 冗工辨工央世造(3:08721)[65]

이상은 하남 · 남양 공관의 병기 생산 공장과 감독 · 행정 관원의 이름을 명시한 것인데 그 감독 생산 체계는 다음과 같이 정리할 수 있다.

Ⓐ 工官 (守)令-丞-護工卒史-令史-作府嗇夫-佐-工(冗工과 工)

Ⓑ 工官令-護工-(守)丞-作府嗇夫-亭長-工

Ⓒ 護工卒史-工官令-丞-令史-作府嗇夫-佐-工匠(冗工, 工)

호공졸사는 공관 소재 郡이 파견한 감독 吏員으로서 군에 대한 공관의 통제가 강화되면서 공관 令 · 丞 앞에 표기되었다.[66] 이 호공졸사는 철관에도 파견되었을 것이 확실하지만, 여기서 長-丞-令史-官嗇夫-佐-(亭長)으로 구성된 동해군 철관의 吏員組織을 다시 상기해 보자. 양자를 비교해 보면 工 이상의 관리직은 철관과 공관이 동일한 것을 쉽게 알 수 있는데, 특히 공관의 作府嗇夫와 佐는 철관의 官嗇夫와 佐에 상응한다. 官嗇夫는 鄕의 행정 요원 향색부와는 달리 관부에서 구체적인 특정한 업무를(특히 생산과 생산품의 관리) 관장하는 小 부서의 책임자(예컨대 采山嗇夫 · 田嗇夫 · 倉嗇夫 · 庫嗇夫 · 苑嗇夫) 嗇夫의 범칭이다[67]. 그러므로 철관의 官嗇夫는 作府嗇夫가 분명하

---

65) 『漢長安城未央宮』, p.108, 109, 111.

66) 『漢長安城未央宮』, pp.120~121

67) 졸고 「秦의 山林藪澤開發의 構造--縣廷 嗇夫組織과 都官의 분석을 중심으로」(『東洋史學研究』 29, 1989, pp.56~77 참조.

며, '作府'는 工匠의 생산 활동이 구체적으로 이루어지는 作坊을 의미한다. 미앙궁 골첨 刻文이 作府嗇夫 아래의 冗工과[68] 工을 단수 또는 복수(2~4)로 기록한 것도[69] 作府의 대소와 무관하지 않을 것이다. 그러나 하남공관의 경우 동일한 연도 동일한 令·丞아래 기록된 異名의 作府嗇夫가 4, 5인이 등장하는 것을 보면 工官이 다수의 作府로 구성된 것이 분명하며[70], 각 작부의 책임자가 색부의 수는 대체로 작부의 수와 일치하였을 것이다. 그렇다면 관색부 5인과 1인이 각각 배치된 동해군 下邳 철관과 朐 철관은 각각 5개와 1개의 작부를 운영한 것으로 보아도 좋을 것이다. 또 철관 관색부 1인에 2인의 佐가 배당되었지만, 骨簽 각문에는 作府嗇夫의 佐가 1인만 기록된 것을 보면, 실제 작부의 생산은 다시 佐 별로 冗工과 工들이 분속된 작업조로 나뉘어 진행되었을 것이다.[71] 이 생산을 지원하는 졸도들은 구체적인 작업의 내용과 성격에 따라 佐 별 組, 嗇夫 별 作府, 또는 전체 철관 단위로 복역하였을 것이다. 앞에서 소개한 대부분의 야철 유지들이 규모가 가장 규모가 작은 장안성 야철 유지의 3~6배 정도가 되는 것은 장안성 야철소는 1 作府, 다른 야철소는 3~6 作府로 조직되었을 가능성을 추측케 한다.

어쨌든 한대의 철관은 색부 1인이 관장하는 作府를 단위로 구성되었고, 最小 철관은 1개의 作府만으로도 구성되었다면, 郡 단위로 일정 생산량이 할당되어도 필요와 여건에 따라 모든 작부를 1곳에 설치할 수도, 1~2 作府 규모의 야철소를 여러 곳에 설치할 수 있었을 것이다. 예컨대 東海郡의 경우 총 作府 6개를 下邳와 朐 2현에 나누어 설치하였지만, 필요하였다면 1개 作府 규모의 소철관을 6현에 분치하고 그중 하나를 본부, 나머지를 지부로 삼아 1에서 6까지 일련번호를 부칠 수도 있었다는 것이다. 그러므로 군내 철관의 일련번호로 郡 전체 철기 생산량의 다과를 추정하는 것도 금물이지만, 郡에 따라 철관 표지명을 표기하는 방식도 크게 달랐다.

현재까지 철관이 분치된 42군 중 그 철관 표지명이 확인된 군은 19군국(대하군 포함)에 불과하다. 李京華는 앞으로 모든 郡國 철관의 표지 銘이 확인될 것으로 기대하고 일일이 그 예상 銘도 제

68) 吳榮增, 「西漢骨簽中所見的工官」(『考古』, 2000-9), p.64는 冗工을 '고정된 職掌이 없는 工匠'으로서, 기술숙련도가 미달한 工으로 추측한다. 그러나 근거로 제시한 秦律 工人程의 "冗隷妾二人當工一人 更隷妾四人當工一人"은 '冗'과 '更'이 관부에 복무하는 기간의 차이임을 시사하고 있어, 冗工과 工도 官이 요구한 복무 기간이 차이로 이해하는 것이 타당한 것 같다. 그러므로 필자는 冗工은 工에 비해 복무 기간이 짧았을 것으로 추정한다.

69) 예컨대 河南工官의 始元 2년(B.C.85) '冗工樂'(3:28591), '冗工充昌建成'(3:09109), 시원 3년 '冗工克强'(3:32859), 시원 4년의 '冗工樂安世'(3:06449), 시원 4년의 '冗工昌克强'(3:02244), 시원 5년의 '冗工樂昌畢'(3:13601), 시원 6년의 '冗工克樂柱' 13358, 元鳳 원년(B.C.80) '冗工充昌棣'(3:08265), 원봉 3년 '冗工充樂□'(3:40557)의 인명을 종합해 보면, 樂·充·昌·安世·克·强·畢·柱·建成(建과 成?)은 각각 인명으로 보는 타당하다. 또 南陽工官의 경우 地節 3년(B.C.67) '冗工建强駿都 工夫賢'(3:08047)도 冗工 2~4인을 표기한 것으로 보이는데, 始元 3년"冗工毋夏伏賢 工六丁"(3:08934), "工昌丁"(3:08191), "工丁猜"(3:13476)은 각각 공 2인을 표시한 것이 분명하다. 六·昌·丁·猜을 각각 인명으로 보는 것이 타당하기 때문이다. 이상 『漢長安城未央宮』, pp.107~112에서 인용.

70) 劉慶柱, 「漢代骨簽與漢代工官硏究」(『陝西歷史博物館館刊』 4, 1997), p.10.

71) 그러므로 필자는 官嗇夫 2인 佐 25이 배치된 東海郡 伊盧鹽官도 嗇夫가 각 1인이 배치된 2개의 '作府'에 佐를 책임자로 하는 작업조 25개가 分屬되었을 것으로 추측된다.

시하였지만, 이토록 표지 銘이 확인되지 않은 郡國이 더 많다면 실제 표지 銘 자체를 사용하지 않은 군국 철관도 다수 존재하였을 가능성도 높다. 또 철관 표지 銘을 사용한 경우도 潁川郡, 廬江郡, 泰山郡 철관은 번호 없이 군명만 각각 '川', '江', '山'으로 略記하였고, 蜀郡 철관은 번호 없이 '蜀郡成都'로 군명과 현명을 모두 표기하였는데[72], 이 郡들의 철관이 과연 하나의 야철소에 모든 作府를 집중 설치하였는지도 극히 의문이라면, 이 郡들은 야철소에 일련번호를 부여하지 않았을지도 모른다. 1현(隆慮)에 철관이 보고된 河內郡의 경우 이미 '內一', '內二' 철기명이 확인되었지만, 河內郡 野王縣 철관 표지명으로 추정되는 '王小', '王大'가 확인된 것은[73], 군내 야철소가 일련번호로 통합되지 않은 예라 하겠다. 또 앞에서 언급한 바와 같이 남양군 宛縣 瓦房莊 야철소와 동북으로 수십 킬로 이상 떨어진 魯陽縣 야철소가 동일한 '陽一' 표지 銘을 사용한 것은 독립된 야철소도 모두 독립된 번호가 부여되지 않은 예이며, 弘農郡 新安縣 소재 야철 유지에서 '弘一' 銘의 鏟 鐵范과 鋤 철범, 그리고 '弘二' 명 犁鏵 철범이 함께 출토된 것은 1개 야철소에 속한 作府들을 2群으로 나누고, 그 群에 각각 일련번호를 부여하였을 가능성을 강력히 시사한다.

현재 대하군의 철관에 속한 作府의 총수도 알 길이 없고, 필자가 논증한 철관 조직의 여러 가능성 및 다양한 표지 銘과 일련번호 부여 방식 중 어느 것을 택하였는지도 알 수 없다. 그러나 대하군에 총 5개 이상의 작부가 5개 철관으로 분치되었을 수도 있고, 특히 1개 作府로 구성된 5개의 야철소가 분치되어 鐵官長과 丞이 파견된 야철소(본부)에 일련번호 1을, 나머지 丞만 파견된 4개의 別作에 각각 2~5 번호를 부여하였다고 해도 전혀 부자연스러운 일은 아니다. 다시 말해 한대 철관의 조직과 운영 방식에 비추어 볼 때 그 존재가 확실한 大河郡의 철관이 '大河五' 銘 철기를 충분히 생산할 수 있었다는 것이다. 그렇다면 '大河五'를 '大河郡 第 5 야철소로서 丞만 파견된 別作' 이외에 달리 해석하는 것은 불가능한 것 같다.

Ⅴ. 맺음말

이상으로 본고는 전한 大河郡의 實在와 그 郡勢, 그리고 한대 철관의 조직과 운영방식 및 그 규모를 고찰하여 평양 출토 '大河五' 銘 주조 鐵斧가 前漢 대하군(東平國의 전신) 제 5 철관에서 제작된 철기였음을 논증하였다. 이것은 이 철부가 한반도 조기 철기문화, 특히 주조 철기 생산 문제와 관련 가장 중요한 유물로 평가되면서도 명문에 대한 몰이해 때문에 엉뚱한 결론으로 연결된 것을

---

72) 이상 李景華, 「漢代大鐵官管理職官的再硏究」 참고

73) 李景華, 「"王小,", "王大"與"大官釜"銘小考」, 이경화는 이 '大', '小'를 소철관에서 대철관으로 승격한 증거로 해석하고 있으나, 野王縣 2개 야철소의 규모에 따라 '大', '小'로 구분한 것으로 보는 것이 보다 자연스럽다. 즉 야왕현 철관은 일련번호 대신 大, 小를 사용한 것이다.

시정하기 위한 것이며, 대단히 간단한 결론을 위하여 지나칠 정도로 우회적인 논증을 거듭한 것은 이 중요한 유물에 대한 더 이상의 논란을 예방하기 위한 것이었다. 필자의 논증이 대과가 없다면, 이 철부를 근거로 낙랑군의 주조 철기 생산 문제를 논한 종래의 주장들은 물론 철회되어야 하겠지만, 우리는 이제 기원전 116년에서 52년 사이(대하군이 존속한) 漢 帝國 內郡 鐵官에서 생산된 철제 농구가 제국의 철 전매 기구를 통하여 기원전 108년 '東夷' 세계에 설치된 변군 낙랑군에 보급된 확실한 물증을 확보한 것이다.

물론 이것만으로 '內郡의 철제 농구 보급'을 지나치게 강조할 필요는 없다. 그러나 한대 철관 군국 철관 중 그 제품에 표지 銘을 표기하지 않은 철관도 상당수 있었을 것으로 추정되지만, 표지 銘을 刻印한 철관도 극소수의 생산품에만 표지 銘을 鑄刻하였다. 산동성 滕縣 薛 고성 야철 유지에서 출토된 鐵範 중에는 '山陽二', '鉅野二' 銘 철범이 '자못 많다(頗多)' 고 하지만 역시 모든 철범에 명이 있는 것도 아니며, 현재 그 비율도 추정할 길이 없다.[74] 이에 비해 출토된 하남 신안현 上孤燈 유지에서 출토된 鏟鐵範 上模 11건 중 '弘一' 銘이 확인된 것은 3건, 犁鏵 上範 27건 중 '弘二'가 표기된 것은 단 1건에 불과하다[75]. 또 남양 와방장 야철 유지에서는 총 602건의 泥模와 泥範이 출토되었는데, 泥模 6건으로 3건의 鐵範을 만들고 3건의 鐵範으로 1건의 철기를 만든다고 한다. 따라서 이 泥模 · 泥範으로 약 100건의 철기를 제작할 수 있는데, 명문 '陽一'이 확인된 것은 犁鏵 上內模 2건에 불과하다.[76] 철관이 왜 이토록 극소수의 제품에만 표지 명을 표기한 이유는 앞으로 규명되어야 할 과제이다. 그러나 현재로서는 한대 철관 제품은 표지 명이 없는 것이 오히려 '정상'이라는 주장도 크게 과장된 것이 아닌 것 같으며, 낙랑군 유지에서 출토된(또 앞으로 출토될) 철기 유물의 상당수가 내군 철관에서 공급된 것이었을 가능성이 높다. 물론 이것은 유물에 대한 금상학적 분석을 거쳐야 하겠지만, 이 분석에서 출처뿐 아니라 그 연대의 폭도 비교적 좁혀진 '大河五' 철부는 중요한 지표가 될 것이다. 과문한 탓인지 아직 '大河五' 철부에 대한 금상학적 보고조차 없는 것은 대단히 유감이다.

물론 내군의 주조 철제 농구의 공급이 반드시 낙랑군 자체의 철제 농구 생산을 완전 배제하는 것은 아니다. 佐原康夫가 주장한 바와 같이 漢 제국 연간 철기 총 생산량이 1만~1만 5천 톤 정도에 불과하였다면, 낙랑군에 보급될 수 있는 철기도 극히 한정되었겠지만, 특히 제국이 낙랑군의 잉여 곡물 생산에 별다른 관심이 없었다면, 제국은 한정된 철기 농구를 굳이 낙랑에 적극적으로 공급할 이유도 없었을 것이다.[77] 그러나 낙랑군민도 철제 농구의 유용성을 절감하지 못할 리가 없었다면[78], 공급이 충분치 않을 경우 자체 생산에 관심을 갖지 않을 수 없었을 것이다. 특히 前後

74) 李步青, 「山東滕縣發現鐵範」, p.72. 그러나 전체 鐵范의 수도, 명문이 있는 철범의 수도 전혀 밝히지 않았다.

75) 河南省文物研究所, 「河南新安縣上孤燈漢代鑄鐵遺趾」 참조. 이 밖에 1건 출토된 鋤 上範에도 '弘一' 銘이 있다.

76) 河南省文物研究所, 「南陽北關瓦房莊漢代冶鐵遺趾發掘報告」, pp.35, 40.

77) 졸고 「중국군현으로서의 낙랑」, p.107

漢 교체기 土人 王調가 자립한 시기나 후한 왕조의 붕괴를 전후한 시기 철관 철기의 공급이 중단된 상황에서 낙랑군이 철기를 생산하였을 가능성도 충분하다. 또 평시의 불법 私鑄의 성행도 물론 배제할 필요가 없을 것이다. 그러므로 철관 철기의 공급의 확실한 증거만으로 자체 철기 생산을 부정할 필요도 없지만, 영성한 자체 생산의 증거만으로(鑄範이나 소규모 工房遺趾 등) 그 구체적인 상황을 떠나서 '낙랑군 자체 철기 생산'을 일반론으로 강조하는 것도 금물이다.

그러나 낙랑군이 고철을 주원료로 한 소규모 관영 야철 공방들을 운영하였을 가능성도 충분하다. 秦律도 수선할 수 없는 官府의 일반 기물은 매각하도록 하였지만 銅器와 鐵器는 녹여서 원료로 사용한다고 규정하였지만[79], 한대 관부에서 鐵器簿를 별도로 작성하여 철기를 특별 관리한 것도[80] 사용할 수 없는 철기의 처리와도 무관하지 않은 것으로 추측되는데, 南陽郡 철관이 고철을 원료로 사용한 것은 확실하다(전술). 그러나 낙랑군이 고철을 내군의 철관으로 이송하는 것은 너무나 번거로운 일이었다면, 자체 재활용을 택하였을 것이다. 이 문제와 관련 다음과 같은 未央宮 출토 골첨 刻文들은 무척 시사적이다. 즉,

① 永光三年 光祿弩官郎中晏 工定繕(3:15186)

② 神爵四年 衛尉旅賁令凱 丞萬年 嗇夫臨 工易繕(3:00359)

③ 五封二年龍雒侯工□繕(3:15079)[81]

이 자료들은 ①과 ②는 궁궐 내의 호위와 천자의 자문 역할을 담당한 光祿勳과 장안성을 경비하는 衛尉에도 소속 工官이 있었다는 근거로 흔히 거론되고 있다. 그러나 河南郡·南陽郡·穎川郡 工官의 骨簽 각문들이 모두 '工+名' 아래 '造'를 첨가함으로써 그 工에 의한 제작을 명시한 것과 달리 이 예들은 모두 모두 '工+名+繕'으로 제작이 아닌 補繕을 명시하고 있다. 결국 光祿勳·衛尉·侯國은 훼손된 병기를 제작 工官으로 이송하지 않고 각 官署 내에 공방을 설치하여 補繕, 재

78) 『鹽鐵論』 水旱篇 다음과 같은 賢良의 주장은 철제 농구에 대한 한 대인의 인식을 잘 표현한 것으로 보아도 좋을 것이다. "農은 천하의 大本이며, 철기는 民의 大用이다. 器用이 편리하면 用力이 적어도 수확은 많고, 농부는 일을 즐기고 서로 권면한다. 器用이 갖추지 못하면 농토가 황폐해지고 곡식이 번식하지 않으며, 용력이 적어지고 성과가 저절로 반으로 준다. 器가 편하고 불편함에 따라 성과는 서로 십배의 차이가 난다".

79) 睡虎地秦墓竹簡整理小組, 『睡虎地秦墓竹簡』(文物出版社,1978), p.64, "縣 都官以七月糞公器不可繕者 有久識者靡蚩之 其金及鐵器入以爲銅". 張家山 漢墓 竹簡 〈二年律令〉 金布律 "縣官器敝不可繕者 賣之"(『張家山漢墓竹簡』, 文物出版社, 2001, p.91)도 본래 秦律과 거의 동일한 내용이었을 것으로 추측되는데, 죽간 정리 과정의 착오로 엉뚱한 내용이 접속되어 있다.

80) 甘肅省文物考古硏究所 甘肅省博物館 文化部考古文獻硏究室 中國社會科學院歷史硏究所, 『居延新簡』(文物出版社, 1990). p.260 "●甲渠候官建始四年十月旦見鐵器簿"(ETP 52:488), 謝桂華·李均明·朱國炤, 『居延漢簡釋文合校』(文物出版社, 1987), p.636 "始元六年二月己卯朔…以鐵器簿一編"

81) 『漢長安城未央宮』, pp.115~116

사용한 것이다. 비록 이 工房도 책임 長吏–嗇夫–工의 체제는 갖추었을지라도 그 성격상 규모는 별로 크지 않았을 것이다. 이처럼 일반 관서, 그리고 侯國에도 소규모 병기 수선 공방을 운영하였다면, 낙랑군이 이와 유사한 철기 공방을 郡治 또는 縣治에서 운영하지 않았다면 오히려 이상할 것이다. 이러한 수선 공방이 고철의 재활용에 이용되는 것은 자연스러운 일이었을 것이다. 그러므로 낙랑 토성내의 있었을 것이 확실한 철기 공방도 일단 이러한 각도에서도 이해할 필요가 있지만, 특히 철 專賣制 시행 이전 민간에 광범위하게 존재하였을 것으로 추정되는 소규모 鍛造 대장간의 존재를[82] 낙랑군에서도 상정하는 것도 필요한 것 같다. 철관에 비해 기술은 떨어져도 소농민이 손쉽게 철기를 구입하고 보선할 수 있는 것은 바로 이 대장간들이며, 선진 기술을 수용할 수 있는 토대도 바로 이 대장장이들이었을 것이기 때문이다. 秦末 고조선으로 넘어 온 수만 명의 중국 流民[83] 중에도 이런 대장장이는 분명히 있었을 것이며, 철전매가 관철된 낙랑군에서도 이들은 제약된 형태로나마 잔존하였을 가능성은 충분하다. 비록 삼국 吳의 예지만 交州刺史 陶璜의 다음과 같은 성공담을 참고하면 낙랑군 외각의 '東夷' 그리고 낙랑군내 민간 대장장이들도 점차 병기를 녹여 田器로, 田器를 병기로 변조하면서 자체 철기 생산의 기술도 축적을 하였을 것으로 추측된다. 즉,

> 滕脩는 수차 南賊을 토벌하였으나 제압하지 못하였다. 陶璜은 말하였다. "南岸은 우리의 염철에 의존하고 있으니 교역을 단절하면 그들은 모두 (병기를) 파괴하여 田器를 만들 것이다. 이렇게 2년을 하면 가히 일전으로 그들을 멸할 수 있을 것이다." 滕脩가 그 말을 따르니 과연 賊을 파하였다.(『晉書』 권 57 陶璜傳)

---

82) 影山剛, 「中國古代の製鐵手工業と專賣制」(『中國古代のと商工業專賣制』, 東京, 1984), pp.288~290. 影山剛은 이 소생산자들이 철전매제의 시행 이후 크게 부진에 빠졌지만, 결코 소멸되지는 않았을 것으로 추정한다. 『鹽鐵論』 水旱篇에서 大夫는 전매 이전 민간 소철생의 단점을 "家人合會 褊於日而勤於用 鐵力不銷練 堅柔不和"로 지적한 반면, 賢良은 그 장점을 "家人相一 父子戮力 各務爲善器"로 지적하였는데, 가족 단위의 소 대장간을 연상케 한다.

83) 『三國志』 魏志 東夷傳 "陳勝等起 天下叛秦 燕齊趙民避地朝鮮 數萬口".

참/고/문/헌

『史記』

『漢書』

『三國志』 魏志 東夷傳

『鹽鐵論』

『漢長安城未央宮』

이남규, 「1~3세기 낙랑지역의 금속문화」, 『한국고대사논총』 5, 1993.

이남규, 「낙랑지역 한대 철제병기의 보급과 그 의미」, 동북아역사연구재단 연구총서 20, 『낙랑문화연구』, 2006.12.

이남규, 「韓半島初期鐵器文化의 流入樣相--樂浪 설치 以前을 중심으로」, 『韓國上古學報』 36호, 2002.

한림대학교 아시아문화연구소, 「동아시아 교류의 열림[開]과 닫힘[塞]」, 『동아시아 경제문화 네트워크』, 태학사, 2007.

鄭白雲(朴文國譯), 「朝鮮における鐵器使用の 開始について」, 『朝鮮學報』 17, 1960.

東潮, 『古代東アジア鐵と倭』, 廣島, 1999.

潮見 浩, 『東アジアの初期鐵器文化』, 東京, 1982.

簡牘整理小組編, 『居延漢簡補編』, 中央硏究院歷史語言硏究所(臺灣), 1998.

甘肅省文物硏究所 甘肅省博物館 文化部古文獻硏究室 中國社會科學院歷史硏究所, 『居延新簡』, 文物出版社, 1990.

江西省文物管理委員會, 「江西修水出土戰國銅器和漢代鐵器」, 『考古』 1965-6.

廣西壯族自治區博物館, 『廣西貴縣羅泊灣漢墓』, 文物出版社, 1988.

陝西省博物館 陝西省文物管理委員會, 「陝西省發現的漢代鐵」和」土」, 『文物』 1966-1.

連雲港市博物館 中國社會科學院簡帛硏究中心 東海縣博物館 中國文物硏究所, 『尹灣漢墓簡牘』, 中華書局, 1997.

中國社會科學院考古硏究所 編著, 『漢長安城武庫』, 文物出版社, 2005.

中國司會科學院考古硏究所編著, 『漢長安城未央宮--1980-1989年考古發掘報告(上)』, 中國大百科全書出版社, 1996.

中國社會科學院考古硏究所漢城工作隊, 「1992年漢長安城冶鑄遺趾發掘簡報」, 『考古』 1995-9.

中國社會科學院考古硏究所漢城工作隊, 「1992年漢長安冶鑄遺趾發掘簡報」, 『考古』 1995-9.

河南省文物硏究所 中國冶金史硏究室, 「河南省五縣古代鐵鑛冶鐵遺趾調查」, 『華夏考古』 1992-1.

河南省文物硏究所, 「南陽北關瓦房莊漢代冶鐵遺趾發掘報告」, 『華夏考古』 1991-1.

河南省文物硏究所, 「河南新安縣上孤燈漢代冶鐵遺趾」, 『華夏考古』 1988-2.

河南省文物研究所, 「河南新安縣上孤燈漢代鑄鐵遺址調查간報」, 『華夏考古』 1988-2.
葛檢雄, 『西漢人口地理』, 人民出版社, 1987.
方詩銘, 「從出土文物看漢代“工官”的一些問題」, 『上海博物館集刊』 1982, 古籍出版社, 1983.
謝桂華 李均明 朱國炤, 『居延漢簡釋文合校』, 文物出版社, 1987.
影山剛, 「中國古代の製鐵手工業と專賣制」, 『中國古代のと商工業專賣制』, 東京, 1984.
吳榮增, 「西漢骨簽中所見的工官」, 『考古』 2000-9.
熊會貞 參疏, 『水經注疏』, 江蘇古籍出版社, 1989.
劉慶柱, 「漢代骨簽與漢代工官研究, 『陝西歷史博物館館刊』 4, 1997.
李京華, 「“王小”, “王大”與“大官釜”銘小考」, 『華夏考古』 1999-3.
李京華, 「對漢代長安城冶鑄遺趾的簡報談幾點意見」, 『華夏考古』 1997-4.
李景華, 「試談日本九州早期鐵器來源問題」, 『華夏考古』 1992-4.
李京華, 「新發現的三件漢代鐵官銘器小考」 『考古』 1999-10.
李京華, 「朝鮮平壤出土 “大河五” 鐵斧」, 『中原文物』 2001-2.
李京華, 「漢代大鐵官管,理職官的再研究」, 『中原文物』 2000-4.
李京華, 「漢代濟南郡鐵官銘文」, 『華夏考古』 1998-4.
李京華, 「漢代鐵農器銘文試釋」, 『考古』 1974-1.
李步青, 「山東」縣發現鐵范」, 『考古』 1960-7.
周振鶴, 「西漢地方行政制度的典型實例--讀尹灣六號漢墓出土木牘」, 『學術月刊』 1997-5.

논 문

道祖神신앙의 원류
- 고대 길의 제사와 양물형 목제품 -

平川南(히라카와 미나미) *

Ⅰ. 머리말

일본열도 각지에 있는 민간신앙의 신들 안에서 오래 그리고 널리 신앙된 신의 대표로 道祖神을 들 수 있다. 먼저 그 도조신에 대해 민속학의 통설적인 이해를 몇 가지 소개하고 싶다.

倉石忠彦 씨에 의하면 도조신은 여러 가지 기능을 가지고 있고 그 기능을 정리하면 다음과 같다.

① 경계에 기능하는 신(a 경계를 가리키는 신, b 경계에서 막는 신, 경계를 여는 신, d 不淨을 쫓는 신)
② 여행의 신(a 行路의 신, b 여행자를 지키는 신, c 공물을 올리는 신, d 先導하는 신)

* 日本 歷史民俗博物館 館長

③ 맺는 신(a 공간 영역을 맺는 신, b 사람을 맺는 신, c 사회집단을 맺는 신)

④ 기원, 축복하는 신(a 豊穰을 축하하는 신, b 탄생을 축하하는 신, c 건강을 비는 신)

⑤ 기타(a 性의 신, b 도박의 신, c 기타)

자세히 보면 더 많은 기능도 보이지만 얼마나 다양한 기능이 「도조신」에게 부탁되어 있는지를 이해할 수 있다. 하지만 정말로 도조신은 이들 기능을 다 갖는 신인지, 한 기능을 기본으로 하고 어떤 계기로 많은 기능이 부가되어 왔던 것인지, 아니면 이들 기능을 가지는 각각의 신이 서로 존재할 가능성은 없는지 등 여러 가지로 기초적 문제가 있다. 그러나 이러한 문제들에 대한 검토는 아직 충분하지 않다.

(倉石忠彦, 『道祖神信仰の形成と展開』, 大川書房, 2005, pp.11~12)

또 神野善治는 도조신에 대해 다음과 같이 고찰한다.

도조신(塞ノ神)은 문헌에서도 그 역사를 비교적 잘 추적할 수 있는 신이다. 가장 오래된 것으로는 『古事記』와 『日本書紀』의 「黃泉平坂」이야기에 「塞坐黃泉戶大神」, 「衝立船戶神」(岐神), 「道俣神」 등으로 나오는 신들이 〈사에노카미〉에 해당된다고 생각된다.

『古事記』 上卷에 의하면 여신 이자나미를 사모하여 황천국을 찾아간 남신 이자나기는 보면 안 된다고 했던 여신 모습을 보고 만다. 여신이 쫓아오자 황천평판에 이르러 큰 바위로 길을 막았다. 그 바위가 「塞坐黃泉戶大神」이며 갈림길에 모신 것이 「道俣神」이라고 한다.

平安시대 『和名類聚抄』에 보이는 「道祖 和名 佐倍乃加美(사에노카미), 岐神 和名 布奈止乃加美(후나토노카미), 道神 和名 太無介乃加美(타무케노카미)」의 세 신이 이에 해당된다고 한다. 민간에 널리 전해져 온 〈사에노카미〉가 등장하고 「도조」를 「사에노카미」라고 불렀다.

『令集解』의 「道饗祭」 항목에 6월과 12월의 두 번 서울의 네 구석 노상에서 「八衢比古(야치마타히코)」, 「八衢比賣(야치마타히매)」, 「久那戶(구나도)」 세 신을 모셔 惡靈의 침입을 막는 행사가 있었다는 기록이 있다. 이 세 신도 도조신 「塞ノ神」의 신격으로 자주 거론되는 것이다.

이상과 같이 일본 고대에 이미 도조신(塞ノ神)은 마을이나 집에 악령이 들어오는 것을 막는 신으로 생각되고 동시에 길을 지키고 여행자의 안전을 지키는 신이 되어 있었다.

도조신에 대한 신앙은 사람들이 마을을 형성하고 사회생활을 시작한 시기부터 마을에 진입해 오려고 하는 악령이나 재액을 그 입구나 집의 문구에서 막아 마을이나 집의 안태를 유지하기 위해 형성된 것으로 상상된다.

(神野善治, 『人形道祖神-境界線の原像』, 白水社, 1996, pp.575~576)

どうそじん 道祖神 경계 신의 총칭. 〈도우소진〉이라고 하는 신 이외에 〈사에노카미〉, 〈사이노카미〉, 〈도우로쿠진〉 등으로 불리는 신들도 포함할 경우가 많다. 이들 신의 존재는 전국적으로 보이는데 모두 다 같은 신이라는 전제로 보고되는 경우가 많아서 그 관계나 분포는 명확하지가 않다. 〈도우소진〉, 〈사에노카미〉 등은 전국적으로 보이지만 〈도우로쿠진〉은 本州 中央部 및 高知縣에서 많이 분포되어 近畿지방이나 東北지방에도 보인다. 『古事記』에 등장하는 道返大神, 塞坐黃泉戶大神 등이 〈사에노카미〉의 옛 모습이라고 하지만 도조신이라고 표기되지 않는다. 平安시대의 『和名類聚抄』에는 「道祖, 佐倍乃加美」와 「道神, 太無介乃加美」가 병기되어 있지만 여기에도 도조신은 없다. 「道祖」라는 표기는 『今昔物語集』에 보이며 〈사에노카미〉로 새겼다. 「道祖」만으로 〈사에노카미〉라고 새겼지만 차츰 이것만으로는 〈사에노카미〉라고 읽을 수 없어 「神」을 붙여 「道祖神」으로 표기하게 되었다. 〈도우소진〉은 그 이후의 호칭으로 보인다. 또 이는 경계에서 여행 안전을 빌어 공물을 올리는 습속 등에서 「道祖」와 「祖神」이 같은 신으로 인식된 것에 의한다고도 생각된다.
경계를 특별시하고 거기에 모시는 여러 신들을 일괄하여 도조신으로 하는 것이다. 따라서 마을 경계에 세운 큰 인형 등도 경계 신이기 때문에 도조신이라고 할 때도 있다. 그 형태는 사당일 경우가 많고 자연석일 경우도 있다. 비석에 새겨진 신명은 고전에 기록된 경계와 관계되는 신명이나 지방명을 한자로 借字 표기한 것 등 다양하고 道祖神, 塞神, 岐神, 道俣神, 衢神, 道神, 久那戶神, 道陸神, 道祿神, 猿田彦大神, 幸神 기타가 있다. 신상은 單體, 雙體가 있고 僧形 神形이 있다. 성별 미상이거나 남녀가 짝을 이루는 것도 있다. 특히 男女雙體像은 성적인 측면을 강조하는 것이 있고 近親相姦 설화가 부수된 것도 있다.
시간적 그리고 공간적 경계와 관련되는 신으로 그 신앙 내용이나 행사가 다양하기 때문에 성격이나 역사적 전개에 관해서 명확하지 않은 점이 많다.

(『日本民俗大辭典』 下, 吉川弘文館, 2000, 倉石忠彦 집필)

이상과 같은 도조신에 대한 일반적 해석은 그 성격이나 역사적 전개에 관해서 분명하지 않다고 하면서도 고대에서부터 도조신 신앙이 복잡하고 다양한 요소를 가지면서 사람들이 마을을 형성하고 사회생활을 시작한 시기부터 형성된 것이라고 한다.

또한 현재 도조신 중에는 나무나 짚으로 만든 남녀 한 쌍으로, 그것도 양물과 음부(남녀의 성기)를 표현한 특이한 신상도 존재한다. 하지만 이러한 특이한 형태가 일본 고유 신앙에 바탕을 둔 것인지는 밝혀져 있지 않다.

도조신 신앙이 애초부터 복잡하고 다양한 요소를 가진 것이었는지, 또 특이한 형태의 원류는 무엇인지 등의 문제점에 대해 고대 길의 제사와 근년의 고고학 성과에 바탕을 두고 고대 일본만이 아니라 고대 한국까지 연구를 넓혀 검토하기로 했다.

이하 본 논문은 고대한국의 한 점의 양물형 목간에서 시작하여 민속학 분야의 방대한 연구축적이 있는 도조신 신앙에 대해 역사학 및 고고학에서 검토를 시도한 것이다[1].

Ⅱ. 백제 능산리사지 출토 양물형 목간의 발견

1. 부여 능산리사지[2]

충남 부여군 부여읍 능산리사지는 백제 사비시대 사찰 유적이며 부여 나성과 능산리 고분군 사이에 있는 계곡에 위치한다(그림 1).

능산리사지 발굴 조사는 국립부여박물관이 1992년부터 2002년까지 8차에 걸쳐 실시하여 그 결과 중문, 목탑, 금당, 강당이 남북 일직선으로 배치되고 주위에 회랑을 배치하는 일탑일금당의 전형적인 백제식 가람양식으로 나타났다.

또 동서회랑 왼쪽에는 각각 남북방향 배수로가 배치되어 있는데 서회랑 외곽 배수로에는 목교 및 석교가, 동회랑 외곽 배수로에는 석교가 배치되었다. 그 외에도 중문터 남쪽에서는 동서 남북 방향의 도로유구와 배수시설이 확인되었다.

한편 1993년에는 공방으로 추정되는 건물터에서 금당대향로가 출토되었다. 또 목탑터 심초석에서 출토된 석조사리함에 昌王(威德王) 13년(567)에 공주가 사리를 공양했다는 명문이 확인된 것으로 이 절이 백제 왕실의 祈願사찰인 것이 밝혀졌다.

목간은 서배수로 남단 목교 주변에서 확인된 능산리사지 조성 이전의 배수로에서 빗, 젓가락, 그릇 등의 목제품이나 건축부재와 함께 24점 출토되었다. 따라서 이 목간의 연대는 538년 사비천도 이후 석조사리함 기년명 567년 이전으로 볼 수 있다. 국립창원문화재연구소 『한국의 고대목간』(2004)에 실린 제10호 목간의 판독문은 다음과 같다(그림 2 참조).

---

1) 이 글을 앞서서 일본에서는 山梨縣立博物館 企劃展 「やまなしの道祖神祭り―どうそじん・ワンダーワールド」(2005년 10월 15일~12월 11일 개최) 전시도록에 「古代における道の祭祀—道祖神信仰の源流を求めて(고대 길의 제사-도조신 신앙의 원류를 찾아서)」라는 글이 실렸다. 또 2005년 5월22일 제71회 일본고고학협회총회에서 구두 발표한 내용을 정리한 「古代における道の祭祀(고대 길의 제사)」, 国士舘大学 考古学会編, 『古代の信仰と社会』, 六一書房, 2006년도 아울러 참조하여 주시기 바란다.

2) 국립부여박물관 · 부여군, 『능사 -부여 능산리사지 발굴조사진전보고서』, 2000년.

2. 판독문

판독자 국립부여박물관 및 박중환

전면(1면) 无奉儀□ 道□立十二□

후면(3면) 无奉 天

필자는 2005년 3월에 국립부여박물관에서 조사하는 기회를 얻어 이 판독문을 수정할 수 있었다.

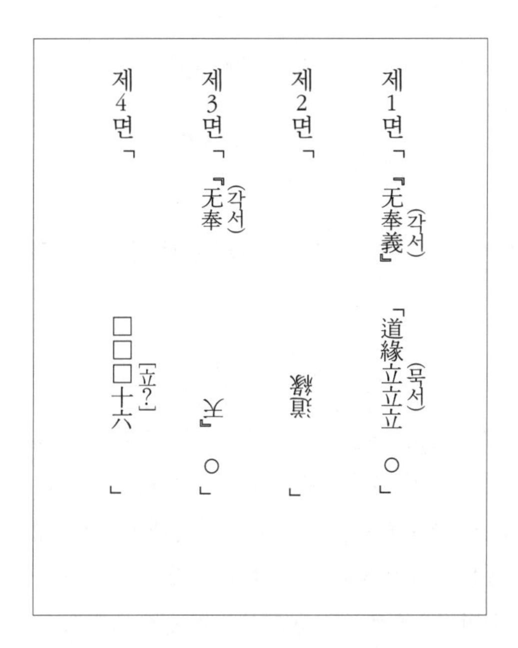
제1면「『无奉義』(각서) 「道縁立立立(묵서) ○」

제2면「 道縁 」

제3면「『无奉(각서) 天』 ○」

제4면「 □□□十六[立?] 」

이 목간에 관해서 윤선태 씨는 다음과 같이 언급하고 있다[3].

3) 윤선태,「부여능산리출토 백제목간의 재검토」,『동국사학』40, 2004년.

먼저 윤선태 씨는 다음과 같은 판독안을 제시했다.

① 无奉義 道禓立立立
② 道□
③ 无奉 天
④ □□□十六

특히 윤선태 씨의 판독안의 주요한 점은 제 판독안 제1면 「道緣立立立」의 「緣」을 「禓」로 판독한 것이다. 「禓」에는 『說文解字』 등에 의하면 「道上祭」, 「道神」이라는 뜻이기 때문에 「道神인 禓이 섰다」는 해석이다. 윤선태 씨는 결론으로 다음과 같이 정리했다. 도신인 禓을 세웠다는 것은 바로 男根 즉 陽物을 세워 邪惡한 귀신을 퇴치하는 것을 상징한 것이다. 백제의 길 제사는 신라의 大道祭, 고대 일본의 道饗祭와 같이 사비도성 사방 외곽도로에서 「국가의례」로 거행하였을 것이라고 지적했다.

그러나 윤선태 씨가 입론의 근거로 하는 「禓」이라는 해독은 실물을 자세히 관찰한 결과 「禓」이 아니라 「緣」으로 판독하는 것이 타당하다(그림 3).

3. 형상

선단 부분을 가공하여 양물형으로 만들고, 말단은 제1면 부분을 도려내서 얇게 깎아내고 구멍을 뚫었다. 제3면 선단 부분만 평활하게 깎아냈다.

4. 내용

문자는 刻書와 墨書로 구별하여 썼다. 각서는 제1면 「无奉義」와 제3면 「无奉 天」이다. 「奉義」는 「義(사람이 따라야 할 도덕)를 지키다」라는 뜻이기 때문에 제사에 관한 행위의 성취를 기원한 것이다. 「无奉義」는 「奉義」를 부정하는 것을 뜻한다. 제3면 아래위가 거꾸로 된 「天」과 제1면 부분에서 도려내어 얇게 깎아내서 구멍을 뚫은 것과 밀접한 관계가 있다고 생각된다. 이 목간은 구멍 부분을 위로 하여 기둥에 박은 못에 걸렸다고 생각되며, 「无奉義」를 二重否定하는 것으로 이해할 수 있지 않을까. 이렇게 기원을 거꾸로 거는 것은 희망을 성취하기 위한 행위로 많은 민속 사례가 있다.

중국의 『西湖遊覽志』(明代, 田汝成 撰)에 의하면 단오절에 楹(기둥)에 「儀方」이라는 말을 써서 거꾸로 붙이면 살무사를 막을 수 있다고 한다. 이와 유사한 방법은 일본에도 전해져 근세 『陰陽師

調法記』(元祿14년판)에는 「5월 5일 午時에 朱砂로 ⿴囗茶라는 글씨를 하나 적고 문주에 거꾸로 붙이면 등에가 집안에 들어오지 않다」라는 기록이 있다.

常光徹 씨는 이러한 거꾸로 하는 민속에 관해서 다음과 같이 분석했다[4].

> 문구에 거꾸로 된 것을 붙이거나 걸리는 민속은 풍부하고 대부분은 벌레나 돌림병이 집에 들어오는 것을 막는 목적으로 한다. 차로 쓴 문자, 주걱이나 도롱이 등 그 자체가 의미를 띤 주물이지만 그것들을 거꾸로 하는 것으로 재액을 가져오는 사악한 것이 진입하지 못 할 주력이 강력하게 발동된다. 거꾸로 하는 것은 일상성이 역전되었다는 의미로 非日常性의 상징이다. 다시 말해서 거꾸로 하는 것으로 어떤 상태를 다른 상태로 전환할 수 있다는 것을 뜻한다.

다음에 묵서 제1면 「道緣立立立」, 제3면 「道緣」의 뜻은 문자 그대로 길가에 이 목간을 세운다는 게시방법을 표기한 것이라고 할 수 있다. 또 「立立立」과 같이 세 번 되풀이하는 것은 부적에 일반적으로 보이는 일이며 습서가 아니다. 고대 일본에서도 예를 들어 靜岡縣 濱松市 伊場유적 출토 百怪呪符木簡에 주문 「急急如律令」과 함께 「戊戊戊」로 썼다. 제4면 글씨는 현재로서는 아직 불명하다.

5. 게시방법

이 목간은 양물형이라고 부르는 것으로 봐 문제없다. 또 길이 22.6㎝, 폭 2.5㎝로 소형이다. 이 양물형 목간을 길가에 세우는 방법으로서 필시 상설된 기둥 못에 걸렸다고 하면 길을 가는 사람들이 시선 높이로 볼 수 있었을 것이다. 그 경우 제3면 선단부분을 평활하게 깎은 것으로 미루어 보면 제3면을 기둥에 접촉시키고 제1면이 정면으로 보이도록 게시했을 것이다. 또한 제3면 「天」을 게시 방법의 지시로 해석하면 이 목간은 양물형 선단 부분을 길로 향하고 글씨가 거꾸로 되도록 게시한 것으로 생각된다.

백제 사비 왕궁은 서쪽과 남쪽에 금강이 있고 북쪽에 부소산이 있고 왕경을 나성이 둘러싸고 있다. 이 나성에서 가장 직선적으로 완전하게 폐쇄하고 있는 곳이 동쪽이다. 이것은 평야부로 통하는 유일한 길이 동쪽에 있기 때문이다. 동쪽 나성의 거의 중앙에 동쪽으로 통하는 길이 있다.

이 목간은 그 나성 동문을 나간 길가에 세웠다고 생각된다. 즉, 6세기 전반 부여(백제 왕경)를 둘러싼 나성 동문 입구 부근에 설치된 기둥에 양물형 목간이 걸려 있었을 것이다.

春成秀爾 씨에 의하면 일본열도에서는 양물형 제작과 사용은 구석기시대부터 현대까지 이어져

---

4) 常光徹, 『学校の怪談─口承文芸の展開と諸相』, ミネルヴァ書房, 1993년.

있고 활력 혹은 위협의 기능을 상징하는 辟邪의 呪具로 사용되었다고 한다[5].

그리고 현재 일본 각지에 있는 민속 행사로서의 도조신 제사에서도 양물을 사용한 제사형태가 널리 확인된다.(그림 4-1, 2, 3) 따라서 한반도에서도 능산리사지 출토 양물형 목간은 왕이 살고 있는 왕경을 항상 청결하게 유지하고 사악한 것이 왕경에 침입하는 것을 막기 위해 나성 동문 입구 부근의 「道緣(길가)」에 세웠다고 생각된다. 현대 한국의 민속에도 농가 門口에 오곡과 함께 양물형 목제품을 매달았다. 양물 선단을 길을 향해 맺는 게시 방법은 능산리사지 양물형 목간의 위와 같은 상정과 공통되는 것이다. (그림 5)

Ⅲ. 일본 도성과 길의 제사

1. 도성 제사

가. 道饗祭, 障神祭, 宮城四隅祭

神祈令에 「道饗祭」는 季夏 季冬의 제사라고 한다. 그 道饗祭에 대해 『令義解』는 이와 같이 해석한다. 道饗祭는 卜部들이 京城 四隅 길에서 제사지내는 것이고 밖에서 오는 귀신이 들어오지 않도록 미리 길에서 맞이하여 饗遏하는 것이라고 한다. 이 경우 饗遏의 뜻은 饗이 "대접하다" 遏이 "저지하다" 즉 대접하여 귀신이 京師에 들어오는 것을 저지하는 것이다.

季夏條集解 所引 令釋에서는 다음과 같다. 즉 왕경 四方大路 가장자리에서 卜部들이 제사지내는 것이며 쇠가죽 및 사슴 멧돼지 가죽을 사용한다. 이는 밖에서 오는 귀신이 궁 안에 들어오지 않도록 제사하는 것이고 左右京職도 제사에 참가한다고 한다.

『延喜式』 卷第一 四時祭式에 道饗祭는 다음과 같이 규정되어 있다.

> 道饗의 祭〈경성 四隅에서 제사해라〉
> 五色의 薄絁各一丈, 倭文四尺, 木綿一斤十兩, 麻七斤, 庸布二段, 鍬四口, 牛皮二張, 猪皮 鹿皮 熊皮 各四張, 酒四斗, 稻四束, 鰒二斤五兩, 堅魚五斤, 腊八升, 海藻五斤, 鹽二升, 水盆 杯 各四口, 槲八把, 匏四柄, 調薦二枚

5) 春成秀爾, 「性象徵の考古学」, 『国立歴史民俗博物館研究報告』 제66집, 1996년.
그런데 우물에서 출토되는 고대 양물형 목제품에 대해서는 우물에 걸어서 물이 고갈하지 않도록 빌었다고 생각되고 있다(巽淳一郎, 『まじないの世界Ⅱ』〔『日本の美術』 361〕, 至文堂, 1996년). 하지만 본론과 같이 양물형 목제품을 사악한 것을 막는 주구로 생각하면 우물 밑바닥에서 침입하는 사악한 것들(예들어 도향제 祝詞에 보이는 「根國이나 底國에서 오는 것」)을 막기 위한 것으로 이해할 수 있을 것이다.

『延喜式』 卷第八에는 道饗祭의 祝詞가 있다.

道饗祭

高天之原尒事始氐, 皇御孫之命止, 稱辭竟奉. 大八衢尒湯津磐村之如久塞坐皇神等前尒申久, 八衢比古・八衢比賣売・久那斗止御名者申氐, 辭竟奉久波, 根國・底國與里麁備疎備來物尒, 相率相口會事無氐, 下行者下乎守理, 上往上乎守理,夜之守・日之守尒守奉齋奉禮止進幣帛者, 明妙・照妙・和妙・荒妙尒備奉. 御酒者 瓺邊高知, 瓺腹满雙氐, 汁尒母穎尒母山野尒住物者, 毛能和物・毛能荒物, 青海原尒住物者, 鰭乃廣物, 鰭狹物, 奧津海菜, 邊津海菜尒至萬氐尒, 横山之如久置所足氐進宇豆乃幣帛乎, 平槺氣久聞食氐, 八衢尒湯津磐村之如久塞坐氐, 皇御孫命乎堅磐尒常磐尒齋奉, 茂御世尒幸閇奉給止申. 又親王等・王等・臣等・百官人等, 天下公民尒至萬氐尒平久齋給部止, 神官天津祝詞乃太祝詞事乎以氐稱辭竟奉止申.

축사의 내용은 大八衢에 있는 八衢比古 八衢比売 久那斗에게 대량으로 幣帛을 올려 根國 底國에서 오는 것을 막는 것과 동시에 천황의 壽命長久와 치세 평안 그리고 친왕 이하 사람들의 수호를 기원한 것이다.

사시제인 도향제 공물로 「牛皮二張, 猪皮 鹿皮 熊皮 各四張」이라고 되어 있고 축사 안에는 「山野에 사는 物은 毛의 和物・毛의 荒物」이라 하여 동물을 표현한 것으로 생각된다.

『日本書紀』〔권제1 神代上 제5단(一書 제11)〕 保食神의 시신에서 많은 음식이 생기는 이야기 중에 다음과 같은 기사가 있다.

一書日, 伊奘諾尊, 勅任三子日, 「天照大神者, 可以御高天之原也. 月夜見尊者, 可以配日而知天事也. 素戔鳴尊者, 可以御滄海之原也」. 旣而天照大神, 在於天上日, 「聞葦原中國有保食神. 宜爾月夜見尊, 就候之」. 月夜見尊, 受勅而降. 已到于保食神許. 保食神乃廻首嚮國, 則自口出飯. 又嚮海, 則鰭廣鰭狹亦自口出. 又嚮山, 則毛麁毛柔亦自口出. 夫品物悉備, 貯之百机而饗之.

이 산의 毛麁毛柔는 도향제의 산에서 수렵한 것과 공통되는 표기다.

『延喜式』 卷第三 臨時祭

宮城四隅疫神祭(若應祭京城四隅准此)

五色薄絁各一丈六尺(等分四所 已下准此) 倭文一丈六尺 木綿四斤八兩 麻八斤 庸布八段 鍬十六口 牛皮 熊皮 鹿皮 猪皮 各四張 米酒各四斗 稻十六束 鰒堅魚各十六斤 腊二斗

海藻雜海菜各十六斤 鹽二斗 盆四口 坏八口 匏四柄 槲十六把 薦四枚 藁四圍 楉棚四脚(各高四尺 長三尺五寸) 朸一枝

畿內堺十處疫神祭(山城與近江堺一 山城與丹波堺二 山城與攝津堺三 山城與河內堺四 山城與大和堺五 山城與伊賀堺六 大和與伊賀堺七 大和與紀伊堺八 和泉與紀伊堺九 攝津與播磨堺十)

堺別五色薄絁各四尺 倭文四尺 木棉 麻各一斤二兩 庸布二段 金鐵人像各一枚 鍬四口 牛皮 熊皮 鹿皮 猪皮 各一張 稻四束 鰒 堅魚 海藻 滑海藻 各四斤 雜海菜四斤 腊五升 鹽五升 水瓮一口 坏二口 匏一柄 槲四把 薦一枚 藁一圍 輿籠一脚 朸一枝 擔夫二人(京職差傜充之)

蕃客送堺神祭

五色薄絁各四尺 倭文二尺 木棉 麻各二斤 庸布四段 鍬四口 牛皮 熊皮 鹿皮 猪皮 各二張 酒二斗 米四升 鰒 堅魚 各二斤 海藻四斤 腊八斤 鹽四升 稻十二束 水瓮二口 坏四口 匏二柄 薦二枚 藁四圍 槲八把(已上祭料) 木棉四兩 麻一斤 酒六升 米四升 鰒 堅魚 各一斤 雜海菜二斤 腊一斤 鹽一升 水瓮 坏各二口 匏一柄 食薦二枚 槲十把 輦籠一口 朸一枝 夫二人 (已上祓料)

右蕃客入朝 迎畿內堺 祭却送神 其客徒等 差至京城 給祓麻 令除乃入

障神祭

五色薄絁各一丈二尺 倭文一丈二尺 木棉 麻各十二斤 庸布八段 熊皮 牛皮 鹿皮 猪皮 各四張 鍬十六口 米酒各四斗 稻十六束 鰒 堅魚 海藻各八斤 腊 鹽各二斗 水瓮四口 坏八口 匏四柄 槲十二把 薦四枚(五色薄絁以下四所等分)

宮城四隅疫神祭는 경성의 사우에서 역신을 제사하고 畿內堺十處疫神祭는 기내 경계에서 역신을 제사하고 蕃客送堺神祭와 障神祭는 둘 다 외국에서 입경하는 사절에 대하여 역병 등의 침입을 막기 위해 기내 경계나 경성사우에서 제사 지낸 것이다[6].

---

6) 野宮은 齋主가 初齋院에서 潔齋를 마치고 더 약 1년간 더 潔齋를 하는 궁성 외의 淨野에 조영된 궁전이다. 그 야궁에서도 卜部가 궁 네 모퉁이 길에서 도향제를 했다고 생각된다. 그 祭料는 『延喜式』 권5 齋宮에 다음과 같이 기록이 있다.

『延喜式』 권5 齋宮

野宮道饗祭

五色薄絁各一丈 倭文四尺 庸布二段 木綿一斤十兩 麻七斤五兩 鍬四口 牛猪鹿熊皮各二斗張 米酒各四斗 稻四束 鰒二斤五兩 堅魚五斤 腊八升 鹽二升 海藻五斤 盆四口 坏四口 藁四圍 薦一枚

虎尾俊哉 編, 『延喜式 上』(集英社, 2000년) 보주에 의하면 도향제를 비롯한 길과 관련되는 제사와 동물 가죽에 관해 다음과 같이 주석을 달았다.

> 도향제는 神祇令 季夏條 令釋에 「卜部等祭, 牛皮竝鹿猪皮用也」라고 있듯이 卜部가 제사를 집행하여 소, 사슴, 멧돼지 가죽을 사용했다. 延喜式에서는 이에 곰 가죽을 더하여 네 가지 짐승 가죽을 사용했는데 이 짐승 가죽 사용이 도향제의 현저한 특징이다. 이러한 짐승 가죽을 사용하는 제사는 임시 疫神祭, 堺神祭 등과 같이 길과 경계 제사에 한정되어 있다. 그리고 이러한 제사들은 다 卜部가 집행한 것에서도 알 수 있듯이 외래의 대륙적 제사의 영향이 강하다고 한다.

나. 전기 難波宮 출토 양물형 목제품

大化元年(645)에서부터 白雉五年(654)까지의 孝德天皇 치세에 있어서는 도읍이 飛鳥에서 難波로 옮겨졌다. 이 시기 難波宮을 전기 難波宮(難波長柄豊碕宮)이라고 하여 그 궁역은 추정으로 동서 약 600m, 남북 양 530m 정도였다고 생각되고 있다.

1999년에는 難波宮 북서부 大阪府 경찰 본부 부지에서, 남동에서 북서로 내려가는 큰 계곡이 확인되고 조사한 결과 계곡 안의 유물 포함층에서 수많은 토기나 목제품이 출토되었다. 그중에서도 32종 목간 안에는 「戊申年」이라고 쓴 목간이 있었다. 연대는 같이 출토된 토기 연대로 봐 648년(大化4년)에 해당된다. 한 점 목간만을 가지고 유적 연대를 단정할 수는 없지만, 지금까지의 조사를 통해 출토된 유구 및 유물과의 관계를 고려하면 전기 難波宮이 天武天皇보다 올라가는 7세기 중엽 단계에 이미 기능한 것은 거의 확실해졌다고 한다[7).](그림 6)

이들 목간과 함께 대량으로 출토된 목제품 중에는 2점의 남근상(양물형)목제품이 확인되어 있다. 한 점은 아래쪽을 도려내 깎은 것이다. 또 한 점은 음낭부분까지 표현한 것일 가능성이 있는 목제품이다[8)].

결국 전기 難波宮 북서 구석에 해당되는 지점에서 양물형 목제품을 사용한 도향제(궁성 네 구석에서 제사하라)와 같은 길의 제사를 실시한 것으로 생각된다. 또한 2점의 양물형 목제품은 백제 능산리사지 출토 양물형 목간과 같이 도려낸 부분에 끈을 맺어서 양물형의 선단을 아래로 향해 게시한 가능성을 상정할 수 있다. 그리고 북서 구석의 길의 제사였다면 추정 궁역 동서 약 600m 남북 약 530m 일각을 확실히 결정한 것이 된다.

---

7) 古市晃, 「難波宮発掘」, 森公章 編, 『日本の時代史3 倭国から日本へ』, 吉川弘文館, 2002년.

8) (財)大阪府文化財調査研究センター, 『大阪城址2−大阪府警察本部庁舎新築工事に伴う発掘調査報告書—本文編』, 2002년.

2. 지방도시(多賀城)에서의 길의 제사

가. 百恠平安未申立符(그림 7)

多賀城 바로 남쪽, 남문 약 250m에 있는 운하 퇴적토에서 한 점의 목간이 발견되었다. 길이 28.5㎝, 앞면에 「□×百恠平安符未申立符」, 뒷면에 「□戌□□ 平□□ ×奉如賽急々如律令」이라고 적혀 있다. 목간의 연대는 11세기로 생각되고 있다. 상부를 山形으로 깎고 하단을 뾰족하게 만든 형태는 부적의 전형적인 형태다. 그 내용은 百恠를 가라앉히고 없애기 위한 부적이며, 未申 즉 서남 방향에 세운 부적이라는 것이다. 이 목간은 도향제 때 艮(동북)구석 巽(동남)구석 乾(북서)구석과 같이 坤(서남)구석에 세운 부적이 아닐까.

이 未申立符는 多賀城 서남 부분에서 성 안에 침입하려는 百恠가 물러가는 것을 기원하여 행한 제사 때 多賀城 네 구석에 세운 부적의 하나로 생각된다. 지방 도시에서는 11세기에도 형식적으로 이러한 길의 제사를 실시한 것으로 생각된다.

이 도향제와 관련하여 그 제사 구조가 유사한 것이 鎭火祭다. 진화제는 궁성 사방 외각에서 卜部들이 불을 제사하는 것이고 화재를 예방하기 위한 것이다. 궁성 사방 외각이라는 것은, 구체적으로는 궁성 네 구석 갈림길에서 제사하는 것이다. 이 진화제는 지방 國府에서도 실시된 것을 알 수 있다. 즉 下野國府 터 출토 목간에 「鎭火祭」라고 써 있었다. 이 목간이 출토된 도랑은 政廳에서 서남 약 330m 지점이니 만약 정청을 둘러싼 방 2~3町(218~327m)의 國廳 지역을 상정한다고 해도 그 바깥이 된다. 이 목간의 연대는 같이 출토된 목간에 「里正」이라는 鄕里制 職名이 보이는 것으로 717~740년 사이로 생각된다. 國府에서 진화제를 그 國廳 네 구석 갈림길에서 집행한 것을 알 수 있다.

나. 토기 매설 제사(그림 8)

多賀城 남면에서 구멍을 파서 토기를 매설한 유구가 도로 교차 지점에서 13기, 다른 도로상에서 3기, 구획 안에서 9기, 方格地割 밖에서 3기 계 28기가 발견되었다.

먼저 구획 안에서 검출된 토기 매설 유구는 그 연대가 8세기부터 10세기까지이다. 그곳에 시설을 지을 때 地鎭 등의 제사와 관련되는 것으로 생각된다.

이에 대하여 도로부분에서 발견된 매설유구에는 다음과 같은 특징이 보인다. 첫째, 16기 중 13기가 교차점에 있었다는 것. 두 번째, 매설 시기가 명확한 것은 다 10세기 전반에 한정되고 또 5기는 도로 조성 공사 중에 매설되었던 것이 확인되었다. 이상 2가지 이유로 이들은 갈림길을 중심으로 한 도로라는 특정한 장소를 의식하여 한정된 시기에 계획적으로 실시된 제사의 유구로 생각된다. 세 번째로 도로 이외 매설 토기는 土師器(하지키) 옹을 사용할 경우 뚜껑으로 사용한 것을 제외하면 나머지는 모두 長胴甕이며 가로놓였다는 것이다. 도로 조성 중에 매설된 것이 있는 것을 중시하면 이들 매설 토기는 도로 건설이나 개수와 관련된 제사에 사용했을 가능성이 높다.

多賀城 街區 도로 교차점에 매설된 토기를 사용한 제사는 갈림길 제사와 깊이 관련되는 것일 것이다[9].

다. 양물형 목제품(2점)(그림9)

한 점은 외곽 동남 구석 지구에서 검출된 8세기 말 건물로 생각되는 SB224건물터 기초구조가 있는 青白色점토층에서 양물형 목제품이 출토되었다. 자연 나무 수피를 벗겨 가공하여 선단을 귀두같이 만든 것이다. 일단은 비스듬하게 조금씩 깎아서 동그랗게 만들고 선단에서 3.0㎝ 부분에 각선을 돌리고 또 선단 뒷면에는 측면에서 윗면에 걸쳐 도려내 귀두같이 만들었다. 하단은 주위를 깎아서 전기 難波宮 출토 양물형 목제품과 같이 도려내어 선단을 아래로 향해 걸었다고 상정된다. 길이 17.4㎝, 직경 약 4㎝, 귀두부 3.5㎝다(제11차 발굴조사지구 출토). 또 한 점은 외곽남문서지구에서 출토된 것이 있다. 이는 선단을 깎아서 귀두같이 만들었지만 확실하지 않다(제8차 발굴조사지구 출토)[10].

양물형 목제품 2점이 다하성 약 900m 사방 외관선 동남 구석 및 외곽 남문터 부근에서 출토된 것은 도성에서의 도향제 혹은 궁역사각제와 유사한 제사가 실시된 것을 의미할 것이다.

Ⅳ.『日本書紀』와『古事記』에 보이는 길과 관련된 신화

『古事記』 上卷 伊耶那岐(이자나키)命과 伊耶那美(이자나미)命

요약하면 다음과 같다.

> 이자나키 이자니미의 나라 세우기는 이자나미가 불의 신을 낳아 죽었기 때문에 복잡한 방향으로 전개한다. 황천국까지 이자나미를 찾아간 이자나키는 더러운 이자나미의 모습을 봐 두려워하여 황천국에서 도망갈 때 이자나미는 황천국 여자를 시켜 奚아 왔다. 드디어 이자나미 자신도 奚아 왔기 때문에 이자나키는 千引石으로 황천의 길을 막았다. 그 후 이자나키는 몸을 씻기 위해 筑紫에서 목욕을 했다. 던져 버린 지팡이에 생긴 신의 이름은 衝立船戸神,(이하 3신을 생략) 다음에 던져 버린 내의에 생긴 신의 이름은 道俣神. (이하 5신을 생략) 다음에 邊津甲斐弁羅神.

9) 가. 나. 에 대해서는 平川南, 「古代地方都市論—多賀城とその周辺」, 『国立歴史民俗博物館研究報告』 78, 1999년을 참조바란다.

10) 宮城県多賀城跡調査研究所, 『多賀城跡—昭和45年度発掘調査概報』, 1971년.

위의 船戸神 이하 邊津甲斐弁羅神까지 12신은 「몸에 입는 것을 벗어서 생긴 신」이라고 한다.

『日本書紀』 권제1 神代上 제5단(一書 제6)

> 이자나키는 泉津平坂을 千人所引의 돌로 막았다. 그리고 여기서 들어오지 말라고 하여 지팡이를 던지셨다. 이를 岐神이라고 한다.(이하 4神 생략) 所塞磐石이란 黃門을 막는 大神을 말한다. 혹은 道返大神이라고 한다. 「自此莫過(여기서 들어오지 말라)」라고 하여 지팡이를 던진 것으로 생긴 신이 『古事記』에서는 衝立船戸神, 『日本書紀』에서는 岐神이다.

그리고 제5단(一書 제7)에는 「岐神, 此云布那斗能加微(岐神 이를 후나토노카미라고 한다)」고 있다.

또 『日本書紀』 권제1 제5단 一書 제9에는 다음과 같다.

> 伊奘諾尊驚而走還. 是時, 雷等皆起追來. 時道邊有大桃樹. 故伊奘諾尊, 隱其樹下, 因採其實 以擲雷, 雷等退走矣. 此用桃避鬼之緣也. 時伊奘諾尊, 乃投其杖曰, 「自此以還, 雷不敢來」. 是謂岐神. 此本號曰來名戸之祖神焉.

「岐神」은 「본디 이름은 來名戸의 祖神」이라고 한다. 「自此以還, 雷不敢來」의 「不敢來」는 「來名戸」 즉 「來忽戸」와 같은 의미다. 그리고 千引石으로 황천 平坂을 막아 황천에서의 침입을 막는 것과, 「不敢來」, 「來名戸」는 같은 동작으로 이해할 수 있다. 따라서 「岐神」의 본디 이름이 「來名戸의 祖神」이다.

『古事記』에서는 던져버린 지팡이에 생긴 신의 이름은 衝立船戸神, 『日本書紀』에서는 지팡이를 덩진 자가 岐神으로 되어 있고 船戸神과 岐神이 둘 다 「후나토노카미」라고 불러졌다. 이 지팡이에 대한 일반적인 이해는 예를 들어 『日本書紀』 上(岩波日本古典文學大系) 주에서는 「지팡이는 원래 뿌리가 있는 나무이고 그 생성력이 풍요의 靈力을 의미하는 것이었다. 그것이 양물의 기능과 혼동되어 같은 것으로 생각되어서 마을 입구나 갈림길에 세워 사악한 것들이 들어오는 것을 막는 역할을 한 것 같다」고 한다.

『古事記』 上卷 忍穗耳命과 邇邇藝命 그리고 『日本書紀』 권제2 신대 하 제9단(일서 제1)에 의하면 衢神(치마타노카미)은 猿田彦神(사루타히코노카미)라고도 불린다.

Ⅴ. 岐神, 塞의 神, 來名戸(船戸)神 그리고 道祖神

岐神에 대해서는 먼저 『日本書紀』 권제1 신대상 제5단 제7의 일서에,

「岐神, 이를 布那斗能加微라고 한다」

라는 기록이 있어 岐神은 후나토노카미라고 한다.

같은 단 제9의 일서에는

時伊奘諾尊, 乃投其杖曰, 「自此以還, 雷不敢來」 是謂岐神 此本號曰來名戸之祖神焉

이라는 기록이 있어 岐神의 본디 이른은 來名戸(쿠나토)의 祖神이라고 한다.

祖神에 대하여 『日本書紀 私記』(乙本) 신대상에는 「祖神遠保知(오호치)」로 새겼는데 이미 飯田武鄕 『日本書紀 通釋』 제일에서 「이를 岐神이라고 한다. 이는 본디 호를 來名戸之祖神이라고 한다」 쿠나토노「사해노카미」라고 한다. 물론 후나토=쿠나토이며 岐神은 후나토(쿠나토)의 「사애(사이)노카미」라는 이해다.

柳田國男는 「石神問答」에서 山中笑에 대해 다음과 같이 했다[11].

道祖神은 猿田彦大神이라고 하는 설은 아주 넓게 보는 설인 것 같다. 이는 日本紀 등에 猿田彦을 衢神으로 기록한 것에 바탕을 둔 것으로 생각된다. 하지만, 道祖神은 神代史에 보이는 우쭐한 國津神과 비슷하고 嚮導하는 神은 아닌 것 같이 보인다. 倭名抄를 비롯한 책들에 아직 道祖의 의미를 풀이한 것을 보지 못 했으나 道祖의 祖는 徂의 의미도 아니고 또 祖道의 의미도 아니고 사이를 멀리하는 阻가 아닐까 생각된다. 그러면 日本紀의 岐神의 本號 「來名戸之祖神」을 쿠나도노사해노카미라고 새긴 것과도 잘 맞고 〈쿠나도〉와 〈사해〉가 같은 신이라는 설에도 맞는 것이다. 즉 갈림길 등에 이 신을 모시는 것은 왕래의 안전을 빈다는 능동적인 신덕을 바라는 것이 아니라, 사악신의 침입을 阻止하려고 하는 수동적인 의미일 것이다. 지금도 도조신이 있는 곳이나 그 지명이 있는 곳을 찾아보면 반드시 길 가까이에 있는 것이 아니고 깊은 산중에도 있는 것이다. 이는 산에 살고 산에서 내려오는 사악신을 막아 마을의 평안을 기하기 위해서 그렇게 하는 것이다. 岐神은 지금은 쿠나도 혹은 후나

11) 柳田国男, 「石神問答」, 『定本柳田国男集』 12권.

도로 부르는 지명이 조금 남아 있을 뿐이며 거의 발자취를 신앙에 남기지 못 했던 것은 위의 내외 두 가지 신의 기능이 똑같기 때문에 쉽게 절충되어 하나가 되어 버린 것이다.

道祖의 의미는 徂도 祖道도 아닌 阻로 해석하면 『日本書紀』 기신의 본디 이름 「來名戸의 祖神」을 쿠나도노사해노카미라고 부르는 것에도 잘 맞고 〈쿠나도〉와 〈사해〉가 같은 신이라는 설에도 맞는다고 한다.

하지만 사견에 의하면 〈쿠나도〉와 〈사해〉가 같은 신이면 「來名戸의 祖神」은 「쿠나도노사해노카미」가 아니라 祖神을 본래 한자대로 道路神 으로 해석해야 할 것이다.

즉 『文選』 권20 租餞의 李善注에 『四民月令』을 인용하여 「祖, 道神也. 好遠遊, 死道路. 故祀以爲道神. 以求道路之福(祖는 道神이다. 멀리 다니는 것을 좋아했던 사람이 여행 도중에 죽었다. 그래서 신으로 모셔 道神으로 했다. 여행 가는 사람들은 이에 여행 중의 안전을 빈다)」라는 기록이 있다. 『四民月令』은 중국의 옛 歲時記고 후한시대 崔寔의 작품이고 후한시대 화북 호족들의 생활을 알 수 있는 자료로 평가되어 있다. 『四民月令』에 의하면 祖는 道神이고 道神은 원래 여행 도중의 안전을 수호하는 신이었다. 이 해석은 『和名類聚抄』가 인용하는 『風俗通』(後漢 應劭)에 「共工氏之子好遠遊, 故其死後以爲祖」라고 있는 것과 맞는다.

『和名類聚抄』(承平연간〈931~938〉성립) 권제2 귀신부 제5 神靈 제16에는 道祖와 道神이 확실히 구별되어 道祖의 일본명을 「佐倍乃加美(사해노카미)」, 도신의 일본명을 「太無介乃加美(타무케노카미)」로 읽었다.

> 元和古活字本『和名類聚抄』
> 道祖 風俗通云 共工氏之子好遠遊 故其死後以爲祖 和名佐倍乃加美
> 岐神 日本紀云 岐神 和名 布奈止乃加美
> 道神 唐韻云 禓音觴 和名 太無介乃加美 道上祭一云 道神也

하지만 그 해석 부분은 복잡하다. 즉 道祖의 항목의 「風俗通(後漢・應劭撰, 정식 명칭 『風俗通義』)云 共工氏之子好遠遊 故其死後以爲祖」는 共工氏의 아들 脩(일설에 黃帝 아들 纍祖)가 遠遊를 좋아하여 도로에서 죽었다. 후에 祖神으로 하여 도로신으로서 모셨다고 한다. 이 설명은 「道神」에 관한 것이고 여행 떠나기 전에 도로신을 제사하는 것, 즉 「手向けの神(타무케노카미)」이고 道祖의 일본 이름 「佐倍乃加美」에 대한 설명이 될 수 없다.

道祖 등의 기재는 『和名類聚抄』 이후의 사전류에서는 다음과 같다.

『類聚名義抄』(11세기 말에 성립된 부수별 한화사전)
(六十一 示)
岐神　フナトノカミ(후나토노카미)　　道神　タムケノカミ(타무케노카미)

『色葉字類抄』二券本(永祿8년〈1565〉書寫. 내용은 天養~長寬연간〈1144~1165〉 것으로 생각되고 있다)
卷下上〔布, 姓氏〕 道祖フナト(후나토)
卷下上〔佐, 人倫〕 道祖神サヘノカミ(사해노카미)

Ⅵ. 道祖神 신앙의 원류

1. 道祖王

道祖가 처음으로 보이는 것은 天武천황의 손자 新田部親王의 아들인 「道祖王」일 것이다.

고대국가 확립 과정에 관해서 근년 新川登龜男 씨는 일본에서의 도교의 중요성에 주목하고 있고 도교를 둘러싼 처음의 攻防이 천무천황의 병에서 죽음으로 이르는 과정 속에 있다고 한다[12].

천무천황의 병은 그때까지 총합적인 culture 안에서 조화를 이뤘던 도교적인 것들이 남달리 자격되어 떠 오른 것이다. 「일본의 불교」를 낳아 가는 과정에서 더 널리 말하면 야마토의 열도통일화 즉 「일본」과 「천황」제를 만들어내는 과정에서 스스로 깊이에 내포해 버린 것이 도교 혹은 도교적인 것이었다.
「浄い(깨끗함)」이나 「浄らか(맑음)」은 천무천황시대에서부터 만들기 시작했고 퍼뜨리려고 하고 있던 가치였다. 685년(천무14)에 明位, 淨位의 관등을 만들고 제왕 이상에 주거나 천무천황의 궁전을 飛鳥淨御原宮이라고 명명한 것도 그 일환이었다.
천무천황은 壬申의 난 이후 야마토로 凱旋하여 飛鳥淨御原宮으로 들어갔다. 672년의 일이었다. 그 후 이 궁은 持統천황(천무천황의 황후)이 694년말에 藤原宮으로 遷都할 때까지 2대 22년간에 걸쳐 사용되었다. 그런데 이 궁호는 처음부터 그렇게 불린 게 아니라 천무천황이 중태에 빠진 때에 명명된 것이고 동시에 朱鳥를 연호로 했다. 朱鳥는 「アカミトリ(아카미토리)」, 朱鳥元年은 「アカミトリノハジメノトシ(아카미토리노하지매노토시)」라는 것이다. 이 직후 淨行者 70명의 출가가 단행되었

12) 新川登亀男, 『道教をめぐる攻防』, 大修館書店, 1999년.

다.

飛鳥淨御原宮의 궁호 명명과 朱鳥建元과 淨行者 출가는 다 일련의 일이고 천황의 연명을 비는 마지막의 시도였던 것은 틀림없다. 특히 궁호 명명은 궁전이 깨끗한 것을, 깨끗하게 유지되는 것을 기원했던 것이다.

이 궁전을 「깨끗하게」 유지하는 사상은 궁전에서 본격적인 도성을 청정하게 지키는 제사의 확립으로 나아갔다고 생각된다.

和田萃 씨는 「도성의 성립과 제사」에 대하여 다음과 같이 지적한다[13].

> 종래 존재해 왔던 古道(中ツ道, 下ツ道, 横大路, 阿部山田道)를 이용하여 條坊이 있는 본격적인 도성으로 조영된 것이 藤原京이다. 등원경 서남 모퉁이는 下ツ道와 阿部山田道가 교차하는 갈림길이고 등원경 천도 이전부터 갈림길로 기능하였다. 이 도성의 성립과 밀접하게 관련되는 것이 道饗祭이다. 등원경 조영 이전부터 古道가 서로 교차하는 곳으로 비일상적 공간으로 기능해 왔던 갈림길이 등원경 네 구석으로 자리매김하게 된 결과 율령적 제사인 도향제를 여기서 올리게 된 것이다.

이 도향제는 神祇令 義解에 의하면 재앙을 가져오는 악귀가 경사에 침입하는 것을 막는 것을 목적으로 한다. 이 목적에서도 명백하듯이 道祖는 『和名類聚抄』에서는 「佐倍乃加美」(사해노카미)라고 새기고 『伊呂波字類抄』의 「不, 姓氏」조에 「道祖 フナト 史」로 있다. 『日本書紀』신대상에 「岐神 이를 布那斗能加微(후나토노카미)라고 한다」, 『和名類聚抄』도 「布奈止之加美(후나토노카미)」 그리고 『日本書紀』 신대상에서는 「이를 岐神이라고 한다. 이는 본디 호는 來名戶의 祖神이라고 한다」라고 되어 있어 기신은 來名戶(쿠나토)의 祖神이라고 불리고 있다.

이상에서 道祖(神)도 기신도 둘다 「사해노카미」, 「후나토(쿠나토)노카미」라고 부른 것이다. 따라서 道祖王은 「후나토노오우」(〈사해노오우〉인 가능성도 있다)라고 불리었다고 볼 수 있다. 등원경 조영과 율령제사로서의 도향제 실시에 밀접하게 관여했다고 생각되는 천무천황의 손자 왕명으로서 「道祖王」은 참으로 어울린다고 할 수 있다. 그리고 도조왕은 天平寶字원년(757) 藤原仲麻呂 살해 모의라는 橘奈良麻呂의 변이 일어나자 黃文王들과 같이 잡혀 이름을 麻度比로 바꾸게 되어 하옥되고 고문을 당해 죽었다. 이러한 개명으로 잘 알려진 예는 和氣淸麻呂(와케노키요마로)가 神護景雲 3년(769) 道鏡을 천황으로 해야 한다는 宇佐八幡宮의 神託을 거짓이라고 아뢰었기 때문에 別部穢麻呂(와케베노키타나마로)로 개명되어 大隅國으로 유배〔누나인 和氣廣蟲도 別部狹蟲으로

---

13) 和田萃, 「都城の成立と祭祀」, 『日本古代の儀礼と祭祀 · 信仰(中)』, 塙書房, 1995년.

개명되어 備後國으로 유배)된 사건이다. 「道祖王」이 「麻度比」로 개명된 것은 和氣 씨의 예 「淸」이 「穢」로, 「廣」이 「狹」으로 된 것을 참조하면 「道祖王」와 「麻度比」가 반대어가 되는 것을 뜻할 것이다. 「麻度比」(まどひ〈마도히〉)는 「갈 길을 못 잡아 혼란하다, 길을 잃다」는 뜻이고 그 반대어 「道祖」는 길잡이 같은 즉 「도신」에 가까운 의미로 생각되었던 것이 아닐까? 앞에서 언급했듯이 『和名類聚抄』의 「道祖」, 「岐神」, 「道神」의 새김은 서로 다르다. 「道祖」는 『和名類聚抄』에서는 「サヘノカミ(사해노마키)」이면서 그 뜻은 「道神」의 설명(나그네를 지키는 도로의 신)으로 되어 있듯이 도조왕의 「麻度比」으로의 개명은 당시 「道祖」, 「岐神」, 「道神」의 삼자가 유사한 내용으로 이해된 것에 기인했을 것이다.

2. 「道塞」목간 (그림 10)

福岡市 元岡유적군 출토 목간[14]

유적은 福岡市의 서단 糸島반도 동쪽 산간부에 있다. 고분시대 전기부터 집락이 있었고 고분시대 후기 7세기경까지 계속되었다. 그 후 8세기를 전후하는 시기에, 그때까지 있었던 집락 지역을 정지하여 池狀遺構SX001, 창고군을 지었다. 이 지점의 창고군 등의 관아적 시설은 9세기에는 폐기된 것으로 추정되고 있다.

이 지상유구에서는 많은 토기, 목제품(공구, 농구, 紡績具 등)이 출토되었는데 그 속에는 舟形 목제품(약 30점)을 비롯한 齋串, 鳥形, 양물형 등 제사에 관련되는 유물이 다수 보이며 이 근처에서 어떠한 제사를 올렸던 것으로 생각되고 있다. 지상유구에서는 목간도 약 37점 출토되었고 기년명(大寶원년〈701〉, 延曆4년〈785〉)목간과 출토 토기에서 그 유구의 존속기간은 8세기 전후부터 약 100년간으로 생각된다.

목간 중에서는 다음의 13호 목간이 주목된다.(그림 11)

道塞　」

(171)×19×4 051형식

상단이 파손되었지만 두 글자 「道塞」만을 쓰고 하단을 뾰족하게 만들었다. 얇은 가공과 하단을 뾰족하게 만든 형태는 齋串과 유사하고 뒷면에 글씨는 전혀 없다. 조사개보에서는 「祓【不淨을 없애는 의식】에 관련되는 것일까」고 했다. 제사 때 땅에 꽂은 것으로 추측된다. 「道塞」 위에는 글씨가 없다고 상정된다. 이러한 형태와 기재양식이 매우 유사한 예로는 長野縣 千曲市 屋代유적군 출

---

14) 福岡市教育委員会, 『九州大学総合移転用地内埋蔵文化財発掘調査概報2-本岡・桑原遺跡群発掘調査Ⅰ』, 2003년.

토「竈神」목간(4호 목간)을 들 수 있다[15].(그림 12)

「竈神

(141)×18×4 019형식

상단은 거칠게 평면을 깎았다. 하단은 2차적으로 깎였다. 목간 상부 한 쪽을「〔」형으로 팠다. 앞뒤 양면이 전혀 조정되어 있지 않은 것이 특징적이다. 즉 성형기법에서 보면 이 목간은 보통 문서, 부찰이 아닌 것으로 볼 수 있다. 또한, 기재 내용에 있어서도 하단이 결실되어 있기는 하나 남아 있는 길이 14㎝의 상단 부분에「竈神」으로만 기재하여 이하 여백으로 되어 있는 것은 특이하다.

이상의 형태 및 내용적인 특이성에서 판단하면 이 목간은 상단 부분에「竈神」이라고 쓰고, 아마 하단 부분을 뾰족하게 만들어 땅에 꽂은 것으로 생각된다. 이 행위는 竈神에 관한 제사에 관련된 것으로 추측된다[16].

이「竈神」의 예에서도「道塞」는 등원궁 목간「符處處塞職等受」, 石神 유적 목간「道勢岐官前□」등「塞(세키)職」,「勢岐官」(세키노쓰카사)과 같은 過所에 관한 문서 목간이 아니라 呪符 목간으로 보아야 할 것이다.「道塞」는 길의「塞神」,「障神」,『和名類聚抄』에 보이는「道祖」를「佐倍乃加美」(사해노카미)라고 하는 것과 밀접하게 관련될 것이다. 유적의 입지는 博多灣에 면하는 糸島반도에 위치하여 대외교류의 중요한 지점이다. 외국사절 등이 여기에 도착하는 것을 의식하여 돌림병 등이 침입하는 것을 막는다는 의도로 塞(障)神 제사를 올릴 때 사용된 것일 수도 있다. 元岡유적군 출토 목간「道塞」는 道祖神에 관한 매우 귀중한 직접적인 자료라고 할 수 있다.

그리고 보고서[17]에 의하면「道塞」목간과 같이 출토된 다수의 목제품 안에는 나무를 가공하여 머리와 다리를 표현한 인형으로 생각되는 목제품이 있는데, 이는 오히려 아래쪽을 판 양물형 목제품으로 봐야 할 것이다. 이 목제품은 부여 능산리사지, 전기 난파궁, 다하성 출토 양물형 목제품과 같이 선단을 아래로 향해 게시했을 가능성이 있다.(그림 13)

3. 道饗祭 岐神

10세기 중반의『小野宮年中行事』六月行事・道饗祭事로서 다음과 같은 外記記文을 들고 있다.

---

15)「竈神」목간은 (財)長野県埋蔵文化財センター,『上信越自動車道埋蔵文化財発掘調査報告書23-更埴市内その二―長野県屋代遺跡群出土木簡』, 1996년에 수록된 제4호 목간이다.

16) 平川南,「屋代遺跡群木簡のひろがり―古代中国・韓国資料との関連」,『信濃』590, 1999년.

17) 주(14) 보고서.

廿五日任左右相撲司事.

右曹司廳任之. 內記先進宣命文退出.(중략)

道饗祭事.

弘仁神祇令云. 於京城四隅祭之. 十二月准之. 天慶元年九月一日外記云. 近日東西兩京大小路衢刻木作神. 相對安置. 凡厥體像髣髴大夫頭上加冠鬢邊垂纓. 以丹塗身成緋衫色. 起居不同. 遞各異貌. 或所又作女形. 對大夫而立之. 臍下腰底刻繪陰陽. 構几案於其前. 置杯器於其上. 兒童猥雜. 拜禮慇懃. 惑捧幣帛 或供香花.

號曰岐神. 又稱御靈. 未知何祥. 時人奇之.

鎭火祭事.

同式云. 於宮城四隅祭之. 十二月准之.(하략)

〔『小野宮年中行事』[18](『群書類從』 제6집 公事部1 권제64)〕

최근 平安 동서 양경 大小路의 衢(갈림길)에 나무를 새겨 神像을 만들어 마주 대하도록 안치하였다. 대체로 그 상은 대부(남자 상)가 머리에 관을 쓰고 살쩍에 纓을 늘어뜨리는 모습을 방불하게 하였다. 丹을 몸에 발라 緋衫色이다. 상의 자세와 용모는 서로 다르다. 어느 곳에서는 여자 상도 만들어 대부에 對하여 이를 세운다. 배꼽 밑에 음양을 새겨 그린다. 그 앞에 几案(책상)을 두고 그 위에 잔 접시를 놓고 아동들은 외잡하게 떠들고 (어른들은) 은근하게 배례한다. 어떤 이는 폐백을 올리고, 또 어떤 이는 향이나 꽃을 올리고 岐神이라고 부르고 혹은 御靈이라고 부른다. 어떤 것인지 자세하게 알 수 없지만 사람들은 이를 기묘하게 여긴다.

결국 京 갈림길에 남녀 신상을 모셔 岐神(후나토노카미)라고 불러 악령의 침입을 막는 道饗祭 제사가 실시되고 있었던 것을 알 수 있다. 특히 그 신상은 하반부에 음양을 새겨 그린다. 이는 당초의 양물형에서 인형에 음양부를 새기는 형태로 변화된 것으로 이해된다.

그리고 신상을 「도조신」이라고 불렀던 것을 확실하게 보여주는 것이 『今昔物語集』 권제13 「天王寺僧道公, 誦法花救道祖語(法花를 읊어서 道祖〈사애노카미〉를 살린 일) 제卅四」이다. 이 이야기에 세 가지 주목할 만한 점이 있다.

첫째는 12세기쯤에는 도조신 신앙이 경도나 지방 관아만이 아니라 각지에 확대되었다는 것이다.

둘째는 도조신상이 길가에 서서 그 상은 아마 하반신에 양물 음부를 표현한 것이고 당시 「下劣

18) 거의 같은 내용의 기사가 『本朝世紀』 및 『扶桑略記』에도 보인다.
『扶桑略記』 제25에 天慶2년(939) 9월 2일 「或記云」이라고 하여 기록되어 있다.

한 神形」으로 여겨졌다는 것이다.

셋째는 도조신은 猿田彦의 역할도 있고 行疫神의 선도를 했다는 것이다. 앞에서도 언급했듯이 『古事記』, 『日本書紀』에 의하면 衢神(치마타노마키)은 猿田彦神이라고도 불렀다. 당시 도조신과 猿田彦神은 매우 밀접한 관계가 있었다는 것을 의미할 것이다. 현재 민속 행사에 있어서도 양자는 거의 같은 것으로 생각되고 있다.

4. 백제와 양물형목간, 도조

백제 왕경의 나성 바깥, 동문 부근에서 출토된 능산리 사지 목간은 다음과 같은 세 가지 특징을 가지고 있다.

· 부여 나성 동문 부근에서 출토된 것
· 목간이 양물형인 것
· 「道緣立(길사에 세운다)」라고 써 있는 것

이 목간은 6세기 백제 왕경을 둘러싼 나성 동문 입구 부근에서 상설된 기둥 같은 것에 걸렸던 것으로 추측된다.

원시 신앙에서는 양물은 일반적으로 활력과 위협의 상징, 즉 사악한 것을 막는 기능이 있다고 한다. 왕이 사는 왕경은 항상 청정하게 유지될 필요가 있기 때문에 사악한 것이 왕경에 들어오는 것을 막기 위해 양물형 목제품을 내걸었을 것이다.

6세기 백제 왕경에서 거행된 이른바 도성제사는 바로 일본열도에서 도성제가 본격적으로 시작된 7세기 중엽의 전기 難波宮 이후 도입된 것으로 생각된다.

『日本書紀』에 의하면 白雉4년(653) 6월 僧旻이 죽었기 때문에 畵工 狛堅部子麻呂와 鯽魚戸直 등에 명하여 불상을 만들게 하여 川原寺에 안치했다. 狛堅部子麻呂는 齋明5년(659) 是歲조에 보이는 「高麗畵師 子麻呂」와 같은 인물로 생각되고 있다[19].

鯽魚戸를 『新撰姓氏錄』 右京諸蕃下에 보이는 「道祖史」와 같은 인물로 볼 수 있다면 같은 책에 道祖史는 「百濟國王 挨許里公의 後」라고 되어 있기 때문에 백제에서 건너 온 화공일 가능성이 있다. 그 이후의 도조의 씨족은 다음과 같다.

---

19) 『日本書紀 下』(日本古典文學體系), 岩波書店, 1965년 頭註.
20) 松嶋順正 編, 『正倉院宝物銘文集成』, 吉川弘文館, 1978년.

가. 天平勝寶 7년(755) 10月 正倉院調庸緋絁帳緋絁紐銘文[20]

「伊豆國田方郡依馬鄕委文連大川調緋狹絁壹匹 長六寸 闊一尺九寸

天平勝寶七歲十月主當 國司史生正八位下道租戶酒人 郡司主帳外從八位下矢作部上麻呂

「道租戶」는 「道祖戶」이고 「鯽魚戶」에도 통할 것이다.

나. 『續日本紀』寶龜11년(780) 3월 辛卯條

伊勢國大目正六位上道祖首公麻呂白丁杖足等賜姓三林公.

그리고 道祖史에 관한 다음 두 가지 사료는 매우 흥미롭다.

다. 『三代實錄』貞觀 4년(862) 7월28일 을미조

右京人中宮少屬正八位上道祖史豊富賜姓惟道惟道宿禰. 阿智使主之党類. 自百濟國來歸也.

라. 『三代實錄』貞觀 7년5월20일 경자조

左京人造酒令史正六位上道祖史永主. 散位大初位下道祖史高直等二人. 賜姓惟道宿禰. 其先, 出自百濟國人主孫許里也.

이상에서 道祖史는 모두 백제국에서 건너와서 「道祖」라는 성씨였던 것을 알 수 있다[21].

그리고 일본 도성의 길의 제사와 백제와의 관계를 엿볼 수 있는 주목할 만한 사실을 지적해 두고 싶다. 難波宮 남변에는 四天王寺, 阿倍氏의 절이라고 하는 阿倍寺 이외에도 백제 망명 왕족인 백제왕씨의 절이라고 하는 百濟寺(堂ケ芝廢寺) 그리고 天王寺區 細工谷유적에서는 「百濟尼」「百尼寺」라는 묵서가 있는 토기가 발견되어 이곳에 백제왕씨의 또하나의 절 「百濟尼寺」가 있었던 것이 확실해졌다.

이 사실은 백제 왕도 동문 부근에서 거행된 양물형 목제품을 사용한 제사가, 전기 난파궁 북서 모퉁이에서도 실시된 것과의 관련을 시사하는 것으로 생각된다.

도성제사로 명백히 율령으로 규정되어 있는 도향제는 천황이 사는 도성에 사악한 것들이 들어오지 않도록 올린 것이다. 『고사기』, 『일본서기』에 보이는 세워진 지팡이는 岐神(후나토노카미)라고 일컬었는데 이 岐神과 지팡이의 관련이 岐神을 모신 도향제에 있어서 양물형 목제품을 길에 세

20) 松嶋順正 編, 『正倉院宝物銘文集成』, 吉川弘文館, 1978년.

21) 佐伯有清, 『新撰姓氏録の研究 考証編第五』, 1983년.

워 사악한 것들의 침입을 막으려고 했던 제사 행위에 통하는 것으로 이해된다. 그리고 이 제사에서는 곰 가죽, 소 가죽, 사슴 가죽 등 짐승 가죽이 사용된 점이 주목된다. 9세기 『古語拾遺』에 의하면 분노한 신을 진정하기 위해 논의 수구에 쇠고기와 함께 양물을 놓았다고 한다. 쇠고기나 양물을 제사에 사용하는 점은 도교적 주술의 요소를 엿볼 수 있지 않을까.

논두렁이 방형으로 둘러싼 상황은 도성 나성에 상당하여 수구는 바깥에 통하는 도성의 문과 같은 의의를 가진다.

고대국가에 있어서 도성제사와 논제사가 유사한 제사 형태를 가지는 점은 아주 중요한 의미가 있고 앞으로의 검토과제로 하고 싶다.

5. 결론

본격적인 도성이 조영된 7세기 후반, 천황의 거소를 비롯한 도성을 청정하게 유지하여 사악한 것들이 침입하는 것을 막기 위해 京城 네 모퉁이 길에서 道饗祭를 실시했다.

그 도향제의 특이한 제사 형태로서 두 가지 특징을 들 수 있다.

첫째는 후에 『小野宮年中行事』에 道饗祭事로 보이듯이 양물을 표현한 신상(음부를 표현한 여성상과 짝을 이룰 때도 있다)을 갈림길에 세웠는데, 이는 당시 사람들에도 기이한 것으로 느껴졌고 『今昔物言集』 권13 제34에도 「下劣한 神形」으로 표현되는 주술적 요소가 강한 제사 형태였다. 이러한 제사는 6세기 백제 왕경 입구 부근 길가에 양물형 목제품을 세우는 제사 형태를 7세기 후반 일본 도성제사에 도입한 것에 기인한다고 이해할 수 있다.

둘째는 도향제 祭料로 소, 멧돼지, 사슴, 곰이라는 네 가지 짐승 가죽을 올렸다는 점이다. 延喜式에 보이는 宮城四隅疫神祭, 障神祭 등도 포함하여 모두 다 길에 관한 제사, 특히 역신 등 사악한 것이 도성에 침입하는 것을 막는 제사에 한하여 이들 짐승 가죽을 올렸던 것이 매우 특이한 점이다.

이렇듯이 짐승 가죽을 祭料로 올린 이유에는 두 가지 가능성이 상정된다.

하나의 가능성으로 양물형 목제품이 사악한 것의 침입을 막기 위해 위협하는 기능을 가졌다는 이해와 같이, 가죽으로 역신 같은 사악한 것들을 위협했다는 해석이다.

또 하나는 『日本靈異記』 中卷-제24화에 주인공 楢磐嶋를 閻羅王의 사자인 귀신이 불렀을 때 사자의 귀신이 뇌물로 「나는 쇠고기 맛을 좋아하기 때문에 쇠고기를 내라」고 요구했기 때문에 소 2마리를 올려 면제됐다고 한다.

사악한 신이 쇠고기를 좋아한다는 당시의 신앙에서 짐승을 제료로 올렸다는 이해도 가능할 것이다. 다만 제료로 고기 아니라 가죽이라는 점, 또 도향제에서 소의 가죽 2장에 대하여 멧돼지, 사슴, 곰 가죽은 4장이라고 하는 점을 중시하면 가죽을 올리는 것은 饗應이 아니라 위협으로 보인다.

도향제는 양물형이나 짐승 가죽을 사용한 매우 외래 주술적 요소가 강한 특이한 제사 형태였던 것은 틀림없다.

이번에 백제 왕경 나성 동문터 부근의 길가에 세워졌던 양물형 목제품이 발견되므로 고대 일본에서 도성제가 본격적으로 성립된 것과 동시에 도향제 같은 제사가 실시된 것과, 그 제사 형태는 그때까지 일본열도에 있던 일반적인 신앙과 다른 외래 주술적 요소를 강하게 가졌다는 것이 밝혀졌다.

이 도향제와 장신제 등을 포함한 길에 관한 고대 도성제사야말로 도조신 신앙의 원점이라고 할 수 있다.

현재 도조신 신앙의 민속학의 통설적 이해는 머리말에서도 소개했듯이 다음과 같다[22].

일본에서 일반적으로 도조신으로 알려져 있는 것은 중부지방에서 관동지방 서부에 밀집하게 분포하는 석조 도조신이다. ドウソジン〈도우소진〉이라고 일컫는 것 이외에도 ドウロクジン〈도우로쿠진〉[23], サエノカミ〈사애노카미〉라고 불리는 것도 있다. 이들 지역의 도조신 신앙은 대보름날 행사를 중심으로 여러 가지 변화를 가지며 풍부한 내용을 전승한다.

그리고 일본 고대 사람들이 사회생활을 하기 시작한 시기부터 도조신은 마을이나 집의 안태를 도모하기 위해 형성된 것으로 상상된다.

결국 도조신 신앙은 지금까지 민속학에서 상정해 온 것처럼 고대 마을에 이미 있었던 것이 아니라 고대 도성 제사로서 매우 정치적으로 창출된 특이한 제사형태로 생각해야 할 것이다. 따라서 도조신 신앙은 먼저 도성에서 성립되다가 지방도시에서도 실시되었다.

『和名類聚抄』는 도조를 「サエノカミ〈사애노카미〉」라고 하면서도 「道祖」 즉 도로 신의 설명을 한다. 그리고 道祖王이 반대어 「麻度比マドヒ(길을 잃음)」로 개명된 것도 「道祖」의 이해는 도로신으로 길잡이 같은 뜻이기 때문이라고 보인다.

도조는 길의 신(祖神), 「クナトノカミ〈쿠나토노카미〉」「サエノカミ〈사애노카미〉」 등 길에 관한 신을 총칭하여 道祖라고 하여 감히 道祖神이라고 신의 이름을 특정하지 않았던 것이 아닐까. 또한 クナトノカミ〈쿠나토노카미〉 등을 모시는 도향제나 장신제사 등까지도 도조는 포괄하는 것이었다고 생각된다. 이 점에서 말하면 『和名類聚抄』의 「道祖 岐神 道神」이라는 기재는 세 가지 신을 나열한 것이 아니라,

---

22) 神野善治, 『人形道祖神—境界神の現像』, 白水社, 1996년.

23) 민속학에서는 왜 「도우로쿠진」이라고 일컬었는지에 대하여 전혀 설명되어 있지 않다. 그래서 참고로 하나의 가능성으로 다음 견해를 제시해 둔다.
중세에 성립되었다고 하는 『曾我物語』의 사본 『真名本曾我物語』(妙本寺本, 天文15년〈1546〉서사) 권제7에 「鹿嶋大明神第八王子道鹿神奉之」라는 기록이 있고 이 사본에는 「道鹿神」의 鹿 오른쪽에 「麁欤」라고 주기한다. 이는 『訓讀文曾我物語』(大石寺本)가 「道祖神」으로 표기하는 것으로 원래 「道麁神」이라고 적어야 할 것을 「道鹿神」이라고 잘못 쓴 것으로 생각된다. 이 鹿과 麁와의 홍동이 「도우로쿠진」이라는 호칭을 만들고, 그 이후 각지에서 도우소진 말고 도우로쿠진이 퍼진 것이 아닐까.

「道祖
　岐神
　道神」

이라는 기재로 이해하면 상기 내용과 잘 맞는다고 할 수 있다.

『今昔物語集』 권19~제12의 「그 도조신의 사당 주변에…」나 『色葉字類抄』(人倫)「道祖神」 등 12세기 이후의 문헌사료에 처음으로 「道祖神」이라는 표기를 볼 수 있다.

앞에서 인용한 『今昔物語集』 권제13~제34에 의하면 이 당시에도 어디까지나 길의 신으로서의 「道祖」이고 신형을 「道祖神」이라고 일컬었던 것을 알 수 있다.

이 점은 애초 길에 관한 신과 제사를 총칭하여 「道祖」라고 불렀다가, 12세기 이후 クナト(フナト)ノカミ〈쿠나토(후나토)노카미〉로 구체적인 인형도 만들고 갈림길이나 길가에 세우기 시작되자 그 인형을 「道祖神」이라고 불렀다고 생각된다.(그림 14)

그런데 「道祖神」이 처음으로 보이는 사료는 長和2년(1013) 6월22일부 源嚴子林相搏(傳)券文[24](발췌),

奉親宿禰領林二段會禰西里六坪之内
四至 限東州山西小坂 限南爲孝等林并高墓 限西殘林并道祖神小坂 限北岸并流

이다.

한편 「道祖」에 포함된 또 하나의 성격으로서의 길의 신(여행자의 보호신)도 10세기 이후 그림 세계에서 구체상이 명백히 그려진다.

10세기 초에 성립된 『信貴山緣起』(삼권, 朝護孫子寺藏)의 「尼公의 卷」은 信濃國의 사람 命蓮이 東大寺에서 受戒하기 위해 누나를 혼자 두고 奈良에 올라 누나(尼公)는 동생을 찾아 나라 여행을 떠난다는 내용이다. 이 중 그림15는 나라 근처에서 한 古老에게 명련의 소식을 묻는 장면이다. 누나와 그 종 배후에 나그네를 위한 도조신의 작은 사당이 길가에 있다. 그 사당 앞에는 돌 받침대 위에 공 모양이 보인다.(그림 15)

이 그림과 비슷한 그림이 12세기 중엽에 성립되었다고 추정되는 『扇面古寫經』이다. 旅裝한 여성과 그 배후에 갈림길 신의 사당을 그려 그 앞에 「丸石」이 있다. 갈림길에 있는 이 사당은 도조신(길의 신)을 모신 것으로 생각된다.

『年中行事繪卷』 권3(住吉本)에 의하면 鬪鷄 장면에 나무숲에 둘러싼 사당은 다 빨갛게 바르고

24) 『平安遺文』 제2권 470호 문서.

신 앞에 술과 공물을 바치고, 그 옆에 있는 더 작은 사당에는 「丸石」이 올려져 있다. 그리고 草合 장면에도 작은 사당에는 「丸石」이 올려져 있다. 그리고 『遊行上人緣起』에도 遊行上人 일행이 가는 길가에 있는 사당에 「丸石」이 있다.

이렇듯이 많은 그림에 길가 혹은 갈림길 사당 앞이나 안에 丸石이 바쳐져 있다. 사당이 나그네의 안전을 기원하는 신을 모신 것, 이른바 길의 신을 모신 것으로 상정된다. 이들 길가 사당 앞이나 안에 있는 돌이 현재 山梨縣에서 특징적으로 보이는 丸石道祖神에 계통적으로 이어지는 가능성이 매우 높다.(그림 16)

그 후 14세기 『源平成衰記』에는 도조신이 계통적으로 기술되어 있다.

> 「奧州名取郡笠嶋의 道祖神(중략) 이는 서울의 賀茂의 강가 서쪽 一條 북쪽에 계시는 出雲路의 道祖神의 딸이다. 이를 좋은 남편과 만나게 하려고 했는데 장사꾼과 결혼했기 때문에 부모한테 버림을 당해 이 지방에 내려오신 것을 사람들이 이를 崇敬하여 神事再拜했다(하략)」

이 「笠嶋의 道祖神」은 유명한 松尾芭蕉의 『奧의 細道』(元錄2년〈1689〉)에도 보인다. 芭蕉는 이 책의 머리말 부분 〈發端〉에서 「そぞろ神のものにつきて心を狂はせ、道祖神の招きにあひて取るものも手につかず」 여행으로 떠나는 동기를 도조신이 부른 것이라고 표현했다. 그리고,

> 鐙摺・白石の城を過ぎ、笠島の郡に入れば、藤中将實方の塚はいづくのほどならんと、人に問へば、「これより遙か右に見ゆる山際の里を、箕輪・笠島といひ、道祖神の社・形見の薄今にあり」と教ふ。

라고 하여 芭蕉는 笠嶋의 道祖神을 찾아갔다.

이상을 정리하면 다음과 같이 말할 수 있다. 백제 왕경 길의 제사는 일본 도성제사의 도향제를 비롯한 길의 제사 형태에 큰 영향을 미친 것으로 생각된다.

ヤチマタヒコ〈야치마타히코〉 ヤチマタヒメ〈아치마타히매〉 クナトノ〈쿠나토노〉神을 모시는 도향제 등 길의 제사는 양물이나 가죽을 사용하는 주술적 요소를 가진 특이한 형태였다. 현재 보이는 민속 행사의 도조신제가 그러한 특이한 제사형태를 내포하고 있는 것에서도 그 원류를 백제나 일본의 도성 제사의 길에 관한 제사에 구하는 것은 타당할 것이다.

계통적으로 말하면 「道祖」는 후나토(쿠나토)노카미 사애노카미라는 「사악한 것이 침입하는 것을 막는 신」과 타무케노카미라는 「나그네의 안전을 지키는 길의 신」이라는 두 가지 요소를 포괄한 개념으로 적어도 7~10세기경까지 기능했다고 생각된다. 제사형태로 말하면 일본 도성이나 지방 관아에서도 백제 왕경처럼 四隅나 입구 부근에 양물을 내거는 제사가 실시되었다고 상정된다.

10세기 이후 길의 제사는 정치와 의례 장소의 다양화와 함께 도성이나 지방 관아의 방형의 네 모퉁이가 아니라 도성 안이나 각지의 갈림길에서 실시되었다고 생각된다.

12세기경 이후 도성 갈림길에 후나토(쿠나토)노카미 사애노카미로서 남녀 인형(양물 음부를 표현한 특이한 인형)이 나타나고 그 인형을 「도조신」아라고 표현했다.

한편 나그네의 안전을 지키는 길의 신도 丸石이라는 구체적 모습이 10세기 이후 그림으로 그려진다. 「道祖」의 두 가지 요소, 후나토(쿠나토)노카미 사애노카미와 타무케노카미)는 중세적 세계에서 구체화(남녀 인형과 丸石)되는데 둘 다 道祖神이라고 일컬었을 것이다.

『仙源抄』(應永3년〈1396〉)성립, 『新校群書類從』 제318권)
「ぬさ」弊也. 麻. 旅行時 道祖神을 모셔 錦錢散米를 뿌리는 것을 말한다.

『御調八幡宮藏日本書紀第一聞書』(應永26년〈1419〉)
世俗에는 道祖神(사이노카미)라고 한다. 타무케노神이라고도 한다.

이들 중세 사료에는 도조신을 여행 신, 타무케노神 즉 「道神」의 요소가 있던 것을 알 수 있다.

원래는 7세기 중엽 이후 도성제사로서 궁전 및 왕경 안에 사악한 것이 침입하는 것을 막는 목적으로 양물 등을 사용하여 엄숙히 실시된 길의 제사는, 10세기 이후에는 왕경이나 각지의 갈림길에서 인형 하반부에 양물이나 음부를 새긴 남녀 상을 사람들은 「이를 기이하게 여겼다」(『小野宮年中行事』), 「下劣한 神形」(『今昔物語集』)이라고 했다.

그리고 고대 도성과 같이 마을에 사악한 것이 침입하는 것을 막기 위한 마을 제사로서의 도조신 제사는, 아마 마을의 자치가 본격적으로 확립되는 중세 말기에서 근세에 이르러 마을 제사로 확립된 것이 아닐까. 그리고 마을에서의 경계 제사적인 요소에 더하여 풍요기원, 결연의 신, 부부화합의 신, 안산의 신, 임신의 신 그리고 지장신앙 등이 근세 이후 더해 갔다고 생각된다. 그에 따라 제사 장소도 마을 경계에서 마을 중심부 갈림길로 옮겼을 것이다.

참/고/문/헌

『古事記』

『日本書紀』

『扶桑略記』

『延喜式』

국립부여박물관 · 부여군, 『능사 -부여 능산리사지 발굴조사진전보고서』, 2000.

윤선태, 「부여 능산리 출토 백제목간의 재검토」, 『동국사학』 40, 2004.

(財) 大阪府文化財調査研究センター, 『大阪城址2―大阪府警察本部廳舍新築工事に伴う發掘調査報告書―本文編』, 2002.

(財) 長野縣埋藏文化財センター, 『上信越自動車道埋藏文化財發掘調査報告書23―更埴市內その二―長野縣屋代遺跡群出土木簡』, 1996.

宮城縣多賀城跡調査研究所, 『多賀城跡―昭和45年度發掘調査概報』, 1971.

福岡市教育委員會, 『九州大學綜合移轉用地內埋藏文化財發掘調査概報2―本岡 · 桑原遺跡群發掘調査Ⅰ』, 2003.

古市晃, 「難波宮發掘」, 森公章編, 『日本の時代史3 倭國から日本へ』, 吉川弘文館, 2002.

柳田國男, 「石神問答」, 『定本柳田國男集』 12.

常光徹, 『學校の怪談―口承文芸の展開と諸相』, ミネルヴァ書房, 1993.

巽淳一郎, 『まじないの世界Ⅱ』, 『日本の美術』 361, 至文堂, 1996.

松嶋順正編, 『正倉院寶物銘文集成』, 吉川弘文館, 1978.

神野善治, 『人形道祖神―境界神の現像』, 白水社, 1996.

新川登龜男, 『道祖をめぐる攻防』, 大修館書店, 1999.

佐伯有淸, 『新撰姓氏錄の硏究(考證編第五)』, 1983.

倉石忠彦, 『道祖神信仰の形成と展開』, 大川書房, 2005.

倉石忠彦, 『日本民俗大辭典』 下, 吉川弘文館, 2000.

春成秀爾, 「性象徵の考古學」, 『國立歷史民俗博物館硏究報告』 제66집, 1996.

國士館大學 考古學會編, 『古代の信仰と社會』, 六一書房, 2006.

平川南, 山梨縣立博物館 企劃展, 「古代における道の祭祀―道祖神信仰の源流を求めて」, 2005.

平川南, 「古代地方都市論―多賀城とその周邊」, 『國立歷史民俗博物館硏究報告』 78, 1999.

平川南, 「屋代遺跡群木簡のひろがり―古代中國 · 韓國資料との關連」, 『信濃』 590, 1999.

和田萃, 「都城の成立と祭祀」, 『日本古代の儀禮と祭祀 · 信仰中』, 塙書房, 1995.

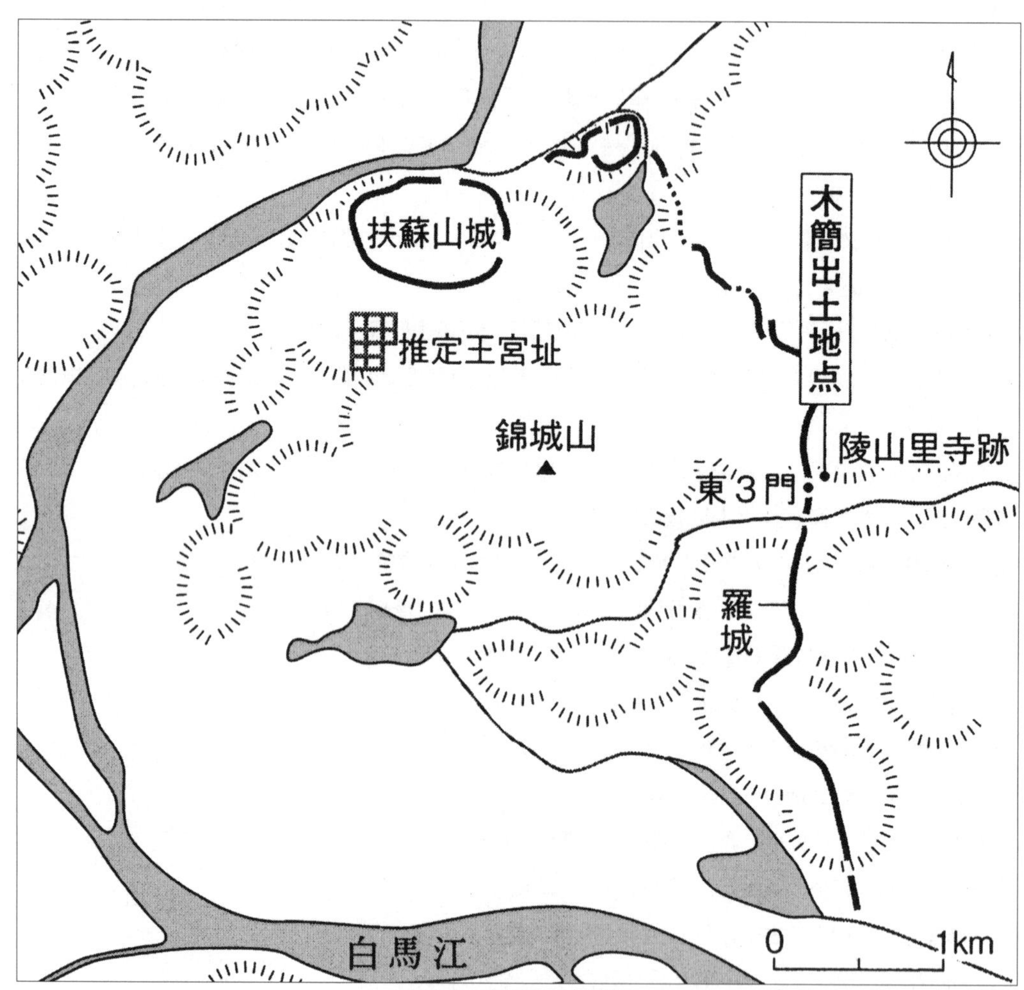

그림 1. 부여의 나성과 능산리사지

그림 2. 능산리사지 출토 10호 목간(국립창원문화재연구소, 『한국의 고대목간』, 2004년)

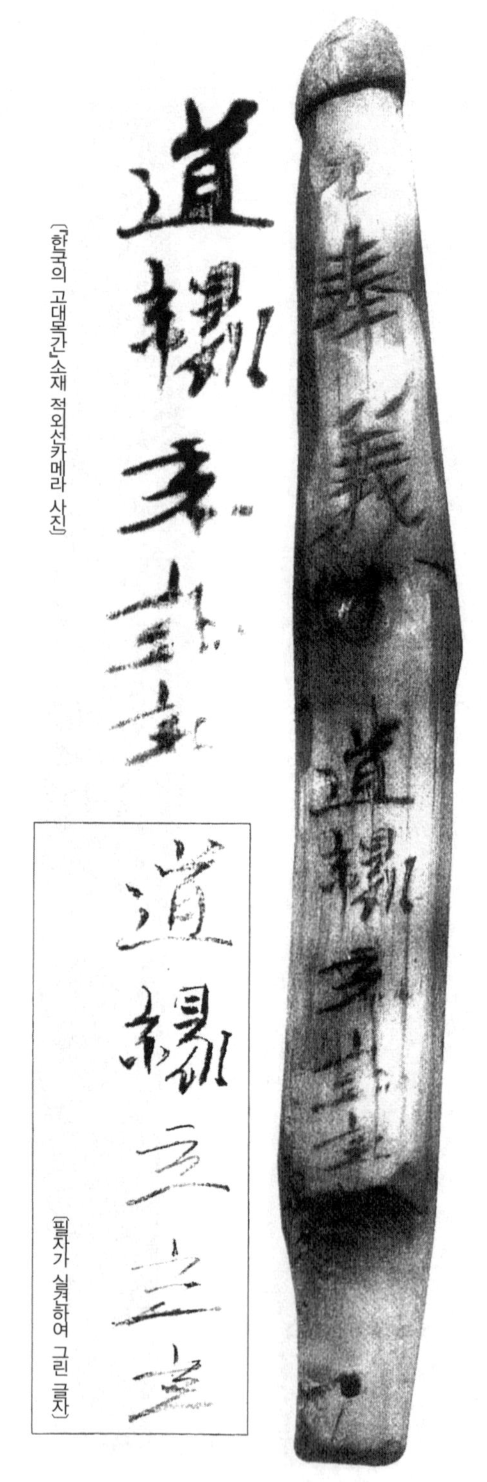

그림 3. 「緣」의 서체(『한국의 고대목간』)

그림 4-1. 현재 민속 행사에 보이는 양물제사
(짚으로 만든 양물 - 山梨縣 山梨市 牧丘北原의 道祖神祭)

그림 4-2. 양물형 목제품
(山梨縣 山梨市 牧丘町 室伏의 道祖神祭)

그림 4-3. 짚 인형과 목제 양물 - 秋田縣 橫手盆地 田代澤의 「카시가사마」〔神野善治, 『人形道祖神-境界神の原像』, 1996년〕

그림 5. 한국의 민속예 남부지방의 농가(위 : 전경, 왼쪽 : 부분 확대. 한국민속촌, 小野正敏 씨 촬영)

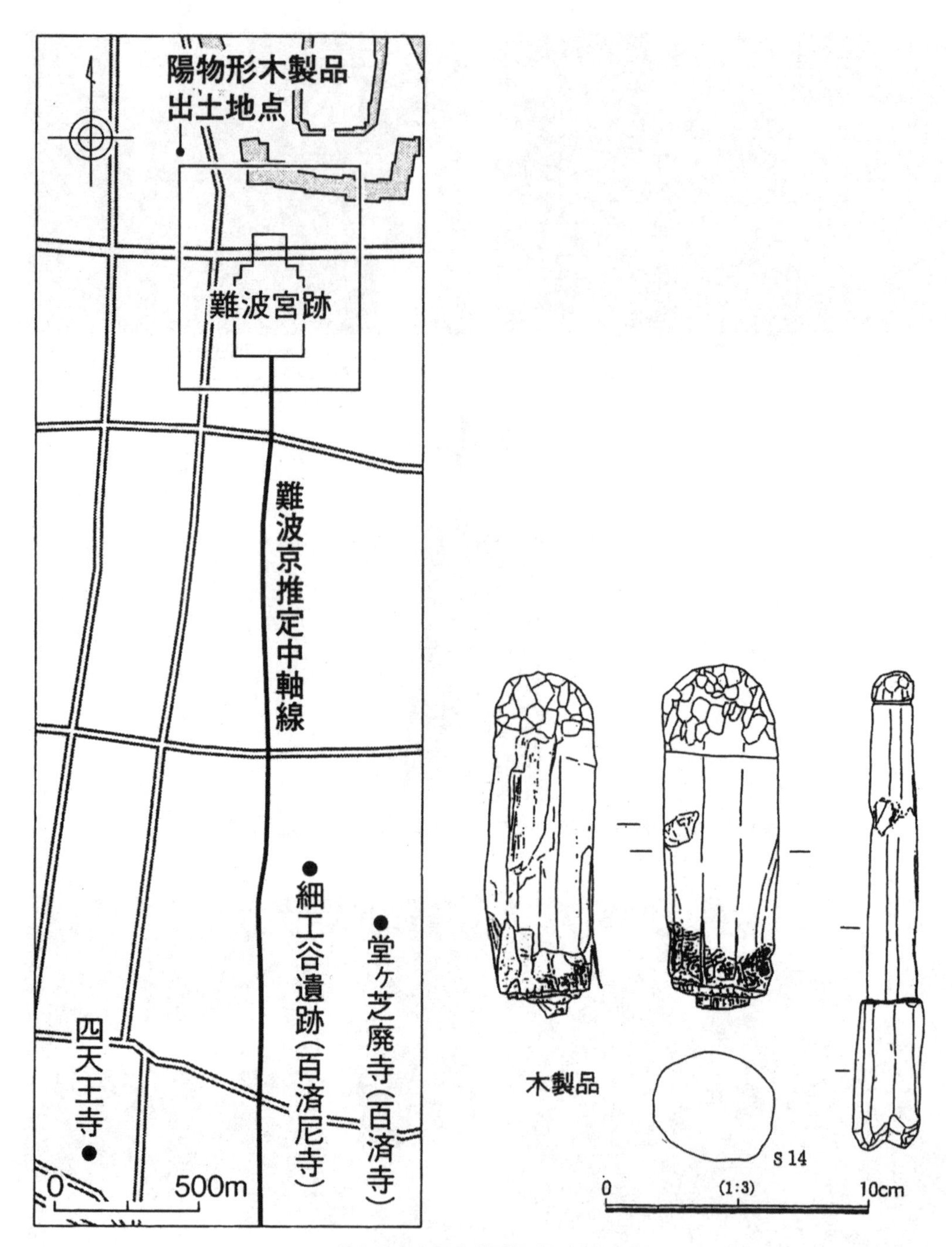

그림 6. 전기 난파궁과 양물형목제품의 출토지점

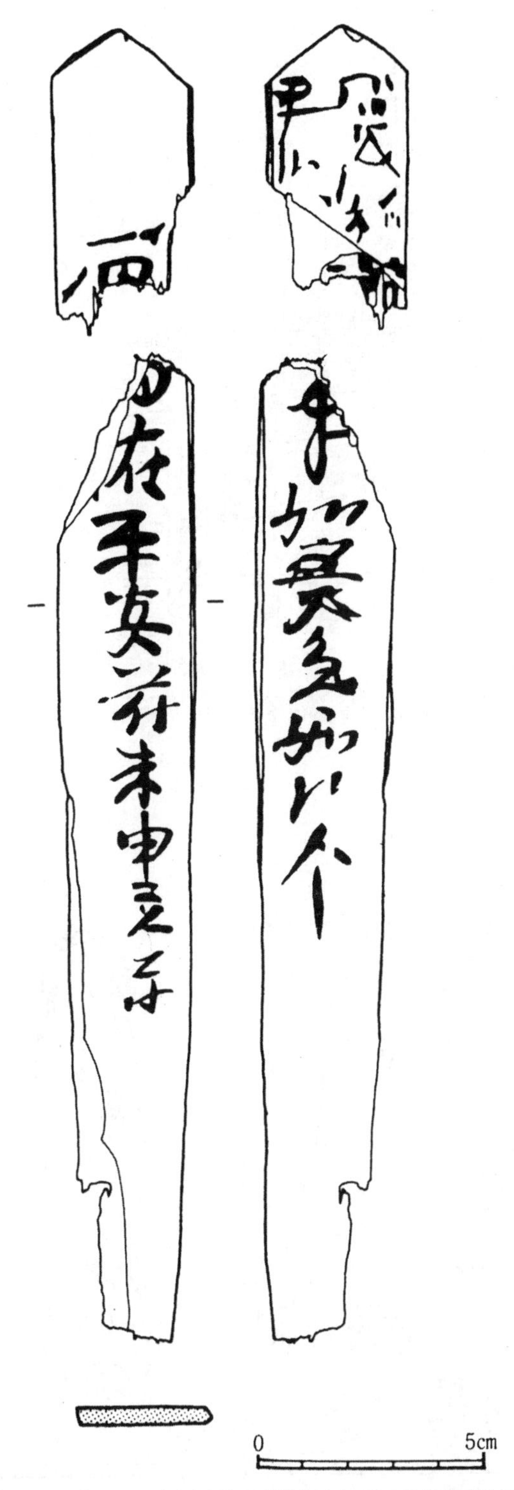

그림 7. 多賀城 출토 呪符 「百恠(怪)平安未申立符」목간(『多賀城跡-昭和55年度發掘調査概報-』, 1980년)

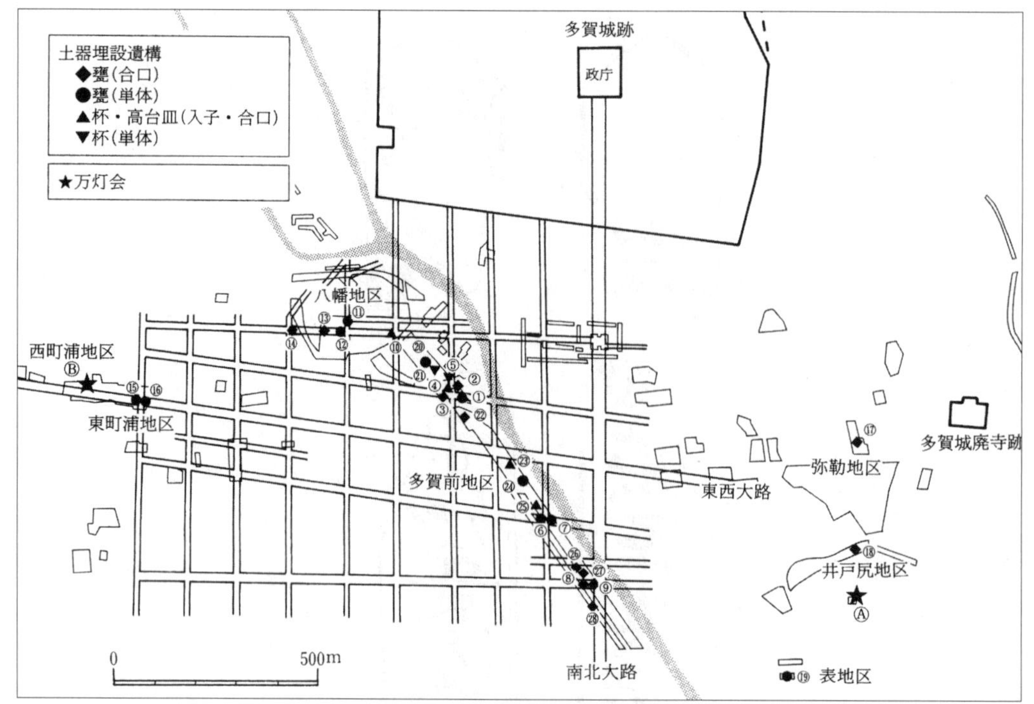

그림 8. 多賀城街區의 토기 매설 유규와 출토품(『多賀城市史』 1, 1997년)

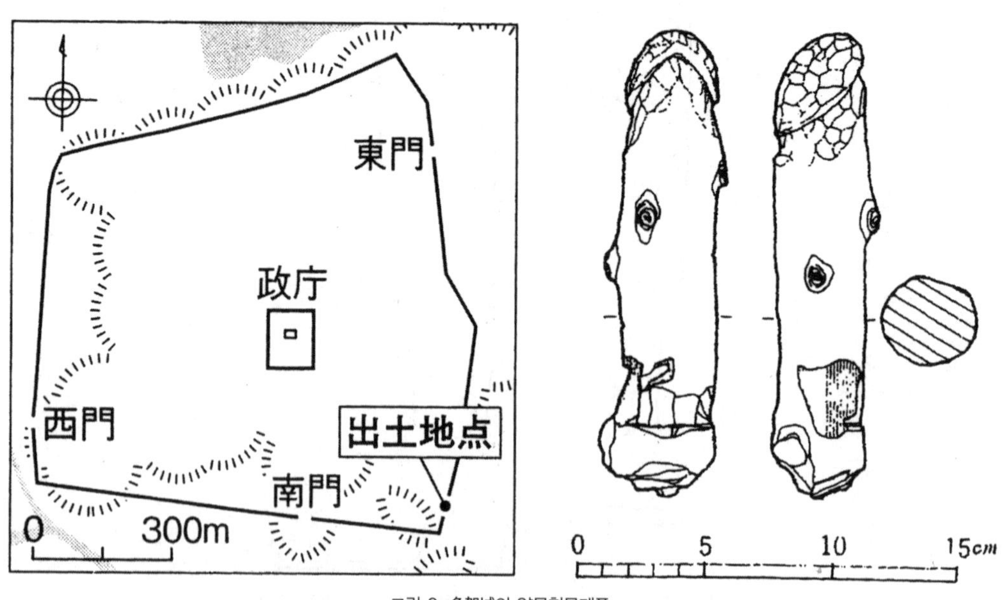

그림 9. 多賀城의 양물형목제품

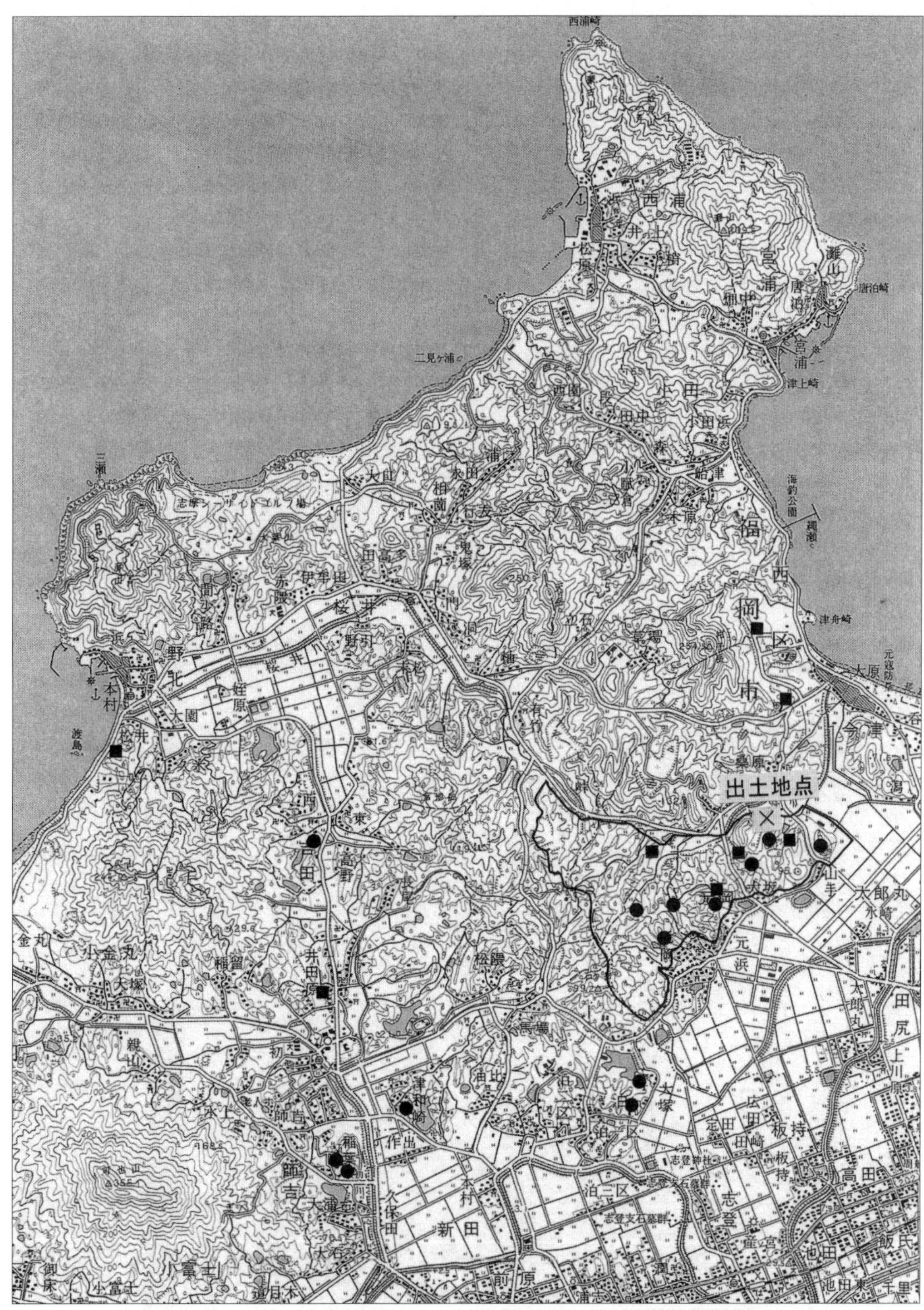

그림 10. 元岡 · 桑原유적군 위치도(1/50,000)와 「道塞」목간, 양물형 목제품의 출토지점
〔福岡市教育委員会, 『九州大学総合移転用地内埋蔵文化財発掘調査概報－元岡 · 桑原遺跡群発掘調査』, 2003년〕

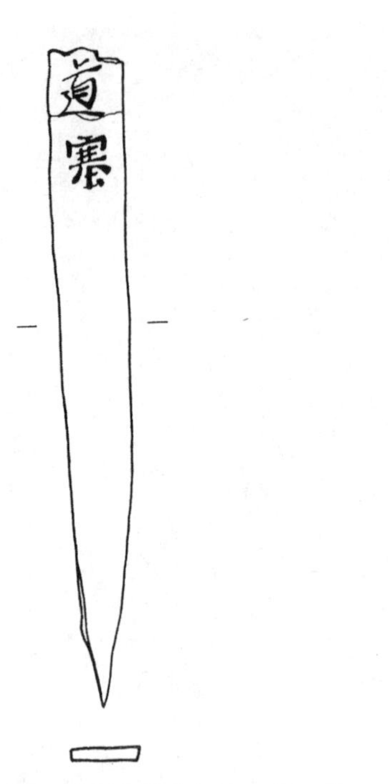

그림 11. 「道塞」목간 福岡市 元岡유적군 출토〔福岡市教育委員会, 『九州大学総合移転用地内埋蔵文化財発掘調査概報2』〕

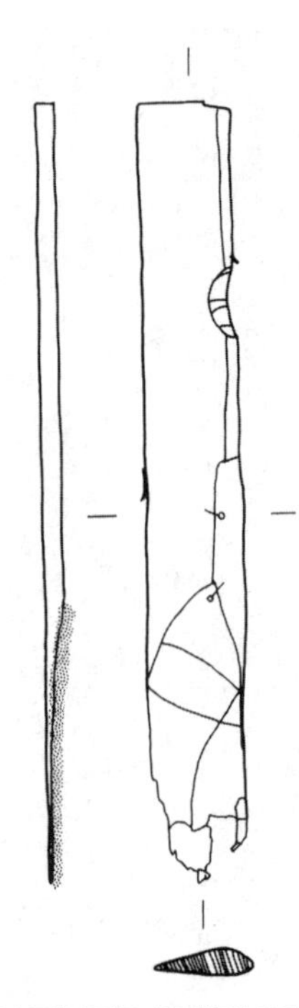

그림 12. 長野縣千曲市屋代유적군 출토「塞神」목간의 형상〔(財)長野縣埋藏文化財센터, 『長野縣屋代遺跡群出土木簡』, 1996년〕

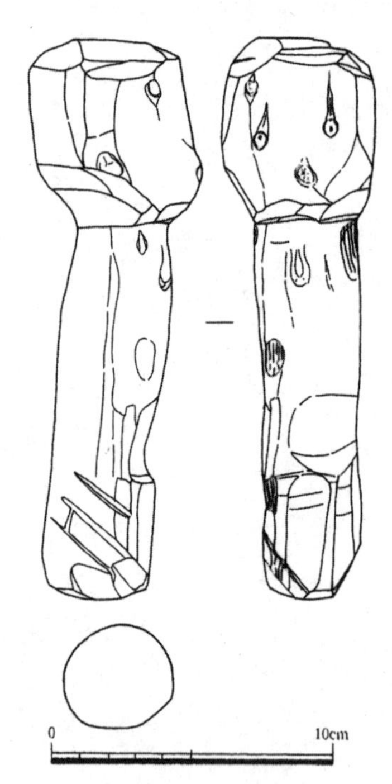

그림 13. 元岡유적군 출토 양물형 목제품〔『九州大学総合移転用地内埋蔵文化財発掘調査概報2』〕

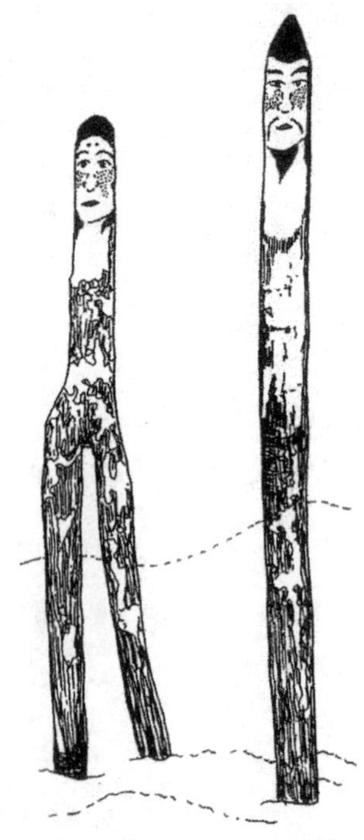

그림 14. 민속 행사에 보이는 도지신(1920년대)-네거리에 선 木像道祖神-長野縣下高井郡野沢温泉村〔神野善治, 『人形道祖神-境界神の原像』〕

그림 15. 길의 신을 모신 작은 사당 앞의 丸石(『信貴山緣起』 尼公卷 東京국립박물관 소장)

그림 16. 현재의 丸石 도조신(山梨縣 甲府市 上石田自治會 소유)

논 문

고대 지명형태소 '本波/本彼' 에 대하여*

權仁瀚**

Ⅰ. 序言

이 글은 咸安 城山山城 木簡의 발굴을 계기로 최근 새롭게 조명되고 있는 古代의 地名形態素 '本波/本彼' 에 대한 語學的 考察을 목표로 한 것이다. 이를 위하여 기존에 알려진 金石文, 文獻 資料는 물론 최근에 발굴된 木簡 및 瓦片 資料들에 이르기까지 여기에 관련된 표기들을 최대한 수집하여 그 쓰임을 정리한 후, 가능한 범위 안에서 그 語源을 究明해 보임으로써 전덕재(2006, 2007a · b · c)를 비롯한 한국고대사 방면의 논의들과 學際的 보완 관계에 서고자 한 것이다.[1)]

* 본고는 한국목간학회 제3회 정기발표회(2008.7.26, 양지원 세미나실)에서 발표한 글을 수정 · 보완한 것이다.

** 성균관대학교 교수

1) 이 방면의 최근의 연구 성과로 가장 주목되는 것은 전덕재 교수의 최근의 논의들이라고 할 수 있다. 전 교수는 "甘文本波나 古陁本破(波)는 바로 감문이나 고타의 핵심 취락, 즉 發源聚落을 가리킨다고 볼 수 있을 것이다."(전덕재 2007c: 95)라고 함으로써 '本波' 에 대한 논의의 새 장을 개척한 것으로 판단되기 때문이다. 다만, 그 결론은 논의 과정에서 역사적 사실들에 의한 推論이 앞섬으로써 고대 당시의 言語材에 의한 어학적 면에서의 論據들로써 보완되어야 할 것으로 생각되는데, 이 점이 바로 본고를 집필하게 된 주요 동기가 된 것임을 미리 밝혀두고자 한다.

Ⅱ. 資料의 蒐集과 整理

2.1. 먼저 '本波/本彼'의 관련 표기 자료들을 종류별로 모아보면 다음과 같다.

(1) 金石文

① 本彼[2]頭腹智干支 (本彼의 頭腹智 干支와 …)〈迎日 冷水里碑(503) 前面_Ⅵ행〉[3]

② 本波[4]部□夫智/干支 (本波部의 □夫智 干支, …)〈蔚珍 鳳坪碑(524)_Ⅰ/Ⅱ행〉

③ 上人邏頭本波部/[伊][皮]尒利吉之 ([총책임을 맡은] 上人邏頭는 本波部의 伊皮尒利 吉之이고, …)〈慶州 明活山城碑(551)_Ⅰ/Ⅱ행〉

④ 本㳞末□智及尺干 (本㳞의 末□智 及尺干이고, …)〈昌寧 眞興王拓境碑(561)_16행〉

⑤ 奈夫通典/本㳞部加良知小舍□□本㳞部莫沙知吉之 (奈夫通典은 本㳞部 加良知 小舍이고, □□은 本㳞部 莫沙知 吉之이고, …)〈磨雲嶺 眞興王巡狩碑(568) 陰面_Ⅴ/Ⅵ행〉

(2) 木簡 資料

① 「甘文城下麥甘文本波王□」‖「□□村 □利兮 [負]」(甘文城 안(또는 이에 가까운 곳)에서 난 麥을 甘文本波에 사는 王□가 (보냄) ‖ □□村에 사는 □利兮가 (등에) 짐[負])〈2_앞 ‖ 뒤〉

② 「甘文本波 [居]□旦利村 伊竹伊」(甘文本波의 居□旦利村에 사는 伊竹伊 …)〈10〉

③ 「須伐本波 居須智」(須伐本波에 사는 居須智 …)〈77〉

④ 「甘文城下麥 本波大村毛利只」(甘文城 안(또는 이에 가까운 곳)에서 난 麥을 本波大村에 사는 毛利只 …)〈2006-1_앞〉[5]

---

2) 이 글자를 黃壽永編(1994: 553), 南豊鉉(2000: 71) 등에서는 「波」字로 해독한 바 있으나, 여기에서는 韓國古代社會硏究所編(1992: 5)의 판독문을 따라 「彼」字로 본 것이다. 주보돈(2002: 5)에서 따온 왼편 사진에서 보는 바와 같이 문제의 두 번째 글자의 좌변은 삼수변('氵')이라기보다는 터럭삼('彡')에 가까운 모양을 하고 있음을 볼 수 있는데, 이는 두인변('彳')을 터럭삼('彡')에 가깝게 書寫한 前漢 銀雀山竹簡, 後漢 孔宙碑 등 漢代의 書體와 비슷한 점에 근거한 것임을 밝혀둔다(『大書源』, 二玄社, 2007: p.961 참조).

3) 출전 정보 및 ( ) 속에 제시한 해독문은 韓國古代社會硏究所編(1992)의 판독문을 따르되, 推讀字(글자 우측에 ?를 단 글자들)에 대해서는 대괄호([ ])로 감싼 것임을 밝혀둔다. 이하 같음.

4) 이 글자를 전덕재(2004: 171)는 「彼」字로 판독한 바 있으나, 역시 韓國古代社會硏究所編(1992: 15)의 판독문 등 다수 의견을 좇아 「波」字로 본 것인데, 역시 주보돈(2002: 7)에 제시된 사진상에서 이 글자의 좌변이 삼수변('氵')에 가깝게 아래쪽의 삐침 획이 분명한 점이 그 근거가 된다.

⑤「夷津本波 只那[公]末[䒿] 稗…(夷津本波에 사는 只那公末䒿가 稗…)〈2006-4〉
⑥「古阤本破 豆□村 □□□」(古阤本破 豆□村에 사는 □□□)〈2007-57_앞〉

⑶ 瓦片 資料
① 本彼〈安城 飛鳳山城〉[6)]
② 本波官/本彼官〈古阜 舊邑城 2次/3次〉[7)]

⑷ 文獻例
① 本彼宮〈『三國史記』 6:4a, 39:2a〉
② 本彼部〈『三國史記』 1:7a, 32:2a, 38:16a, 『三國遺事』 1:10b, 1:11a, 1:12a, 3:20a〉
③ 本彼宅〈『三國遺事』 1:10b〉
④ 新安縣 本本彼縣 景德王改名 今京山府〈『三國史記』 34:12a 康州 星山郡條〉
※출전 표시는 宋基中(2004)의 방식을 따른 것임.

2.2. 이상에서와 같이 고대의 지명형태소 '本波/本彼'는 6세기대의 金石文을 비롯하여 동일 시기에 생산된 것으로 추정되는 咸安 木簡, 통일신라시대의 瓦片들에 이르기까지 우리의 1차 자료들에 꾸준히 등장함을 볼 수 있는데, 이들을 통하여 알 수 있는 사실들을 정리해보면 다음과 같다.

가. 초기 금석문들에서는 新羅 六部名의 하나인 '本彼部'에 해당되는 표기가 영일 냉수리비 이후에는 '本彼'에서 '本波' 또는 '本㴜'로의 변모를 보이고 있다. '本㴜'라는 표기는 眞興王代의 碑文들에서만 볼 수 있는데, 이 글자가 중국이나 일본에서 찾을 수 없는 新羅 俗字인 점이 특징적이다.[8)] '彼/波/㴜'의 교체를 보이는 글자들 사이에 의미상의 공통점을 발견할 수 없으므로 이들이

---

5) ④~⑥에 제시된 최근 발굴 목간들에 대해서는 국립창원문화재연구소(2006: 18~19) 및 국립가야문화재연구소(2007: 26~29)에 제시된 사진 또는 해독문을 참조.

6) 徐榮一(1999: 503)에 제시된 사진 참조.

7) 전북문화재연구원(2005: 7, 2006a: 11, 2006b: 9)에 제시된 사진들을 참조.

8) 여기서 「㴜」字의 한자음을 어떻게 볼 것인가는 쉽지 않은 문제에 속한다. 國樂의 律名에 쓰이는 「太」, 「汰」, 「㴜」, 「黃」, 「潢」, 「潢」 등의 글자들이 삼수변('氵')이 덧붙기 이전의 글자와 동일한 음을 지니는 것으로 보아 「㴜」, 「彼」의 관계도 이들과 비슷하였을 것으로 추정할 수 있겠으나, 이러한 전통이 비교적 후대의 것이라는 점에서 단정하기는 어려울 듯하다. 다만, 뒤에서 볼 것처럼 中古音 이전으로 올라갈수록 「彼」, 「波」 사이에 한자음의 차이가 크지 않아 우리의 논의에 크게 영향을 미치지 않으므로 이 문제에 대해서는 더 이상 천착하지 않고자 한다.

音借字로 쓰였음을 推論케 한다.

나. 함안 성산산성 출토 목간들에서는 주로 '-本波(또는 本破)'로 나타나 '本波'가 금석문들에서와는 달리 地名 後部要素로 전환되어 쓰이는 점이 특징적이다(다만, (2)_④의 예는 여전히 前部要素로 쓰임). 여기에서도 '波/破'의 교체에서 이 글자들에 의미상의 공통점을 찾을 수 없으므로 해당자들이 역시 音借字로 쓰였음을 확인할 수 있다.

다. 瓦片 자료들은 통일신라시대의 자료로 판단되는데(徐榮一 1999: 490~493), 여기서도 여전히 '本彼'와 '本波'의 교체 표기를 보여주고 있다.

라. 『三國史記』와 『三國遺事』에서는 예외 없이 '本彼-'라는 표기로 통일되어 있는데, 이는 후대(고려시대)에 이루어진 擬古的인 표기 변화로 보아야 할 듯하다.

Ⅲ. '本波'의 語源 探究

3.1. 앞 장에서의 자료 조사 결과를 바탕으로 할 때, 新羅 六部名 {本彼}[9]와 咸安 木簡들에서의 地名 後部要素 {本波}는 동일한 대상에 기원을 둔 지명형태소의 異表記로 볼 수 있는 듯하다. 이러한 생각은 전덕재(2006: 19)에서 "신라 6부의 하나인 本彼部가 경주의 어떤 지역을 가리키는 지명에서 유래하였으므로 '甘文本波'나 '須伐本波'의 '本波' 역시 그와 관련하여 이해할 수 있지 않을까 한다. 즉 감문본파는 '감문 본래의 彼지역(또는 집단)'으로, 수벌본파는 '수벌 본래의 彼지역(또는 집단)'으로 해석될 수 있다는 의미다"라고 한 언급에서도 찾아볼 수 있는데, 어학적인 면에서도 이와 동일한 결론을 내릴 수 있음을 강조하고 싶다.

{本彼}와 {本波} 둘 사이에는 前者가 地名의 전부요소로 쓰임에 비하여 後者는 주로 후부요소로 쓰이는 차이를 보일 뿐, '本波'로의 표기상의 일치를 보이고 있을 뿐만 아니라(자료 (1)_②~③ 및 (2)_①~⑤), 교체관계에 있는 「彼」, 「波」 두 글자는 異體字의 관계에 서는 한편으로[10] 한자음에서의 同音性(내지 類音性)까지도 찾아질 수 있다는 점이 그 근거가 된다.

---

9) { }로 표시한 것은 대표 이형태임을 나타낸다. 즉, '本彼/本波/本㳂'로 교체되는 六部名의 표기는 '本彼'로써, '本波/本破'로 교체되는 지명 표기들은 '本波'로써 대표한다는 뜻이다.

10) 두 글자가 草書體로 쓰일 때 두인변('彳')과 삼수변('氵') 모두 아래로 내리긋는 필획을 보여주고 있기 때문에 자주 異體字의 관계에 놓이게 된다. 아래의 예시를 참조(『大書源』, 二玄社, 2007: p.1565, 961에서 뽑음).

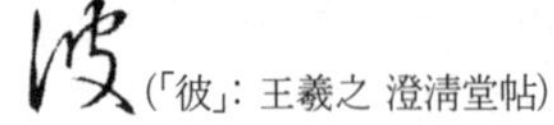

(5) ①「彼」: MC. 止脣三上紙幫 / SK. R피
OC. 歌幫上(李方桂 pjar, 鄭張尙芳 pralʔ)
②「波」: MC. 果脣一平戈幫 / SK. L파~바
OC. 歌幫平(李方桂 par, 鄭張尙芳 paal)
cf) ③「破」: MC. 果脣一去過滂 / SK. R파
OC. 歌滂去(李方桂 phar, 鄭張尙芳 paals)

즉, 「彼」와 「波」 두 글자는 中古音(MC: Middle Chinese)과는 달리 上古音(OC: Old Chinese)에서 聲調의 차이만 있을 뿐 歌部의 幫母字로 사실상 同音關係에 있고, 中古音은 『切韻』이 편찬된 A.D. 601년 이후의 한자음을 가리키기 때문에 앞서 (1), (2)에 제시된 6세기의 표기들은 上古音이나 上古·中古音의 사이에 있는 魏晋南北朝代音을 기준으로 同音關係에 놓인다고 말할 수 있기 때문이다. 坂井健一(1975: 353)에서 魏晋南北朝代에 止攝의 支韻三等字와 果攝의 歌韻字 間의 相通이 劉昌宗, 郭璞, 郭象, 字林, 顧野王, 鄭玄 등의 당시 音義家들에서 폭넓게 관찰되는 上古音의 흔적으로 지적되고 있음이 그 근거가 될 것이다.

여기에 덧붙여 우리의 자료들에서 동일 기원의 지명형태소가 전부요소와 후부요소 양쪽에 쓰인 실례까지도 찾아진다는 점은 더욱 鼓舞的이다. 이건식(2008: 110~117)의 논의에서는 조선시대에 '짧은 묏부리'를 뜻하는 '구리'라는 지명형태소가 '九里島'(압록강 가운데의 지명)에서는 전부요소로, '車踰仇里, 牛仇里'(평안도 지역 지명들) 등에서는 후부요소로 전환되어 쓰였음을 보인 바 있는데, 비록 후대의 자료들이기는 하지만 이들을 {本彼}, {本波}의 관계에 比肩될 수 있는 소중한 사례로 삼아도 좋을 것이기 때문이다.

3.2. 이제 '本彼=本波'의 어원에 대하여 좀더 구체적으로 논의를 전개하고자 한다.[11)]

우선 전덕재(2006: 19)에서 '本彼部'가 '본래의 彼지역(또는 집단)' 정도로 해석하고서 "이때 彼는 지명어미로서 이해된다"라고 한 언급에 주목할 필요가 있다. 어학적인 관점에서 보아 그의 논증 과정에 다소간의 문제점이 없지 않으나,[12)] '本彼'의 '-彼'를 어떤 들이나 평야를 가리키는 지

11) 이하 '本彼=本波'를 논의의 편의상 [本波]로 대표하여 기술할 것이다. 또한 이 절에서의 논의는 권인한(2008: 57)에서 간략히 언급된 내용을 구체화한 것임을 밝혀둔다.

12) 전 교수의 주장을 요약하자면, 앞서 (4)_④의 문헌례로 제시한 바 있는 '本彼縣'이 신라 후기에 '碧珍縣'으로 改稱되었는데, 여기서 本은 碧, 彼는 珍에 대응된다고 볼 수 있을 뿐만 아니라 '馬突縣[一云馬珍]'의 예에서의 '-珍'은 [突]로 읽히면서 신라인들이 들을 가리킨 말에 해당한다는 점에서 '本彼'의 '-彼' 역시 어떤 들이나 평야를 가리키는 지명어미로 논증할 수 있다는 것이다. 이러한 논증에 今西龍의 주장 즉, "①진珍은 고음이 跛[피]이다, ②(신라 관직명 파진찬波珍飡의) 파진波珍이 신라 6부의 하나인 본피本彼와 같은 말이다, ③진珍은 화火·벌伐·불弗·비比·비卑 등의 글자와 마찬가지로 거읍居邑의 명칭에 붙는 차자이므로, 똑같이 거읍의 명칭 아래에 붙는 달達·량

명어미로 볼 수 있다는 그의 결론은 [本波]의 어원 구명에 매우 중요한 단서를 제공하는 것이기 때문이다. 이에 따르면 [本波]는 다시 '本- + -波'로 분석될 수 있음을 의미하는 것이기 때문에 앞서 살핀 바와 같이 '-波'가 '彼/波/破'로 교체되어 쓰임을 보아 '들이나 평야'를 가리키면서 이들 交替字의 音相 範圍에 드는 지명어미 후보를 찾음이 [本波]의 어원 구명을 위한 關鍵이 될 것이다.

이제 문제는 '-火/伐/弗' 등과 같이 기존에 잘 알려진 지명어미들에서 그 후보를 찾을 것인가, 아니면 새로운 후보를 찾을 것인가에 논의의 초점이 모아진다고 할 수 있다. 그런데 권인한(2008: 49~50)에서 논의한 바와 같이 咸安 城山山城 목간들에서 '-伐'은 '-城'과 동급이면서 '-本波'보다는 상위의 지명어미로 나타난다는 점에서 '-伐'과는 다른 새로운 지명어미 후보를 찾아야 할 것으로 판단된다.

이러한 점에서 다음의 몇 가지 사실들은 우리의 주목을 끌기에 충분하다.

첫째, 고구려와 백제의 지명들와 비교하여 신라의 지명들에서는 '-原'이라는 지명어미를 찾아보기 어렵다는 점이다. 지명어미 '-原(-)'이 포함된 三國의 지명들을 모아보면 다음과 같다(宋基中 2004: 756~758 참조하여 정리하되, 신라 지명으로 되어 있으나 본래 고구려, 백제의 지명인 예들은 밑줄을 치고서 각각 원 소속국의 지명으로 제시한 것임에 유의).

(6) ① 고구려 : 慶原買召, 故國原, 故國川原, 國原(城)〈中原(京)〉, 杜訥河原=豆訥河原, 龍原, 美川原, 関中原, 北原(城/小京), 沸流原, 薩水原, 首原縣, 柴原, 鴨渌原, 原州, 坐原, 槍原, 鐵原京, 平原(郡), 平儒原
② 백 제 : 薑原縣〈荳原縣〉, 狗原, 南原(城/小京), 豆尸原嶽, 北原, 生草原, 西原(京/小京), 栗原縣, 珍原縣, 黃原縣
③ 신 라 : 京西原, 金山原, 波只谷原岳

위에서 보듯이 신라의 지명 중에서 '-原(-)'이 포함된 예는 고구려나 백제에 비하여 그 숫자가 현저히 감소함을 알 수 있는데, 삼국의 지형상 이러한 불균형이 나타날 하등의 이유가 없을 것이므로 이 지명어미가 신라에서는 '-原(-)'과는 다른 표기로 등장할 가능성을 찾을 수 있다.

둘째, 이런 점에서 『三國史記』 卷37의 百濟 熊川州 領縣 중에서 "西原[一云臂城, 一云子谷](현재의 淸州市)"의 예를 통하여 '原=臂'의 대응관계를 찾을 수 있음은 특기할 만하다.[13] '臂'는 중세

梁 · 도道 · 월月 · 탁涿 등의 차자와 별개의 말이면서 서로 동의어[synonym]이다"(今西龍著/이부오 · 하시모토 시게루共譯 2008: 234~235) 등 어학적인 관점에서 용인되기 어려운 所論들에 바탕을 두고 있음이 약간의 문제점이라고 할 수 있겠다.

13) (6)에 제시된 '西原, 南原, 北原, 中原' 등이 眞興王代 이후에 신라에서 설치한 小京들이므로 '西原'의 '西-'는 본래적인 것이 아니라 후대 신라인들에 의하여 붙여진 방위 표시의 지명 전부요소로 보아야 한다는 점에서 '原 : 臂'의 대응만이 의미있는 것으로 판단한 것이다.

한국어에서 'ᄇᆞᆯ~ᄑᆞᆯ' 의 訓을 지니되, 'ᄇᆞᆯ' 이 古形에 해당하므로[14] 신라의 지명들에서 자취를 감추다시피 한 지명어미 '-原' 이 이와 같이 '-*ᄇᆞᆯ' 로 숨겨져 있을 가능성을 발견할 수 있기 때문이다. 덧붙여 중세한국어 자료에서 극히 드물게 'ᄇᆞᆯ' 이 '原' 의 뜻을 지니는 어휘로 등장함도 주목된다.

(7) "夫人이 ᄯᅩ 무로ᄃᆡ 이어긔 갓가ᄫᅵ 사ᄅᆞᄆᆡ 지비 잇ᄂᆞ니ᅌᅵᆺ가 比丘ㅣ 닐오ᄃᆡ 오직 이 ᄇᆞ래 子賢長者ㅣ 지비 잇다 듣노ᅌᅵ다"〈『月印釋譜』 8: 94a〉

이는 고구려와 백제의 '-原(-)' 에 해당하는 신라의 지명어미 '-*ᄇᆞᆯ' 이 매우 이른 시기에 死語化하였거나, 경쟁관계에 있었던 다른 지명어미에 合流되었을 가능성을 암시하는 것이기도 하다. 아마도 신라의 지명어미로 많은 예를 보여주는 '-*블=-伐/火' 에 合流된 것이 아닐까 한다. 이러한 推論에 참고가 되는 것은 丹陽 赤城碑에 보이는 '鄒文村' 이 함안 성산산성에서 출토된 39, 54호 목간에서는 지명어미가 생략되었지만, '-村' 보다 높은 上位의 지명으로 등장한다는 점이다. '-村' 과 同級인 '-本波' 도 이런 昇格 過程을 겪는다면 '-伐' 에 合流되었을 가능성이 그만큼 높아질 것이기 때문이다.

셋째, 만약 지명어미 '-原=-*ᄇᆞᆯ' 이라는 우리의 가설이 사실에 가깝다고 한다면, 일본의 지명들에서 지명어미 '-原' 이 '-hara' (또는 '-haru')로 나타남이 주목된다('-haru' 는 方言으로 筑紫, 佐賀, 對馬, 大分, 鹿兒島 등 關西地域에 주로 분포하므로 '-hara' 보다 古形으로 판단된다). '-hara' 의 매우 이른 시기 표기 자료로 이나리야마 稻荷山 金象嵌鐵劍銘文(471?)의 뒷면에 보이는 '加差披余' (kasahiyo〈kasahayo〈*kasahara)는 稻荷山古墳群 근처에 위치한 지명 '가사하라 笠原' 과 관련시켜 이해하고 있다는 점에서(大野晋 1979: 73, 77, 154)[15] 우리의 논의에 또다른 실마리를 제공하는 것이라고 할 수 있다. 특히, '*-hara' 의 표기에 '本彼' 의 「彼」와 同音인 「披」字

---

14) 'ᄇᆞᆯ' [臂]이 『訓民正音 解例』, 『楞嚴經諺解』, 『杜詩諺解』 등에 나타남에 대하여 'ᄑᆞᆯ' [臂]은 『內訓』, 『救急簡易方』, 『訓蒙字會』, 『新增類合』 등 상대적으로 후대에 간행된 문헌들에 등장함을 참조.

●ᄇᆞᆯ爲臂〈訓正解例 用字例〉

●臂ᄂᆞᆫ ᄇᆞᆯ히라〈楞解 6:37〉

●ᄇᆞᆯᄒᆞᆯ 자바슈미 나리 하니[把臂有多日]〈杜解 9:22〉

○繼母 ᄑᆞᆯ히 ᄆᆡ엿던 구슬을 ᄇᆞ린대〈內訓 2:30〉

○ᄯᅩ ᄑᆞᆯ와 구브를 ᄲᅮ츠며 굽힐훠 보라〈救簡 1:60〉

○肐 ᄑᆞᆯ 걸〈訓蒙上:25〉, 肱 ᄑᆞᆯ 굉〈訓蒙上:26, 類合上:21〉, 臂 ᄑᆞᆯ 비〈訓蒙上:26, 類合上:21〉

15) 그 근거의 하나로 『日本書紀』 卷18 安閑紀 元年(531) 是月(=閏十二月)條에 "武藏國造笠原直使主與同族小杵相爭國造[使主小杵皆名也]經年難決也" 라는 기사에 '笠原' 이 등장함을 들고 있다. 遠藤光曉(1997: 6)에서 말한 바와 같이 「余」字와 같은 以母字의 上古音이 流音 즉, *r(李方桂) 또는 *l(Yakhontov)로 再構됨도 이러한 추정의 큰 근거가 된다.

를 音借字로 쓰고 있음이 주목되는 사실인데, 이는 字音의 면에서나 用字의 면에서나 한반도와의 관련성을 알려주는 것으로 특기할 만한 존재라 할 것이다. 여기에 일본어의 /h/가 고대에는 /*p/(또는 /*$_{F}$/)에 소급된다는 점을 想起한다면(森博達 1999: 99 등), 한・일 양국어의 지명어미 '*-ᄇᆞᆯ'[原]과 '*-para/paru'[原]가 동일 기원에 소급될 가능성까지도 말할 수 있지 않을까 한다. '*-ᄇᆞᆯ'과 '*-para/paru'의 音相이 (5)에 제시된 上古音 또는 魏晋南北朝音에서의 「彼」=「披」, 「波」의 音相 範圍에 드는 것으로 볼 수 있다는 점도 이러한 가능성을 굳힐 수 있는 근거가 될 것이다. 다만, 우리의 '*-ᄇᆞᆯ'의 경우에 李基文(1998: 86)의 고대한국어 모음체계에 의할 때, 그 음상이 [pɔr]에 가까움에 비하여 (5)에서 재구 가능한 「彼」=「披」=「波」의 한자음은 /par/(또는 /paal/)인 점에서 모음상의 거리를 어떻게 좁힐 수 있느냐가 해결되어야 할 문제로 지적될 수 있을 것이다. 이 문제에 대해서는 우리의 鄕歌들에서 드물기는 하나 /ᄋᆞ/를 표기함에 있어서 /아/로 대체된 예들, '늦겨곰 ᄇᆞ라매'(←바라+-매, 咽鳴爾處米)〈讚耆婆郎歌 제1구〉, '두블 ᄀᆞᄆᆞᆫ 내라'(가-+-만, 二于萬隱吾羅)〈禱千手觀音歌 제7구〉(金完鎭 1980: 82~83, 104~105) 등이 있음을 보아 전혀 불가능한 대응은 아니라는 점에서 그 해결 가능성을 찾을 수 있지 않을까 한다.[16]

이상의 사실들을 근거로 필자는 [本波]에 대하여 '本原'의 의미를 지닌 '*本ᄇᆞᆯ'(또는 '*밑ᄇᆞᆯ')로 再構할 수 있으리라는 결론을 내리고자 한다.

Ⅳ. 結言

이상 소략하나마 咸安 城山山城 木簡의 발굴을 계기로 최근 새롭게 조명되고 있는 古代의 地名 形態素 '本波/本彼'에 대한 논의를 마무리할 때가 되었다. 필자의 소박한 목표는 한국고대사 방면의 논의들과의 學際的 보완 관계를 이루는 語學的인 考察에 두었거니와, 본고의 논의가 이 목표에 어느 정도로 근접한 것인지는 섣불리 말하기 어려울 듯하다. 한국목간학회를 중심으로 앞으로 이 방면의 학제적 연구가 더욱 활성화되어야 할 것임을 밝혀두면서 본고의 논의 결과를 정리하는 것으로 결론을 대신하고자 한다.

첫째, 본론의 논의에 앞서 金石文, 木簡, 瓦片 등 관련 자료들을 수집・정리한 결과, '本波/本彼'는 新羅의 6部名 '本彼/本波部'에 기원을 둔 것으로 咸安 木簡들이 제작될 무렵에 地名 後部要

16) 또 하나의 해결 가능성은 Martin, S.E.(1966: 238)에 제시된 "170. PLAIN Ⅰ. pël : pára 'plain, field'. *par(a). Cf. Turkish bol 'wide', Ainu poro 'big'; SPREAD IT, FIELD."의 어원론 중 한국어의 '벌(pël)'을 '*ᄇᆞᆯ'로, 알타이조어형을 '*bol' 정도로 수정할 때, 李基文(1998: 26)에 제시된 알타이조어와 고대한국어 사이의 모음 대응 즉, /o/ : /ɔ/(=ᄋᆞ) 대응에 일치되는 결과를 얻을 수 있다는 점에서도 찾아질 수 있겠다. 다만, 다른 알타이제어들에서의 모음 대응에 대한 검토가 필요하다. cf) Ramstedt, G.J.(1949: 196), tung. *hilẹ-kẹ̄n* 'open field, even ground' etc.

素로 전환된 것으로 판단할 수 있었다.

둘째, '本波/本彼'의 語源에 대해서는 ①高句麗나 百濟의 지명에 비하여 新羅의 지명들에서는 '-原'으로 끝나는 예를 찾아보기 어렵다는 점, ②『三國史記』 권37 熊川州 領縣에 보이는 "西原[一云臂城, 一云子谷]"의 예에서 '原=臂'의 대응관계를 찾을 수 있고, '臂'는 중세국어에서 '불(~풀)'의 訓을 지니므로 '-原'에 해당되는 지명형태소가 신라에서는 '*-불'로 나타날 가능성이 있다는 점, ③日本 地名들에서도 후부요소 '-原'이 '-hara/haru'로 나타나는데, 현대일본어의 /h/가 /*p/로 소급된다는 점에서 양국에서 '-原'에 해당하는 '*-불'과 '*-para/paru'가 동일 기원일 가능성이 있다는 점 등을 근거로 '本波/本彼'에 대하여 '本原'의 의미를 지닌 '*本불'(또는 '*밑불')로 說明할 수 있었다.

셋째, 본고의 논의를 통하여 한·일 양국어의 '原'에 해당하는 어휘에 대한 비교론에 대하여 약간의 수정이 필요함을 말할 수 있게 된 것은 또다른 성과라면 성과로 볼 수도 있겠다. 그것은 일본어의 'hara'[原]에 비교될 우리의 어휘가 종래에 주로 언급된 '벌(판)'[平原]보다는 '*불'[原]이 더 적절할 것이라는 점인데, Martin, S.E.(1966)의 논의에서 언급된 同系語들로써 그 가능성을 어느 정도 발견할 수 있었다. 그러나 여기에는 아직 해결되어야 할 문제들이 남아 있는데, 한국어의 /ㆍ/와 일본어의 /a/ 사이의 모음 대응의 정당성 여부를 가리는 문제, 우리의 '*불'[原]에 대응되는 알타이제어들에서의 동계어들에 대한 검토 문제 등이다. 앞으로의 구명 과제로 남기고자 한다.

참/고/문/헌

국립가야문화재연구소(2007), 「함안 성산산성 제12차 발굴조사 현장설명회 자료집」, 2007.12.13.

國立昌原文化財硏究所編(2004), 『韓國의 古代木簡』, 예맥출판사.

國立昌原文化財硏究所編(2006), 『[개정판] 韓國의 古代木簡』, 예맥출판사.

국립창원문화재연구소(2006), 「함안 성산산성 11차 발굴조사 현장설명회 자료」, 2006.12.14.

權仁瀚(2005), 『中世韓國漢字音訓集成』, 제이앤씨(J&C).

權仁瀚(2007), 「木簡을 통해 본 古代 韓國의 言語와 文字-東아시아 文字文化의 交流 樣相을 찾아서」, 『동아시아 고전학과 한국의 고전세계』, 성균관대학교 동아시아학술원 BK21 동아시아학 융합사업단.

권인한(2008), 「咸安 城山山城 木簡 속의 고유명사 표기에 대하여」, 『史林』 31, 수선사학회.

金永旭(2007), 「古代 韓國木簡에 보이는 釋讀表記」, 『口訣硏究』 19, 口訣學會.

金完鎭(1980), 『鄕歌解讀法硏究』, 서울대학교출판부.

南豊鉉(2000), 『吏讀硏究』, 태학사.

朴鍾益(2000), 「咸安 城山山城 發掘調査와 木簡」, 『한국고대사연구』 19, 한국고대사학회.

徐榮一(1999), 「安城 飛鳳山城 수습 「本彼」銘 기와 考察」, 『문화사학』 11 · 12 · 13.

宋基中(2004), 『古代國語 語彙 表記 漢字의 字別 用例 硏究』, 서울대학교출판부.

尹善泰(1999), 「咸安 城山山城 出土 新羅木簡의 用度」, 『震檀學報』 88, 震檀學會.

尹善泰(2006), 「한국고대목간의 연구현황과 전망」, 『'목간(木簡)' 과 한국고대의 문자생활』, 한국역사연구회.

尹善泰(2007), 「韓國古代木簡의 形態와 分類」, 한국목간학회 편(2007).

이건식(2008), 「조선시대 고유어 자연 지명 분류어의 차자표기 특징」, 『2008년 국어사학회-한국지명학회 공동 학술대회』, 2008.7.10.

李京燮(2004), 「咸安 城山山城 木簡의 硏究現況과 課題」, 『新羅文化』 23, 동국대 신라문화연구소.

李京燮(2008), 「城山山城 出土 荷札木簡과 新羅 中古期의 收取體系」, 『古代 東아시아 世界의 物流와 木簡』, 동국대학교 문화학술원 동아시아 문화연구소.

李基文(1998), 『新訂版 國語史槪說』, 태학사.

이수훈(2004), 「咸安 城山山城 出土 木簡의 稗石과 負」, 『지역과 역사』 15, 부경역사연구소.

이용현(2006), 『韓國木簡基礎硏究』, 신서원.

전덕재(2004), 「신라사의 열쇠, 냉수리비와 봉평비」, 『고대로부터의 통신』, 푸른역사.

전덕재(2006), 「함안 성산산성 목간을 통해서 본 중고기 신라의 지방통치체제 -수취체계를 중심으로-」, 『'목간(木簡)' 과 한국고대의 문자생활』, 한국역사연구회.

전덕재(2007a), 「함안 성산산성 목간의 연구현황과 쟁점」, 한국목간학회 편(2007).

전덕재(2007b), 「함안 성산산성 목간의 내용과 중고기 신라의 수취체계」, 『역사와 현실』 65.
전덕재(2007c), 「중고기 신라의 지방행정체계와 郡의 성격」, 『한국고대사연구』 48, 한국고대사학회.
전북문화재연구원(2005), 「古阜舊邑城2次 發掘調査 현장설명회 및 지도위원회의 자료」, 2005.10.24.
전북문화재연구원(2006a), 「古阜 舊邑城 3次 發掘調査 1次 지도위원회의 자료」, 2006.8.17.
전북문화재연구원(2006b), 「古阜 舊邑城 3次 發掘調査 2次 지도위원회의 자료」, 2006.10.30.
鄭在永(2008), 「月城垓字 149號 木簡에 나타나는 吏讀에 대하여 -薛聰 當代의 吏讀 資料를 중심으로-」, 『木簡과 文字』 창간호, 한국목간학회.
朱甫暾(2000), 「咸安 城山山城 出土 木簡의 基礎的 檢討」, 『한국고대사연구』 19, 한국고대사학회.
朱甫暾(2002), 『금석문과 신라사』, 지식산업사.
朱甫暾(2007), 「한국의 목간 연구의 현황과 전망」, 『木簡과 文字』 창간호, 한국목간학회.
韓國古代社會研究所編(1992), 『譯註 韓國古代金石文 제2권』, 가락국사적개발연구소.
한국목간학회 편(2007), 『한국고대목간과 고대 동아시아세계의 문화교류』, 2007 한국목간학회 제1회 국제학술회의 논문집.
黃壽永編(1994), 『제5판 韓國金石遺文』, 일지사.
今西龍/이부오 · 하시모토 시게루 옮김(2008), 『신라사연구』, 서경문화사.
大野晋(1979), 『シンポジウム 鐵劍の謎と古代日本』, 東京: 新潮社.
大野晋(1995), 『新版 日本語の起源』, 東京: 岩波書店.
柳尙熙(1980), 『江戸時代と明治時代の日本における朝鮮語の研究』, 東京: 成甲書房.
謝桂華/尹在碩 번역(2000), 「중국에서 출토된 魏晋代 이후의 漢文簡紙文書와 城山山城 출토 木簡」, 『한국고대사연구』 19, 한국고대사학회.
李成市(1997), 「韓國出土の木簡について」, 『木簡研究』 19, 木簡學會.
李成市/李鎔賢 번역(2000), 「韓國木簡연구의 현황과 咸安城山山城출토의 木簡」, 『한국고대사연구』 19, 한국고대사학회.
李成市(2005), 「古代朝鮮の文字文化 -見えてきた文字の架け橋-」, 平川南 編(2005).
坂井健一(1975), 『魏晋南北朝字音研究』, 東京: 汲古書院.
平川南/李鎔賢 번역(2000), 「日本古代木簡 研究의 現狀과 新視點」, 『한국고대사연구』 19, 한국고대사학회.
平川南 編(2005), 『古代日本 文字の來た道 -古代中國 · 朝鮮から列島へ-』, 東京: 大修館書店.
平川南/이동주 번역(2007), 「목간연구의 시점과 전개」, 한국목간학회 편(2007).
Martin, S.E.(1966), Lexical Evidence relating Korean to Japanese, Language 42-2.
Ramstedt, G.J.(1949), Studies in Korean Etymology, Helsinki: Suomalais-Ugrilainen Seura(『G.J.Ramstedt 論文集 Ⅱ』, 서울: 태학사, 1981).

신라 城址 출토 문자 자료의 현황과 분류

박성현 *

Ⅰ. 머리말

신라 城址는 신라 城[1]의 遺址를 말한다. 기존에 신라 성지로 추정된 것들은 매우 제한적이었다.[2] 그렇지만 최근에는 특히 경기 지역에서 백제나 고구려 성지로 알려져 있었던 것들이 발굴조사를 통하여 신라 성지로 드러나기도 하였고,[3] 충청 · 전라 지역의 성지 중에서도 신라 토기가 출토되는 예가 많이 나타나고 있다. 이와 같이 신라 성지는 남한의 전역에 분포하고 있는데, 통일신라의 영역을 생각했을 때 전혀 이상한 일이 아니다.

이러한 신라 성지에서는 다른 어떤 종류의 유적에서보다 풍부한 신라 토기, 기와, 철기, 기타 유물들이 출토되었다. 성지에 비견되는 정도의 유물이 출토된 곳은 寺址 정도가 있다고 할 수 있을 것이다. 그리고 이러한 유물 중에는 문자가 있는 것이 상당수 포함되어 있다. 우선 성의 해자

* 서울대학교 국사학과 강사

1) 신라 성은 신라가 축조한 성, 또는 점령하여 활용하는 성으로 규정할 수 있을 것이다.

2) 李元根, 1981, 「三國時代 城郭硏究」(檀國大學校 史學科 博士學位論文), 355~474쪽; 朴方龍, 1985, 「新羅 都城 · 城址」, 『韓國史論』 15(韓國의 考古學 Ⅲ) 國史編纂委員會.

3) 漢陽大學校博物館, 1991, 『二聖山城 三次發掘調査報告書』; 서울대학교박물관, 2000, 『아차산성 시굴조사보고서』; 朴省炫, 2002, 「6~8세기 新羅 漢州 「郡縣城」과 그 성격」, 『韓國史論』 47.

나 저수지 자리에서는 많은 목간이 출토되었다.[4] 또 성지에서는 기와가 많이 발견되는데, 여기에 명문이 있는 예가 적지 않으며, 인장도 출토되고 있다. 그리고 선각으로 글자를 새긴 유물도 종종 보고되고 있다.[5] 기존의 금석문 중에서도 성과 관련이 있는 것들이 적지 않다. 명활산성작성비, 남산신성비, 관문성석각 등과 같은 축성과 관련된 자료도 있고,[6] 단양적성비와 같이 성과 뚜렷하게 관련되는 금석문도 있다.

이 글에서는 신라 성지에서 출토된 문자 자료[7]의 현황을 정리하고, 이에 대한 분류 작업을 시도해 보도록 하겠다. 그리고 이를 통하여 각 부류의 문자 자료가 어떤 성격을 갖고 있는지 간단하게 제시하도록 할 것이다.

Ⅱ. 지역별, 성지별 문자 자료 출토 현황

성지 출토 문자 자료를 우선 지역별, 성지별로 소개하도록 하겠다. 여기에서는 지역 구분은 현재의 행정 구역이 아닌 통일 신라의 행정 구역(지도 1)에 따랐다.[8] 기존에 논의가 많이 이루어진 금석문과 목간에 대해서는 출토 상황을 중심으로 간단하게 언급하였다.

1. 王都 지역 (경주 지역)

王都[9] 지역에서는 월성, 명활성, 남산신성 등에서 문자 자료가 출토되었다.

---

4) 國立昌原文化財研究所, 2004, 『韓國의 古代木簡』.

5) 문자가 있는 유물에 대한 정리는 이미 몇 차례 시도되었다.
부산광역시립박물관 복천분관, 1997, 『유물에 새겨진 古代文字』; 국립청주박물관, 2000, 『한국 고대의 문자와 기호 유물』; 國立慶州博物館, 2002, 『文字로 본 新羅』; 노명호 외, 2004, 『韓國古代中世 地方制度의 諸問題』, 집문당.
古代學協會, 2004, 『古代文化』 56-11에서는 이와 같은 문자 자료를 "韓國出土文字資料へのアプローチ"라는 제목의 특집으로 다루기도 하였다.

6) 朴方龍, 1998, 「新羅 都城 研究」(東亞大學校 史學科 博士學位論文), 44~132쪽.

7) 문자 자료는 문자가 있는 유물, 혹은 그 유물에 있는 문자 정도로 규정할 수 있을 것이다.

8) 통일 신라는 王都를 제외한 전국을 9州로 나누고 있었다. 9주의 대체적인 경계에 대해서는 鄭求福 外, 1997, 『譯註 三國史記 4 주석편(하)』, 韓國精神文化研究院, 155~350쪽을 참고하였다.

9) … 王都 長三千七十五步 廣三千一十八步 三十五里 六部 … 初赫居世二十一年 築宮城 號金城 婆娑王二十二年 於金城東南築城 號月城 或號在城 周一千二十三步 新月城北有滿月城 周一千八百三十八步 又新月城東有明活城 周一千九百六步 又新月城南有南山城 周二千八百四步 始祖已來處金城 至後世多處兩月城 … (『三國史記』 卷34 雜志3 地理1 新羅疆界)
왕도의 범위는 시기에 따라서 변천이 있었던 것으로 보인다. 중대에는 대체로 현재의 경주시내로 제한되었고, 하대에는 다시 외곽으로 확장되었던 것으로 이해된다(全德在, 1998, 「新羅 6部 名稱의 語義와 그 位置」, 『慶州文化研究』 創刊號, 50~56쪽).

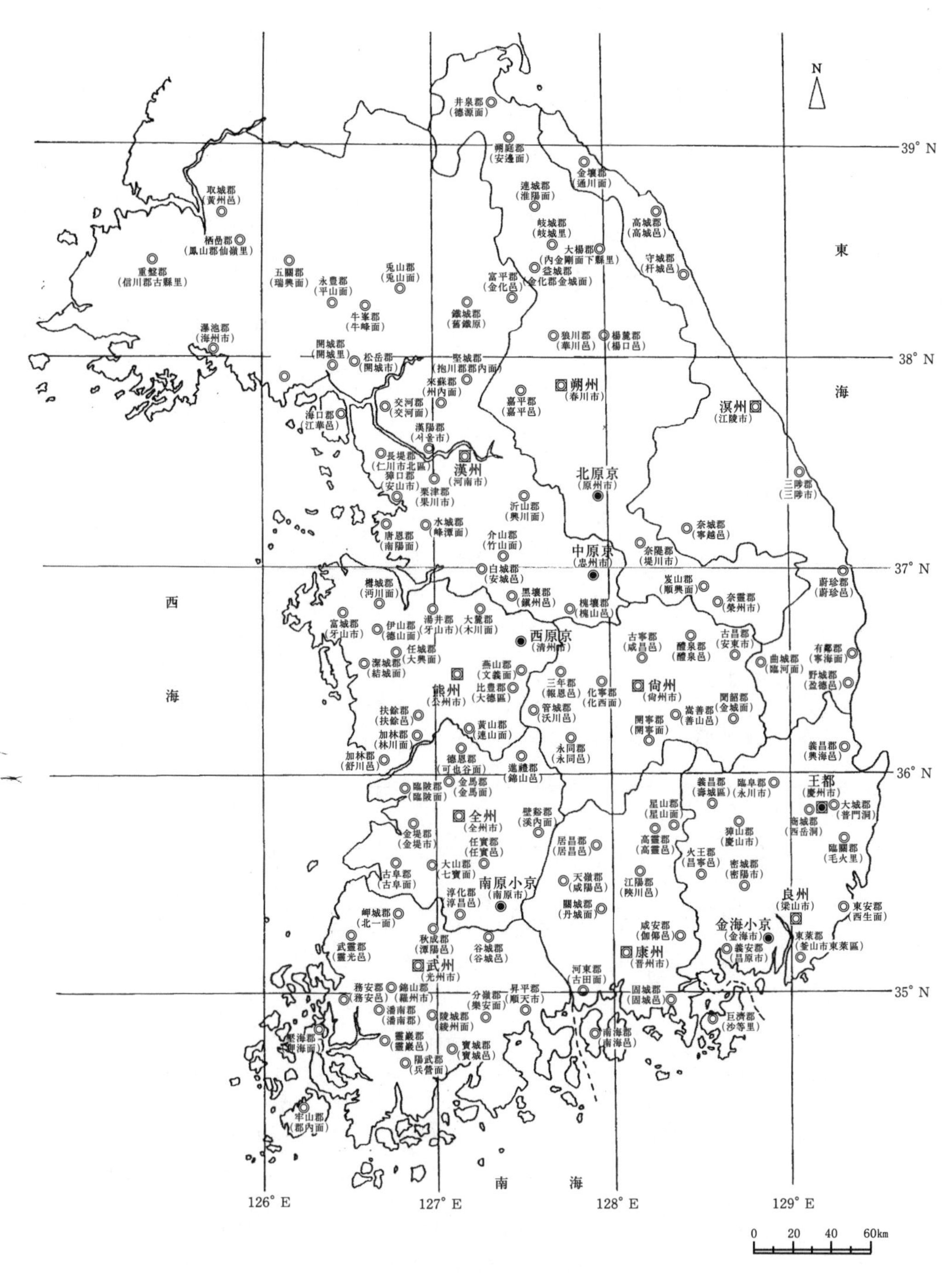

지도 1. 통일 신라의 행정 구역
(鄭求福 外, 1997, 『譯註 三國史記 4 주석편(하)』, 韓國精神文化硏究院, 853쪽)

표 1. 王都 지역 신라 성지 출토 문자 자료

지역	명칭	유물	명문 및 현상	출토지점	추정연대	참고문헌
경주	월성	일명 석편	作人居□次及伐車	석빙고 부근		황수영, 1976, 「금석문의 신례」, 『한국학보』 5, 38쪽
		"在城"명 수막새	在城(반전)	월성 외		국립경주박물관, 2000, 『신라와 전』, 1124~1128
		"在城"명 수키와	在城(반전)	월성, 금장리 와요지		국립경주박물관, 2000, 『신라와 전』, 1129; 국립경주문화재연구소, 2004, 『월성 지표조사보고서』, 169쪽
		"在城"명 암키와	在城(반전)	월성		국립경주박물관, 2000, 『신라와 전』, 1130
		"在城"명 암키와	在城(선각)	월성		국립경주박물관, 2000, 『신라와 전』, 1131
		"漢(只)"명 암키와	漢, 漢·只	월성 및 안압지		국립경주박물관, 2000, 『신라와 전』, 1133~1140
		"習(部)"명 암키와	習·部·井·井, 習·府·井·井, 習·井·井	월성 및 안압지		국립경주박물관, 2000, 『신라와 전』, 1141~1144
		"儀鳳四年皆土"명 암키와	儀鳳四年皆土	월성 및 안압지, 망성리 와요지	679년	국립경주박물관, 2000, 『신라와 전』, 1145~1149; 국립경주문화재연구소, 2004, 『월성 지표조사보고서』, 169~172쪽
		"東窯"명 암키와	東窯	월성 외		국립경주박물관, 2000, 『신라와 전』, 1156~1161
		"官"명 암키와	官(내면)	월성		국립경주박물관, 2000, 『신라와 전』, 1192
		"右官"명 암키와	右官	월성		국립경주박물관, 2000, 『신라와 전』, 1197
		"~友草"명 암키와	~友草(반전)	월성		국립경주박물관, 2000, 『신라와 전』, 1222
		목간 34점?	"다" 지역 (연못식) 해자 1 뻘층			국립창원문화재연구소, 2004, 『한국의 고대목간』, 150~209쪽; 국립경주문화재연구소, 2006, 『월성해자 발굴조사보고서』 Ⅱ(고찰)
		압인 명문 토기편 다수	丙, 左	"다" 지역		문화재연구소 경주고적발굴조사단, 1990, 『월성해자 발굴조사보고서』 Ⅰ, 231쪽
		선각 명문 토기편 다수	地, 生, 丁次, 右	"다" 및 "라" 지역		문화재연구소 경주고적발굴조사단, 1990, 『월성해자 발굴조사보고서』 Ⅰ, 232쪽
		명문 토기 기대	□□□若廻去意向	"라" 지역		문화재연구소 경주고적발굴조사단, 1990, 『월성해자 발굴조사보고서』 Ⅰ, 233쪽

지역	명칭	유물	명문 및 현상	출토지점	추정연대	참고문헌
		"金"명 토기 완	金	월성 서쪽 끝부분 외벽 기저부		국립경주문화재연구소, 2004, 『월성 지표조사보고서』, 159쪽
경주	명활성(석성)	명활산성작성비		석성 북쪽 성벽	551년	박방룡, 1988, 「명활산성 작성비의 검토」, 『미술자료』 41
		cf. 안압지 출토 명활산성비		안압지 호안 석축	551년	문화공보부 문화재관리국, 1978, 『안압지 발굴조사보고서』, 도판 36~37; 주보돈, 1985, 「안압지출토 비편에 대한 일고찰」, 『대구사학』 27
경주	남산신성	남산신성비 제1비		남산 중턱	591년	大坂金太郎, 1934, 「慶州に於て新に發見せられる南山新城碑」, 『朝鮮』 235
		남산신성비 제2비		전일성왕릉 부근	591년	진홍섭, 1960, 「신발견 남산신성비 소고」, 『역사학보』 13; 1965, 「남산신성비의 종합적 고찰」, 『역사학보』 26
		남산신성비 제3비		사천왕사지 부근 민가	591년	진홍섭, 1960, 「신발견 남산신성비 소고」, 『역사학보』 13
		남산신성비 제4비		전일성왕릉 부근	591년	진홍섭, 1965, 「남산신성비의 종합적 고찰」, 『역사학보』 26
		남산신성비 제5비		흥륜사역의 추정 중문지	591년	이종욱, 1974, 「남산신성비를 통하여 본 신라의 지방통치체제」, 『역사학보』 64, 2쪽
		남산신성비 제6비			591년	황수영, 1976, 『한국금석유문』
		남산신성비 제7비		남쪽 성벽 내측	591년	박방룡, 1988, 「남산신성비 제팔비·제구비에 대하여」, 『미술자료』 42
		남산신성비 제8비		북문 바닥	591년	박방룡, 1988, 「남산신성비 제팔비·제구비에 대하여」, 『미술자료』 42
		남산신성비 제9비		서쪽 성벽	591년	박방룡, 1994, 「남산신성비 제9비에 대한 검토」, 『미술자료』 53
		남산신성비 제10비		구황동 옥다리들 일명사지 부근	591년	국립경주문화재연구소, 2002, 『경주 남산』
건천	부산성	암키와	茶(淵院?)	부산성 및 창림사지		국립경주박물관, 2000, 『신라와전』, 1205·1228
감포	전촌리토성	암키와	官			국립경주박물관, 2000, 『신라와전』, 1206

신라의 宮城이었던 월성에서는 명문 기와가 종종 수습되었으며, 해자에 대한 발굴조사에서는 목간이 다수 출토되었다. 명문 기와 중에는 "在城"이라는 월성의 이칭이 찍힌 것이 많고, "漢只"나 "習部"와 같은 部名이 찍혀 있는 것들도 있다. 이 밖에 "儀鳳四年(679)皆土"銘 기와는 연대가 분명하고,[10] 망성리 와요지에서도 출토된 바 있어 생산지도 추정할 수 있다.[11] "東窯" 역시 생산지와 관련된 명문으로 보인다. 또 월성과 연접되어 있는 안압지에서도 많은 문자 자료가 출토되었다.[12]

명활성과 남산신성은 각각 왕도의 동쪽, 남쪽 외곽을 이루는 성으로 『삼국사기』 지리지에는 왕도의 성으로 분류되어 있기도 하지만, 특정 시기에는 良州 소속의 大城郡 · 商城郡과 관련되기도 했던 것 같다.[13] 여기에서는 축성과 관련된 비석, 즉 명활산성작성비와 남산신성비가 발견되었다.

2. 尙 · 良 · 康州 지역 (영남 지역)

대체로 영남 지역에 해당한다. 상주가 북부에 위치하는데 영동 · 옥천 · 보은 방면으로 돌출되어 있고, 반면 영주 · 봉화 방면, 동해안 방면은 오히려 각각 삭주, 명주에 속하였다. 양주는 왕도를 둘러싼 지역으로, 대체로 낙동강 이동에 해당하며, 남해안으로는 낙동강 이서의 김해 · 창원 · 마산 · 칠원까지 포함한다. 강주는 서부 경남 지역으로 가야에 속했던 곳이다. 영남에서는 그 동안 분묘 유적에 대한 조사 · 연구가 활발했기 때문에, 막상 성에 대해서는 많은 연구가 이루어지지 못하였다.[14] 따라서 함안 성산산성 출토 목간을 제외하고는 현재까지 많은 문자 자료가 출토된 예는 별로 없다고 할 수 있다.

관문성에서는 명문 城石이 발견되었다. 관문성은 2개의 성으로 구분되는데, 박방룡은 경주 외동읍과 울산의 경계상에 위치한 길이 약 12㎞의 차단성을 "長城"으로, 장성 동쪽 산정에 있는 타원형 산성을 "新垈里城"으로 지칭하고 있다.[15] 명문 성석은 신대리성에서 모두 10개가 발견되었

---

10) 『삼국사기』 신라본기에는 같은 해에 궁궐을 중수하였다고 기록되어 있다.
(文武王)十九年(679) … 二月 … 重修宮闕 頗極壯麗 … (『三國史記』 卷7 新羅本紀7)

11) 朴洪國, 1986, 「三國末~統一初期 新羅瓦塼에 대한 一考察 -月城郡 內南面 望星里 瓦窯址와 그 出土瓦塼을 중심으로-」(東國大學校 美術史學科 碩士學位論文), 20~21쪽.

12) 文化公報部 文化財管理局, 1978, 『雁鴨池 發掘調査報告書』; 高敬姬, 1993, 「新羅 月池 出土 在銘遺物에 對한 銘文研究」(東亞大學校 史學科 碩士學位論文).

13) 鄭求福 外, 1997, 앞 책, 211~213쪽.

14) 최근 이 지역의 성지에 대한 관심이 고조되고 있다{嶺南考古學會, 2008, 『영남의 성곽 -토성에서 왜성까지-』(第17回 嶺南考古學會 學術發表會)}.

15) 朴方龍, 1982, 「新羅關門城의 銘文石 考察」, 『美術資料』 31, 23쪽.
원래 관문성은 장성을 지칭하는 말이었고, 신대리성은 大岾城으로 불렸을 것이라고 추정하기도 하였다(朴方龍, 1982, 위 논문, 51~53쪽).

표 2. 尙·良·康州 지역 신라 성지 출토 문자 자료

지역	명칭	유물	명문 및 현상	출토지점	추정연대	참고문헌
보은	삼년산성	암키와	全, 田人日, 三, 官(반전)	아미지		충북대학교 중원문화연구소, 2005, 『보은 삼년산성 2003년도 발굴조사 보고서』, 204~208쪽
문경	고모산성	청동 완	沙伐女上	최후 저수시설		중원문화재연구원·문경시, 2007, 『문경 고모산성 2차 발굴조사 -현장설명회의 자료집(3)-』
김해	봉황토성	목간 1점	『논어』 공야장편의 일부	봉황토성 북쪽 저습지(해자?)	6~7세기	국립창원문화재연구소, 2004, 『한국의 고대목간』; 부산대학교박물관, 2007, 『부산 봉황동 저습지유적』
경주	관문성	명문 성돌 제1~10석		신대리성	7세기 후반기	박방룡, 1982, 「신라관문성의 명문석 고찰」, 『미술자료』 31
홍해	남미질부성	암키와	官, 日大, 天下, 申, 木(?), 十		고려시대?	국립문화재연구소, 1993, 『남미질부성 지표조사보고서』, 97~99쪽
함안	성산산성	목간 27점(1992, 1994)		목간 집중 출토 지점(동벽과 저수지 사이)	6세기 중엽	6세기 중엽국립창원문화재연구소,1998, 『함안성산산성』; 2004 『한국의 고대목간』, 8~34쪽
		목간 88점, 제첨축 7점 (2000, 2002, 2003)				국립창원문화재연구소, 2004, 『한국의 고대목간』, 35~117쪽; 2004, 『함안 성산산성』 Ⅱ; 2006, 『함안 성산산성』 Ⅲ; 2006, 「함안 성산산성 2006년 현장설명회자료」
		목간 39점, 제첨축 1점 (2006)				국립창원문화재연구소, 2006, 「함안 성산산성 2006년 현장설명회자료」
		목간 73점, 제첨축 3점 (2007)				국립창원문화재연구소, 2007, 「함안 성산산성 제12차 발굴조사」
		암키와	~計珍~, ~德			국립창원문화재연구소, 1998, 『함안 성산산성』, 138~148쪽
		선각 명문 토기 완	大	북동 시굴지역 1호 수혈유구 상층		국립창원문화재연구소, 2006, 『함안 성산산성』 Ⅲ, 96쪽
함양	사근산성	암키와	官	추정 서문지		우리문화재연구원, 2006, 『함양 사근산성 추정 서문지 발굴조사』, 42~48쪽
거창	거열산성	기와	亻, 本	남쪽 건물지		우리문화재연구원, 2006, 『거창 거열산성』, 33쪽
		기와	慶, 本, 卍	북쪽 건물지		우리문화재연구원, 2006, 『거창 거열산성』, 60~61쪽
		수키와	本~	동벽 1Tr		우리문화재연구원, 2006, 『거창 거열산성』, 82쪽

다. 사료에는 성덕왕 21년(722) 일본적을 막기 위해 모화군에 관문을 쌓았다고 되어 있는데,[16] 그 길이로 보아 신대리성이 아니라 장성을 쌓은 것을 지칭한 것으로 보인다. 반면 신대리성은 7세기 후반기에 축조된 것으로 추정되었다.[17]

김해 봉황동 저습지유적에서는 6~7세기로 추정되는 論語 목간이 출토되었다. 그런데 이 지점 역시 성과 관련이 있다고 할 수 있다. 봉황대 구릉에서는 토성이 조사되었는데 이 토성의 축조 연대는 5세기 중엽으로 추정되고 있다.[18] 목간이 출토된 지점은 성벽 추정선 바로 북쪽 저습지이다. 성벽의 추정선이 정확하다면 이 저습지는 봉황토성의 해자 정도에 해당하는 것으로 월성 해자에서 목간이 출토된 양상과 크게 다르지 않다고 볼 수 있다.

함안 성산산성에서는 많은 양의 목간의 출토되었다. 성산산성은 월성이나 봉황토성과는 다른 석성이며, 신라가 가야 지역에 진출한 6세기 중엽 이후에 축조된 것으로 추정되고 있다. 목간은 골짜기 부분에 축조된 동벽과 그 내부의 저수지 사이에 있는 "목간 집중 출토 지점"에서 출토되었다.[19] 이 밖에 강주에 속했던 서부 경남 지역에서는 함양 사근산성, 거창 거열산성 등과 같이 높고 정연한 석축을 특징으로 하는 성들이 조사되었으나, 문자 유물은 많지 않았다.

신라가 영남 밖으로 진출하면서 축조한 중요한 거점이었던 보은 삼년산성[20]이나 최근 목재 창고가 발견되어 주목된 문경 고모산성 등 상주에 속했던 성지에서도 문자 자료가 일부 보고되었으나 그 수는 아직 많지 않다.

3. 漢·朔·溟州 지역 (경기, 충북 북부, 강원 지역)

한주는 경기 및 충북 북부 지역, 삭주는 영서 지역, 명주는 영동 지역에 해당한다. 『삼국사기』 지리지에는 원래 고구려 땅이라고 되어 있지만, 실질적으로 6세기 중엽 이전에 신라가 진출한 지역이라고 할 수 있다. 특히 경기도에서는 다른 곳에 비하여 성지에 대한 조사가 비교적 일찍부터 활발하게 이루어졌으며, 적지 않은 문자 자료가 알려져 있다.

하남 이성산성에서는 다수의 목간이 출토되었다. 출토 지점은 성 내부의 저수지라고 할 수 있다. 이성산성은 포곡식 산성으로 내부 지형이 계단식으로 되어 있는데 골짜기를 막은 성벽 부근의 저수지와 그보다 상층의 C지구 저수지에서 목간이 출토되었다. 인천 계양산성에서도 목간이 출토되었는데 봉황동 목간과 같이 논어의 일부분을 옮겨 적은 것이다. 보고자 측은 4세기 이전의

---

16) 開元十年壬戌(722)十月 始築關門於毛火郡 今毛火村 屬慶州東南境 乃防日本塞垣也 周廻六千七百九十二步五尺 役徒三萬九千二百六十二人 掌員元眞角干 (『三國遺事』 卷2 紀異2 孝成王)

17) 朴方龍, 1982, 위 논문, 49쪽.

18) 慶南考古學硏究所, 2005, 『鳳凰土城 -金海 會峴洞事務所~盆城路間 消防道路 開設區間 發掘調査 報告書-』.

19) 국립창원문화재연구소, 2006 , 「함안 성산산성 2006년 현장설명회자료」, 9~15쪽.

20) (慈悲麻立干)十三年(470) 築三年山城 (三年者 自興役始終三年訖功 故名之) (『三國史記』 卷3 新羅本紀3)

표 3. 漢·朔·溟州 지역 신라 성지 출토 문자 자료

지역	명칭	유물	명문 및 현상	출토지점	추정연대	참고문헌
하남	이성산성	무진년 목간	戊辰年正月十二日朋南漢城道使… / 須城道使村主前南漢城□□… / □□蒲 □□□□□□…	1차 저수지	608년	한양대학교 박물관, 1991, 『이성산성 삼차발굴조사보고서』, 164~172쪽, 441~445쪽
		목간 11점		2차 저수지, 7점은 토기 병 속에서 발견		
		목간 9점		2차 저수지		한양대학교 박물관, 1992, 『이성산성 사차발굴조사보고서』, 145~150쪽
		목간 6점		C지구 저수지		한양대학교 박물관, 2000, 『이성산성 7차발굴조사보고서』, 181~184쪽
		신묘(년) 목간	辛卯五月八日向三□北吳□□□前褥薩郭□□□六月九日 / □□□□密計□□(罰)百濟□□□□□九月八日□□□ / □□□大九□□□ / □□□□前高□大九乃使□□	C지구 저수지		한양대학교 박물관, 2000, 『이성산성 8차발굴조사보고서』, 78~86쪽
		목간 6점		C지구 저수지		
		묵서 토기 뚜껑		C지구 저수지		한양대학교 박물관, 1999, 『이성산성 6차발굴조사보고서』, 233쪽
광주	남한산성	명문 기와	甲辰城年末村主敏亮	통일신라 건물지	824년	심광주, 2008, 「남한산성 출토 銘文瓦에 대한 일고찰」, 『木簡과 文字』 1
		명문 기와	麻山停子瓦草	통일신라 건물지		
		명문 기와	官草, 丁巳年, 城, 天主, 白, 香	통일신라 건물지		
이천	설봉산성	명문 기와	大, 日			단국대학교 중앙박물관, 1999, 『이천 설봉산성 1차 발굴조사 보고서』, 214쪽
		석제 명문 벼루	咸通六年乙酉七(?)月二日/回(?) 二(?)月二日具 / 寺女?(石+黑) / 回中(?) 咸通七年丙戌三月十七日 / 咸通九乙酉	가지구 5호 토광	865년	단국대학교 중앙박물관, 1999, 『이천 설봉산성 1차 발굴조사 보고서』, 264~265쪽

지역	명칭	유물	명문 및 현상	출토지점	추정연대	참고문헌
안성	비봉산성	기와	本彼	장군암 주변 건물지		단국대학교 중앙박물관, 1999, 『안성시의 역사와 문화유적』, 145쪽; 서영일, 1999, 「안성 비봉산성 수습 「本彼」명 기와 고찰」, 『문화사학』 11 · 12 · 13
화성	당성	기와	言,安,宅,定四年,金二,毛	성벽 와적렬		한양대학교박물관, 1998, 『당성 1차발굴조사보고서』, 198~207쪽
		기와	本(반전)	북벽 Tr.		한양대학교박물관, 1998, 『당성 2차발굴조사보고서』, 76쪽
		기와	館, □新?, 官, 大官, 城, 午午, 天, 言, 未外□□, 宅	Ⅲ-1지구		한양대학교박물관, 1998, 『당성 2차발굴조사보고서』, 130~132쪽
		기와	□山	Ⅲ-2지구		한양대학교박물관, 1998, 『당성 2차발굴조사보고서』, 203쪽
서울	호암산성	"仍大內"명 기와 736점	仍大(火?)內	건물지		서울대학교박물관, 1990, 『한우물』, 103~104쪽
		"仍大內官"명 기와 186점	仍大(火?)內官	건물지		
		청동 숟가락	仍伐內力只乃末 字一百	제2우물지		서울대학교박물관, 1990, 『한우물』, 83쪽
인천	계양산성	"主夫吐"명 기와	主夫吐	집수정 북쪽 호안 석축 상부		선문대학교 고고연구소, 2005, 「인천 계양산성 동문지내 집수정 출토 목간 보존처리 결과 보고」
		목간 1점	『논어』 일부	집수정 바닥		
서울	아차산성	기와	北漢, 漢山□, 受□, □蟹, 官			서울대학교박물관,2000, 『아차산성-시굴조사보고서-』
양주	양주산성	청동인	□□□縣之印(?)	건물지 3 구들시설 내		문화재연구소 · 한림대학교박물관, 1990, 『양주대모산성 발굴보고서』, 156쪽
파주	칠중성	명문 기와	七			단국대학교 매장문화재연구소, 2001, 『파주 칠중성 지표조사 보고서』, 149쪽
파주	오두산성	명문 기와	元泉, 泉井			경희대학교 고고 · 미술사연구소, 1992, 『오두산성』 I
고양	고봉산성	명문 기와	高, 高烽			한국토지공사 토지박물관, 1999 , 『고양시의 역사와 문화유적』, 454~461쪽
포천	반월산성	"馬忽"명 기와 1점	馬忽受蟹口草	장대지 부근		단국대학교 문과대학 사학과, 1996, 『포천 반월산성 1차 발굴조사 보고서』
		"馬忽"명 기와 7점	馬忽受蟹口草	우물지 부근		단국대학교 중앙박물관, 1998, 『포천 반월산성 3차 발굴조사 보고서』

지역	명칭	유물	명문 및 현상	출토지점	추정연대	참고문헌
춘천	봉의산성	기와 11점	西面, 官草+造官草+面造官=~面造官草, 草, 右西室造及(瓦?)草, 西室造瓦草, 造丁(?)	1호 건물지	고려시대	강원문화재연구소, 2005, 『춘천 봉의산성 발굴조사 보고서』, 33 · 41 · 55~58쪽
		기와 7점	面, 北面+面造+造官草此(?)=北面造官草此(?), 西室造瓦草	2호 건물지		강원문화재연구소, 2005, 『춘천 봉의산성 발굴조사 보고서』, 67 · 86~87쪽
		기와 3점	寺, 官, 南面	석축 및 지표		강원문화재연구소, 2005, 『춘천 봉의산성 발굴조사 보고서』, 98~99 · 108~109쪽
		기와 7점	面官, 官草, 官, 赤?近?, 造丁方	3호 건물지		강원문화재연구소, 2005, 『춘천 봉의산성 발굴조사 보고서』, 113~114 · 129~130쪽
단양	적성	단양적성비			550년?	단국사학회, 1978, 『사학지』 12(단양신라적성비특집호)
순흥	비봉산성	암키와	大 · 十, 卍, 末(禾?), 官(반전)			국립문화재연구소, 1998, 『순흥 비봉산성』, 82~86쪽
강릉	명주성	수막새	溟州城			영남대학교 박물관, 1982, 『영남대학교 박물관도록』, 60쪽

백제 목간으로 추정하고 있지만, 역시 신라 목간일 가능성이 크다.

이성산성 인근의 남한산성에서는 "甲辰城年末村主敏亮", "麻山停子瓦草" 등의 명문이 있는 통일 신라시대 기와가 출토되었다. 남한산성은 문무왕 12년(672)에 축조된 漢山州 晝長城으로 비정되고 있으며, 명문에서 甲辰年은 824년으로 추정되었다.[21]

서울 호암산성 건물지에서는 "仍大(火?)內" 혹은 "仍大(火?)內官"이 찍힌 명문 기와가 출토되었다. 호암산성이 위치한 시흥동 일대는 穀壤縣(仍伐奴縣)의 중심지로 추정된다. 이와 같이 군현의 이름이 찍힌 기와가 출토되는 예는 이 지역에서 쉽게 찾아볼 수 있는데, 서울 아차산성과 포천 반월산성에서는 군현 이름과 함께 "受(國)蟹口草"와 같은 구절이 들어가는 기와가 출토되기도 하였다. 그런데 재미있는 것은 이와 같은 명문은 산성에서뿐만 아니라 암사동 점촌이나 하남시 선동에서도 발견된 적이 있다는 것이다.[22] 이들 기와에 대한 고찰은 다음 장에서 간단하게 시도해 보도록 하겠다. 郡縣名 외에 안성 비봉산성에서는 "本彼"라는 명문이 있는 기와가 나오기도 하였다.

21) 심광주, 2008, 「남한산성 출토 銘文瓦에 대한 일고찰」, 『木簡과 文字』 1, 320~321쪽.

22) 李丙燾, 1976, 「尉禮考」, 『韓國古代史研究』, 博英社, 496쪽; 임상택 · 양시은 · 전덕재, 2002, 『서울대학교 박물관 소장 명문기와』, 서울대학교박물관.

양주산성에서는 청동 인장이 출토되었다. "□□□縣之印"으로 판독되어 縣의 인장으로 보이지만 어떤 현인지, 아니면 다른 내용인지 분명하지 않다. 이 밖에 중요한 선각 유물이 발견되기도 하였는데, 이천 설봉산성에서는 "咸通六年(865)"이라는 연대를 새긴 석제 벼루가, 서울 호암산성 제2우물지에서는 "仍伐內力只乃末□□□"이라는 지명, 인명, 관등명을 새긴 청동 숟가락이 출토되었다.

한편 삭주의 주치였던 춘천의 봉의산성에서도 명문 기와가 출토되었으며,[23] 강릉 명주성에서는 "溟州城"銘 와당이 채집된 바 있다.

4. 熊 · 全 · 武州 지역 (충남, 충북 청주 · 청원, 전북, 전남 지역)

이 지역은 원래 백제 땅으로 백제의 멸망과 당의 축출 이후 신라의 영역이 되었다. 대체로 백제의 마지막 영역을 반영하고 있다고 생각된다.

熊州 지역은 현재의 충남, 충북 청주 · 청원 정도에 해당한다. 여기에서는 특히 공산성과 부소산성에서 많은 명문 기와가 출토되었다. 이들 성지는 백제의 도성 유적으로 잘 알려져 있지만, 신라 유물 역시 많이 출토되고 있어 신라가 점령한 뒤 지방 지배의 거점으로 활용했음을 알 수 있다. 문자가 있는 기와 중에 印刻瓦라고 하는 것은 대체로 백제에서 제작된 것이지만, 그 외의 명문 기와는 신라 이후에 제작된 것으로 보인다.

청주 상당산성에서는 "沙喙部屬長池馹升達"이라는 명문의 기와가 출토되었다. 이는 지방 성지에서 나온 "沙喙部"銘 기와라는 점에서 주목되었으며, 소경에서도 6부제가 시행되었다는 것을 보여주는 자료로 이해되고 있다.

홍성 석성산성에서도 "(工)沙良官"[24]이라는 "郡縣名+官" 형식의 명문 기와가 출토되었다. 이 지역은 신라 때 新良縣(沙尸良縣)에 속했던 것으로 알려져 있다. 예산 임존성, 대전 계족산성에서도 군현명이 찍힌 기와가 발견되었다.

全州의 주치였던 현재 전주의 동고산성에서는 "全州城"銘 막새를 비롯하여 많은 명문 기와가 출토되었다. 이들의 연대는 9세기 말 이후로 추정되어 견훤의 도성과 관련된 것으로 이해되기도 한다. 고부 구읍성에서는 "本彼官"이라는 명문의 기와가 출토되었다.

武州의 주치였던 광주의 무진고성에서도 명문 기와가 많이 나왔다. 이 중 의미 있는 것은 "B지역" 상층 건물지에서 출토된 것들이다. 여기에서는 "官城"이나 "沙(梁)城" 등의 명문이 확인되었는데, 이때 (梁) 혹은 (梁)는 喙로 판독되어 沙喙部와 관련된 것으로 이해되기도 한다.[25] 보고서에

---

23) 이 자료는 오히려 고려시대에 속하는 것일 가능성이 크지만 기와 명문의 해석과 관련하여 중요한 자료이기 때문에 함께 소개하였다.

24) 여기에서 "工"은 문자라기보다는 일종의 문양으로 판단된다.

25) 구문회, 2000, 「武珍古城 出土 銘文資料와 新羅統一期 武州」, 『韓國史의 構造와 展開』(河炫綱敎授定年紀念論叢), 혜안, 133쪽.

표 4. 熊·全·武州 지역 신라 성지 출토 문자 자료

지역	명칭	유물	명문 및 현상	출토지점	추정연대	참고문헌
공주	공산성	기와	熊川, 官, 大平, 丑, 天, 田			공주사범대학 박물관, 1987, 『공산성 백제추정왕궁지 발굴조사보고서』, 43~48쪽
		기와	官, 田	통일신라 28칸 건물지		공주대학교 박물관, 1992, 『공산성건물지』, 134쪽
		기와	官, 有酉, 田	통일신라 12각 건물지		공주대학교 박물관, 1992, 『공산성건물지』, 161~163쪽
		기와	熊, 官	광복루 광장		공주대학교 박물관, 1992, 『공산성건물지』, 274쪽
논산	노성산성	기와	官, 丙辰觀音寺心~(어골문), 王□, 十·三·目, 開泰	지표 채집		공주대학교박물관, 2002, 『노성산성 내 건물유지 시·발굴조사보고서』, 94~96쪽
청주	상당산성	기와	沙喙, 部屬, 屬長池, 屬長池馹, 屬長池馹 ⇒ 沙喙部屬長池馹	공남문 아래		이재준, 1981, 「사훼부 명 평와에 대한 소고」, 『서원학보』 2
		기와	喙部, 喙部屬, 屬長池馹, 池馹升達 ⇒ 沙喙部屬長池馹升達, 一尺, 主	남문(공남문) 밖		충청북도, 1982, 『상당산성 지표조사 보고서』, 60~68쪽
		기와	沙喙部, 部屬長, 屬長, 屬長, 屬長池, 屬長池, 池馹, 池馹□達	남문 밖		충북대학교 중원문화연구소, 1997, 『상당산성』, 66~67쪽
부여	부소산성	기와	會昌七年丁卯年末印	삼충사 앞의 표토층	874년	국립문화재연구소, 1996, 『부소산성 발굴조사보고서』, 131~132쪽
		기와	官上徒作, ~官	남문지 및 주변의 성벽		국립문화재연구소, 1996, 『부소산성 발굴조사보고서』, 221쪽
		기와	(阿尼?)城	군창터 남측 대지 표토층		국립부여문화재연구소, 1997, 『부소산성 발굴조사 중간보고』 Ⅱ, 20~21쪽
		수막새	大唐	나지구(군창터 정동측의 평지) 사각토광 시설	660년 직후	국립부여문화재연구소, 1997, 『부소산성 발굴조사 중간보고』 Ⅱ, 92~93쪽
		기와	~大官~城	라지구(군창터 정북편) 문지		국립부여문화재연구소, 1997, 『부소산성 발굴조사 중간보고』 Ⅱ, 210~211쪽
		기와	阿尼城造, 官上徒作	마지구(군창터 서측 내성토루) 성벽 내		국립부여문화재연구소, 1997, 『부소산성 발굴조사 중간보고』 Ⅱ, 216~219쪽

지역	명칭	유물	명문 및 현상	출토지점	추정연대	참고문헌
		기와	□城□官	바지구(군창터 서편)		국립부여문화재연구소, 1997, 『부소산성 발굴조사 중간보고』 Ⅱ, 223쪽
		기와	官上徒作, 官	바지구 문지내 구지표층		국립부여문화재연구소, 1997, 『부소산성 발굴조사 중간보고』 Ⅱ, 279~280쪽
		기와	~昌七年丁卯	사비루 광장 동남측 건물지	874년	국립부여문화재연구소, 1999, 『부소산성』, 16쪽
		기와	~年			
		"城"명 수막새	城	사비루 주변 통일신라 건물지(1996년 조사)		국립부여문화재연구소, 1999, 『부소산성 발굴중간보고서』 Ⅲ, 41~42쪽
		암막새	~午年末城 會昌七年丁卯年末		874년	
		기와	印			국립부여문화재연구소, 1999, 『부소산성 발굴중간보고서』 Ⅲ, 51~55쪽
		기와	王貴			
		기와	大암막새~午年末城(각 글자 반전)	사비루 주변 통일신라 건물지(1997년 조사)		국립부여문화재연구소, 1999, 『부소산성 발굴중간보고서』 Ⅲ, 183~186쪽
		암막새	大(반전)			
		기와	會昌七年丁卯年末印		874년	국립부여문화재연구소, 1999, 『부소산성 발굴중간보고서』 Ⅲ, 189~197쪽
		기와	~日里~			
		기와	儀鳳二年(선각)		677년	충남대학교 백제연구소, 1972, 『백제와전도보』, 65쪽
		인화문토기완 저부편	本			국립부여문화재연구소, 1997, 『부소산성 발굴조사 중간보고』 Ⅱ, 245~246쪽
예산	임존성	기와	任存官	제4건물지		충남발전연구원, 2000, 『예산 임존성』, 202~204쪽
대전	계족산성	기와	□企首(내면 선각), 十(외면 선각), 田木, 三, 己			대전공업대학 향토문화연구원, 1992, 『계족산성』, 159~163쪽
		기와	雨述	건물지 2단계, 2차 저수지 석축 상면		충남대학교 박물관, 1998, 『계족산성 발굴조사 약보고』
홍성	신금성	수키와	大, 大中	북문지 동편의 와적층, 표토	847~859년	충남대학교 박물관, 1994, 『신금성』, 80~83쪽, 170~173쪽
		기와	明二月, 甲辰	표토		
홍성	석성산성	기와	(工)沙良官, 沙尸良, 沙羅瓦草	건물지		상명대학교 박물관, 1998, 『홍성 석성산성』, 130~146쪽
전주	동고산성	수막새	연화문, 全州城	주 건물지	후삼국?	원광대학교 마한백제문화연구소, 1997, 『전주 동고산성(1·2차) 발굴보고서』, 46~53쪽

지역	명칭	유물	명문 및 현상	출토지점	추정연대	참고문헌
		암막새	쌍무사문, 全州城	바지구(군창터 서편)		국립부여문화재연구소, 1997, 『부소산성 발굴조사 중간보고』 Ⅱ, 223쪽
		암막새	쌍봉황문, 全州城			
		수키와	全州城, 官, 天, 知(반전), 炎井			
		암키와	全州城, 官, 天聖貴, 白知于山, 圭·天			
		기와	官, 天, 已月	기타 건물지		
		기와	官, 天, 王, 米, 印, 井			원광대학교 마한백제문화연구소, 1997, 『전주 동고산성 건물지(3차) 발굴보고서』, 34~47쪽
		기와	官, 天, 已月	제5·7·8·11건물지		전북문화재연구원, 2006, 『전주 동고산성』, 41~63쪽
정읍	고부 구읍성	암키와	本彼官	집수정	통일신라시대 중기 이후	전북문화재연구원, 2007, 『정읍 고부 구읍성』 I, 62쪽, 85~95쪽
광주	무진고성	수키와	京, 林·大·田	B지역 상층 건물지	9세기 말	전남대학교박물관, 1989, 『무진고성』 I, 91~109쪽; 吉井秀夫, 2008 「武珍古城出土文字瓦の再檢討」, 『吾吾の考古學』, 587~590쪽
		암키와	官城,官城?,官秀?城,王□□王·十·大·官,(槩)城,間·城·沙(槩),沙(槩)城,沙(槩),官·沙,城·城, 城,大官,官草,卍			
		암키와	柒, 吐, 仁(知), 玉, 大, 卍	A지역 상층 건물지	12세기 초~중엽	전남대학교박물관, 1989, 『무진고성』 I, 59쪽
광양	마로산성	수키와	馬老官	Ⅰ-2건물지	9세기?	순천대학교박물관, 2005, 『광양 마로산성』 I, 52쪽
		암키와	馬老官			
		수키와	□天, 官, 官年末암키와甲·全·官			
나주	회진토성	암키와	~七月日~(어골문)	성벽 단면		전남대학교박물관, 1995, 『회진토성』 I, 21쪽
		암키와	左首, 華	남문지 퇴적토		전남대학교박물관, 1995, 『회진토성』 I, 26쪽
		암키와	東(어골문), 卍(어골문)	D지구		전남대학교박물관, 1995, 『회진토성』 I, 34쪽
완도	장도	기와	大,大目(?),米·大,大十,夫十,天,大天,		828~851	국립문화재연구소, 2001, 『장도 청해진 유적발굴조사보고서』 I,

지역	명칭	유물	명문 및 현상	출토지점	추정연대	참고문헌
			天四大,大平富,東(?+未),王,官,成·城(?),善朋寺(반전),舍,草,舍草,夫,申口,木目(?),大夫(반전),吏土,癸卯三月			441~446쪽
		암키와	寺, 草	A지구		국립문화재연구소, 2002, 『장도 청해진 유적발굴조사보고서』 Ⅱ, 56·63~64쪽
		기와	草, 舍草, (□+寸)□□舍草(?), 本	B지구 성벽		국립문화재연구소, 2002, 『장도 청해진 유적발굴조사보고서』 Ⅱ, 76쪽
		기와	大, 大二, 吳	C지구		국립문화재연구소, 2002, 『장도 청해진 유적발굴조사보고서』 Ⅱ, 118·130·159쪽

서는 이 기와의 연대를 9세기 말로 편년하였다. 광양 마로산성에서는 "馬老官"이라는 역시 "郡縣名+官" 형식의 명문이 있는 기와가 출토되었다.

마지막으로 장도 청해진 유적을 언급할 필요가 있을 것이다. 장도는 완도에 붙어 있는 작은 섬인데 토성과 배 접안 시설 등이 조사되었고 다양한 문자 기와가 출토되었다. 이 유적은 淸海鎭址로 추정되고 있는데 청해진의 존속 기간(828~851)을 고려할 때 출토 유물도 9세기를 벗어나지 않는 것으로 보고 있다.

Ⅲ. 문자 자료의 분류와 각 부류의 성격

1. 축성비, 명문 성석

명활산성작성비, 남산신성비, 관문성(신대리성) 명문 성석 등이 여기에 해당한다. 지역적으로는 王都와 그 주변 지역에 한정되며, 연대 역시 각각 551년, 591년, 7세기 후반기로 제한적이다. 특히 축성비는 신라 중고기에 왕도 지역에서만 만들어졌을 가능성이 크다고 생각된다. 성돌에 명문을 새기는 것은 고구려 평양성이나 서울성곽 등에서도 찾아볼 수 있다.[26] 이러한 자료는 대체로 축성 구간에 따른 책임자가 기록되어 있어 축성 과정과 역역 동원 체제 등을 알 수 있게 해 준다.

26) 朴方龍, 1982, 앞 논문, 44~48쪽.

2. 기타 사적비

축성을 제외한 기타 사적을 담은 비석으로 성 내부에 세워진 것들이 있다. 현재로서는 단양적성비 정도가 여기에 해당한다고 할 수 있다.

신라 중고기 무렵 지방에 사적비를 세울 때 구체적으로 어떤 곳에 위치시키는지 살펴볼 필요가 있다(표 5).

표 5. 신라 중고기 사적비(축성 · 축제비 제외)의 위치

명칭	건립 연대	발견 위치	비고
영일 냉수리비	503년	포항 신광면 냉수2리	神光縣(東仍音縣) 중심 지역
울진 봉평비	524년	울진 죽변면 봉평2리	蔚珍郡(于珍也縣) 중심 지역 근접
단양 적성비	550년?	단양 적성 내부	赤山縣 중심 지역
창녕비	진흥 22(561)	창녕 목마산 서쪽 언덕, 목마산성 인근	火王郡(比自火郡) 중심 지역
북한산비	진흥 29(568)	북한산 비봉(560m) 정상	
황초령비	진흥 29(568)	함주군 하기천면 황초령(1206m)	
마운령비	진흥 29(568)	이원군 동면 운시산(416m) 정상, 운시산성 인근?	

일단 세 개의 순수비는 비교적 높은 산 정상부에 세웠다는 것을 알 수 있고, 나머지는 사적과 관련이 있는 지방의 중요한 곳에 두어진 것으로 보인다. 즉 비가 세워진 곳은 대체로 후대 군현의 중심지에 해당하는 곳이었다. 군현의 중심 지역에서 구체적으로 어디에 두어졌는가 하는 문제는 사적의 성격에 따라서 다를 수 있겠지만, 성 또한 중요한 지점으로 고려되고 있었던 것으로 보이며, 특히 전방 지역에서는 더욱 그러했을 것이다.

3. 목간, 인장

이들은 일단 행정과 관련된 자료라고 할 수 있다. 지방 성지에서 출토된 목간 중에는 논어 목간 같은 것도 있지만 대부분 문서 목간, 부찰 목간이라고 할 수 있다. 연대는 함안 성산산성 출토 목간이 6세기 중엽으로 다소 이르고, 대체로 7세기에 해당하는 것으로 보인다. 이들은 지방 산성에서 문서의 수발(문서 목간)과 수취 혹은 수취물의 소비(부찰 목간)가 이루어졌음을 보여주고 있다. 수취와 관련해서는 성지에서 창고로 판단되는 건물지가 많이 조사되고 있다는 점도 주목할 필요가 있을 것이다. 목간은 그 하나만으로도 매우 큰 주제가 되지만, 여기에서는 일단 행정과 관련된 자료로 인장과 묶어서 분류하였다.

인장과 관련해서는 우선 문무왕 15년(675) 봄 정월에 동으로 각 관청 및 주군의 인장을 만들어 나누어 주었다는 기록이 주목된다.[27] 이와 같이 동으로 만들어진 인장이 양주산성에서 출토되었

다. 인장에는 "縣"으로 보이는 글자가 있지만 정확하게 어떤 현인지는 확인이 쉽지 않다. 이 산성은 來蘇郡(買省縣)에 해당하는 것으로 보이는데 買省縣으로 읽을 수 있는 여지는 별로 없는 것 같다. 이 밖에도 신라 성지에서는 납석제 인장이 종종 출토되고 있는데 문자보다는 문양으로 되어 있기 때문에 일단 정리 대상에서 제외하였다. 이러한 인장은 창고를 봉인하는 용도로 사용되었을 것으로 추정되고 있다. 이처럼 인장 역시 문서 작성, 창고 관리 등과 같은 지방 행정과 연결될 수 있다.

그림 1. 양주산성 출토 청동 인장
(국립중앙박물관, 2003, 『統一新羅』, 77쪽)

4. 명문 와전

명문 기와는 대부분 지역의 신라 성지에서 어렵지 않게 발견되고 있다. 제작 연대로 보이는 연호나 간지가 있는 것도 있지만 대부분은 연대가 분명하지 않다. 백제 지역의 성지에서 출토되는 印刻瓦는 백제에 의해서만 제작된 것으로 알려져 있다.[28] 그렇지만 상당수의 명문 기와는 그것이 몇 세기에 제작된 것인지, 때로는 통일 신라에 속하는 것인지 고려에 속하는 것인지도 분명하지 않은 경우가 많다.

통일 신라 이후 기와의 편년에서 가장 중요한 기준이 되는 것은 바로 타날판의 변화라고 할 수 있다.[29] 즉 삼국 통일 직후까지만 단판이 사용되고, 이후에는 중판이 사용되며, 다시 장판이 사용되기 시작하면서 중판과 공존하다가 결국 장판만 사용된다.[30] "儀鳳四年皆士"銘 기와는 단판으로 제작된 것으로 보이지만, 대부분의 명문 기와는 문자를 새긴 장판 타날판에 의하여 만들어진 것이다. 이때 장판의 도입은 기와 제작의 정형화, 나아가 기와의 대량 생산을 의미하는 것으로 이해되기도 하였다.[31] 문제는 과연 장판의 등장 시기를 언제로 볼 수 있느냐 하는 것인데, 최태선은 8세기 말에서 9세기 초 정도로 보았고,[32] 이인숙은 청해진의 설치(828년) 이전에 등장해서 "會昌七年(847)"명 기와부터는 장판만 사용되었다고 하였다.[33]

---

27) (文武王)十五年(675) 春正月 以銅鑄百司及州郡印 頒之 … (『三國史記』 卷7 新羅本紀7)

28) 沈相六, 2005, 「百濟時代 印刻瓦에 關한 硏究」(公州大學校 史學科 碩士學位論文), 20~21쪽.

29) 崔兌先, 1993, 「平瓦製作法의 變遷에 대한 硏究」(慶北大學校 考古人類學科 碩士學位論文); 이인숙, 2004, 「통일신라~조선전기 평기와 제작기법의 변천」, 『한국고고학보』 54.

30) 이인숙, 2004, 위 논문, 76~77쪽.

31) 崔兌先, 1993, 위 논문, 62~63 · 66쪽.

32) 崔兌先, 1993, 위 논문, 65~66쪽

그림 2. 단판 제작 기와
("儀鳳四年皆土"銘 기와)
(國立慶州博物館, 2002, 『文字로 본 新羅』, 88쪽)

그림 3. 장판 제작 기와
("沙羅瓦草"銘 기와)
(『文字로 본 新羅』, 109쪽)

이와 같이 기와 자체에 대한 연구에서는 대부분의 명문 기와를 다소 늦은 시기로 모는 것이 일반적이다. 그렇다면 신라 성지에서 출토되는 문자 자료는 6~7세기에는 금석문, 목간이 주류를 이루다가 8세기 말 이후에는 명문 기와의 비중이 커지는 것으로 이해할 수 있을 것이다. 이상과 같은 편년안을 참고하여 아래에서는 성지 출토 기와 명문을 내용 구성을 중심으로 몇 가지로 나누어 검토해 보도록 하겠다.

---

33) 이인숙, 2004 위 논문, 76~77쪽
이인숙은 타날판의 변화 외에도 편년적 속성을 몇 가지 추출하여 장판의 도입 이후 평기와 제작 기법의 변천을 몇 단계로 세분하였다. 이인숙의 편년안에서 통일 신라에서 고려 초에 해당하는 단계를 표 6과 같이 정리해 보았다(이인숙, 2004 위 논문, 85~88쪽).

표 6. 이인숙의 평기와 편년안

단계	연대	타날판길이	수키와 타날면 형태	수키와 분할 계선	수키와 와도질 방향	하단 내면 조정 방법	암키와 내면 윤철흔
1단계	~679	단판	각짐	무		무/깎기	무
2단계	679~828	중판	각짐	무	외외/내외/내내	무/깎기	무
3-1단계	828~860	장판	각짐	무	내외/내내	무/깎기	무
3-2단계	860~965	장판	둥금	유	내내	무/깎기	무
4-1단계	965~1027	장판	둥금	유	내내	물손질	무

1) 월성 출토 기와 명문

기와 명문을 해석할 때 전제가 될 수 있는 것은 명문이 기와의 제작 및 사용처와 관련이 있다는 것이다. 월성 출토 기와 명문 중에는 기년명 외에 "在城", "東窯", "漢只" 및 "習部"와 같은 것들이 포함되어 있다. 여기에서 "在城"이라는 명문은 명백하게 기와의 사용처와 관련된다고 할 수 있다. 월성의 이칭이 재성이었고 그 기와가 주로 월성에서 출토되고 있기 때문이다. 반면 "東窯"라는 명문은 기와의 제작처, 구체적으로 생산지를 표시한다고 할 수 있다.

그렇다면 "漢只", "習部"와 같은 6부와 관계되는 명문은 어떻게 이해할 수 있을까? 이들 역시 기와의 제작이나 공급과 관련되는 부분으로 판단된다. 이때 참고가 되는 것이 안압지 출토 보상화문전에 있는 "調露二年漢只伐部君若小舍…三月三一作康"이라는 명문이다.[34] 이는 調露 2년(680) 한지벌부 소속 공인이 전돌을 제작했음을 표시하였다. 기와에 부를 표시한 것으로 보아 먼저 부별로 기와의 공급이 할당되었을 가능성이 있고, 각 부에서는 소속 窯나 공인을 통해 기와를 제작·공급하였던 것으로 보인다.

그런데 기와 명문의 내용이 시기에 따라서 달라지는 것으로 파악되기도 하였다.[35] "儀鳳四年

그림 4. "漢只"銘 기와
(『文字로 본 新羅』, 89쪽)

그림 5. "習部"銘 기와
(『文字로 본 新羅』, 90쪽)

---

34) 文化公報部 文化財管理局, 1978, 앞 책, 94·146~147쪽.

35) 松井忠春·上村和直·植山茂·高正龍·定森秀夫·菱田哲郎·藤原學·朴洪國·吉井秀夫, 1994, 「韓國慶州地域寺院所用瓦の研究-岬山寺所用瓦の考察」, 『青丘學術論集』 4, 36~38쪽; 吉井秀夫, 2004, 「扶蘇山城出土『會昌七年』銘文字瓦をめぐって」, 『古代文化』 56-11.

(679)皆土"銘 기와를 비롯하여 "漢只" · "習部"銘 기와는 단판 타날판으로 제작된 것이지만, "在城"銘 와당 및 기와는 장판 타날판으로 제작되어 연대가 늦다. 7세기에는 주로 제작 · 공급에 대한 것을 표시했지만, 9세기에 이르게 되면 기와의 사용처를 표시하게 되었다는 것이다. 이는 달라진 기와 수급 체계를 보여주는 것으로, 7세기에는 특정 와요에서 생산된 기와가 다양한 장소에 공급되고 있었지만,[36] 9세기에는 기와의 사용처를 명시하고 있어 특정한 수요에 따른 제작 · 공급이 이루어진 것으로 이해된다.

2) 郡縣名이 있는 기와 명문

군현명이 찍힌 명문 기와가 지방 산성에서 종종 출토되고 있다. 이들은 다시 몇 가지로 세분된다.

ⓐ (州)郡縣名+城: "溟州城", "全州城"

경덕왕 때 개명[37]된 이름이 적용되고 있으며 '읍격' 까지 포함한 완전한 지명에 城을 붙인 형태이다. 시기가 다소 늦은 것으로 판단된다.

ⓑ (州)郡縣名+官: "仍火內官", "熊川官", "任存官", "沙良官", "馬老官"

경덕왕 때 바뀌기 전의 군현명에서 '읍격' 은 빠지고 대신에 官과 결합하였다. "(工)沙良官"銘 기와는 이인숙의 편년안에서 3-1단계, 즉 이르면 8세기 말에서 대체로 9세기 전반기 정도에 해당하는 것으로 분류되었다.[38] 이와 같은 연대를 염두에 둔다면, 이때 官의 의미는 신라 국가의 官을 의미하는 것으로 생각된다. 또 이 시기 기와의 명문이 대체로 사용처와 관련된다고 할 때 해당 군현의 官用 건물, 구체적으로 관아 건물에 사용되었을 가능성이 크다고 생각된다.

ⓒ 郡縣名 혹은 일부: "三"(三年山郡-三年郡), "仍火內"(仍伐奴縣-穀壤縣), "主夫吐"(主夫吐郡-長堤郡), "七"(七重縣-重城縣), "泉井"(泉井口縣-交河郡), "高烽"(達乙省縣-高烽縣), "雨述"(雨述郡-比豐郡), "沙尸良"(沙尸良縣-新良縣)

지명은 대체로 경덕왕 때 바뀌기 전의 것이며, 역시 '읍격' 은 나오지 않는다. 작은 편인 경우가

---

36) 朴洪國, 1986, 앞 논문.

37) 『三國史記』 卷7 新羅本紀7 景德王 16년(757) 12월
그렇지만 지명 개정 이후 『삼국사기』 신라본기에 나오는 지명에 대한 분석에 따르면 당분간 개정 전 지명이 계속 사용되고 있으며 점차 개정 지명이 확대되는 양상이 확인된다. 특히 州名은 본래의 지명이 흥덕왕대까지 지속적으로 쓰이다가 민애왕대부터 정강왕대까지(838~886)는 개정 주명만 쓰이고 있다(金泰植, 1995, 「『三國史記』 地理志 新羅條의 史料的 檢討 -原典 편찬 시기를 중심으로-」, 『三國史記의 原典 檢討』, 韓國精神文化硏究院, 196~198쪽).

38) 이인숙, 2004, 앞 논문, 75쪽.

그림 6. "仍火内官"銘 기와
(서울대학교 박물관, 1990, 『한우물』, 180쪽)

그림 7. "馬老官"銘 기와
(순천대학교 박물관, 2005, 『광양 마로산성』 I, 5쪽)

많기 때문에 연대를 비정하는 것이 쉽지 않지만 (b)와 큰 차이가 없는 것으로 보인다.

(d) 郡縣名+受(國)蟹口草: "北漢山受國蟹~"(北漢山郡-漢陽郡), "馬忽受蟹口草"(馬忽郡-堅城郡)

이와 같은 형식의 명문 기와는 한강변의 광주군 船里(현 하남시 선동)에서도 발견되었다.[39] 이들에 대한 종합적인 연구에 따르면 명문 형식은 "郡縣名+受國蟹口船家草"인 것으로 밝혀졌다.[40] 여기에서 군현명은 매우 다양하게 나타나고 있는데, 모두 漢州 소속이며 경덕왕 16년(757) 이전의 이름을 쓴 것도 있고 바뀐 이름을 쓴 것도 있다. "受國蟹口船家草"에서 우선 "蟹口"는 기와 출토지의 당시 지명으로 보인다.[41] "船家"는 이화여자대학교 박물관 소장품에서 확인된 글자인데, 선착장 또는 조선소를 의미하는 것으로, "國"은 蟹口의 船家가 國營이라는 것을 표시하는 것으로 이해되었다.[42] 마지막의 "草"는 "瓦草" 즉 기와를 의미하는 것으로 생각된다.[43] 정리해 보면, "[漢州

39) 이들은 1925년 대홍수로 인해 노출된 것으로 보이며, 현재 서울대학교 박물관과 이화여자대학교 박물관에 소장되어 있다(藤田亮策, 1953, 「新羅九州五京攷」, 『朝鮮學報』 5, 97쪽; 徐五善, 1985, 「韓國平瓦紋樣의 時代的 變遷에 對한 研究」(忠南大學校 史學科 碩士學位論文), 58~60쪽; 梨花女子大學校 博物館, 1987, 『博物館 所藏品目錄』, 152~154쪽; 임상택 · 양시은 · 전덕재, 2002, 『서울대학교 박물관 소장 명문기와』, 서울대학교박물관; 田中俊明, 2004, 「廣州船里出土文字瓦銘文の解釋と意義」, 『古代文化』 56-11).

이병도는 「尉禮考」에서 1925년 암사리 · 점촌 부근에서 출토된 같은 형식의 와편을 소개하고 있다(李丙燾, 1976, 「尉禮考」, 『韓國古代史研究』, 博英社, 496쪽). 이 와편 역시 상류의 선리에서 유출된 것으로 볼 수 있을 것이다.

40) 田中俊明, 2004, 위 논문, 634쪽.

41) 전덕재, 2002, 「서울대학교박물관 소장 명문기와 고찰」, 『서울대학교 박물관 소장 명문기와』, 서울대학교박물관, 30쪽; 田中俊明, 2004, 위 논문, 635쪽.

42) 田中俊明, 2004, 위 논문, 635쪽.

43) 草는 새, 瓦草는 디새를 표기한 것으로 생각된다. 새는 지붕에 얹는 풀을 뜻하며, 기와도 지붕을 덮는 재료라는 면

소속 郡縣]+受+[국영 蟹口의 船家]+草(기와)"의 형식이 된다. 이때 "受"의 해석은 두 가지 방향에서 이루어졌다. 첫째, "受"를 "받는다"는 의미로 보는 것이다. 즉 "[漢州 소속 郡縣]에서 [국영 蟹口의 船家]의 기와를 받는다" 혹은 "[漢州 소속 郡縣]에서 받을 [국영 蟹口의 船家]에서 제작한 기와" 정도로 해석된다.[44] 둘째, "受"를 관문성 석각에 보이는 "受"와 같은 용법으로 이해하여 "할당받은"의 의미로 보는 것이다. 이때에는 "[漢州 소속 각 郡縣]에서 할당받아 제작한 [국영 蟹口의 船家]에 사용될 기와"로 해석된다.[45] "受"의 해석은 궁극적으로 기와의 제작처와 사용처를 각각 어떻게 볼 것인가에 달려있다고 할 수 있다. 첫째 견해에서는 한주의 州治 부근에 위치한 해구의 선가에서 제작된 기와가 각 군현에 분배되었고, 그것이 성지에서도 출토된 것으로 이해한다. 반면 둘째 견해에서는 각 군현에서 선가에 사용할 기와를 할당받아 제작하였고, 보내지 않고 남은 것이 성지에서 출토된 것으로 보았다. 이 문제를 해결하기 위해서는 결국 기와의 제작지에 대한 분석이 이루어져야 하는데, 현재로서는 결론짓기가 쉽지 않을 것 같다. 기와의 연대에 대해서는

그림 8. "馬忽受蟹口草"銘 기와
(단국대학교 문과대학 사학과, 1996, 『포천 반월산성 1차 발굴조사보고서』, 표지)

그림 9. "北漢受國蟹口船(家草)"銘 기와 (암사동 점촌 출토)
(李丙燾, 1976, 『韓國古代史硏究』, 博英社, 496쪽)

에서 디새, 즉 질그릇 재료로 된 새라고 하였다. 언해에서 草堂, 草屋을 새집으로, 瓦盞을 딜그릇으로 읽는 사례를 찾아볼 수 있다{한글 학회, 1992, 『우리말 큰사전』 4(옛말과 이두) 어문각, 새, 디새, 새집, 딜그릇 참조}. 결국 기와 역시 새의 일종이라는 점에서 草(새)라고 하였고, 瓦草(디새)는 이를 좀 더 구체적으로 표기한 형태라고 할 수 있다.

44) 전덕재, 2002, 위 논문, 30쪽.

45) 田中俊明, 2004, 위 논문, 635쪽.

통일 신라 말 정도로 추정되고 있는데,[46] 8세기 말에서 9세기 전반기로 볼 것인가, 아니면 더 늦은 시기로 볼 것인가에 따라서 역시 명문에 대한 해석이 달라질 수 있다.

3) 지방 성지 출토 6部名이 있는 기와 명문

신라 지방 성지에서 출토되는 기와 명문 중에 6부명이 나타나는 것들이 종종 있다(표 7).

표 7. 신라 지방 성지 출토 6部名이 있는 기와 명문

출토 성지	기와 명문	소속 군현	인근 소경
안성 비봉산성	本彼	白城郡(奈兮忽)	中原京(충주)
청주 상당산성	沙喙部屬長池馹升達	西原京(西原小京)	
정읍 고부 구읍성	本彼官	古阜郡(古沙夫里郡)	南原京(남원)
광주 무진고성	沙喙城	武州(武珍州)	

이와 관련해서는 일찍이 小京에서도 6부제가 실시되었다고 하는 것이 주목되었다.[47] 기와 자체의 연대에 대한 고려가 좀 더 필요하겠지만, 상당산성 출토 기와의 "沙喙部"는 대체로 西原京의 행정 구역으로 이해되고 있다. 무진고성은 소경이 아니라 武州의 州治와 관련된 성이었다. 州治에서도 6部制가 시행되었는지의 여부는 잘 알려져 있지 않은데, 주치에서도 소경과 같이 坊制가 실시되었다는 것을 고려하면,[48] 긍정적으로 생각할 수 있을 것이다.[49] 그렇지만 무진고성 출토 명문 기와의 연대가 9세기 말로 추정되고 있고, "沙喙城"이라는 표현도 생소한 것이어서 쉽게 단정짓기는 어렵다고 생각된다.

이들과 달리 일반 군현과 관련되었던 안성 비봉산성과 정읍 고부 구읍성에서도 각각 "本彼", "本彼官"銘 기와가 출토되었다.[50] 이 "本彼" 역시 소경의 6부 구획과 관련된 것으로 이해되기도 하였다.[51] 비봉산성 출토 기와는 中原京(충주)과, 고부 구읍성 출토 기와는 南原京(남원)과 관련된 것으로 보는 것이다. 한편 이들 6부명이 성에 파견되어 (기와 건물의 축조를 주도한) 지방관의 소속 부를 표시한 것으로 해석되기도 하였다.[52]

---

46) 徐五善, 1985, 위 논문, 60쪽; 田中俊明, 2004, 위 논문, 635~638쪽.
47) 强首 中原京沙梁人也 … (『三國史記』 列傳6 强首)
48) 朴泰祐, 1987, 「統一新羅時代의 地方都市에 對한 硏究」, 『百濟硏究』 18.
49) 구문회, 2000, 앞 논문, 139~141쪽.
50) 함안 성산산성 출토 목간에 대한 연구에서 본피가 6부명 말고도 "발원이 되는 원 마을"이라는 의미가 있는 것으로 이해하는 견해가 제시되기도 하였는데(전덕재, 2007, 「함안 성산산성 목간의 내용과 중고기 신라의 수취체계」, 『역사와 현실』 65, 224~229쪽), 여기에는 적용되지 않는 것 같다.
51) 徐榮一, 1999, 「安城 飛鳳山城 수습 「本彼」銘 기와 考察」, 『文化史學』 11 · 12 · 13.
52) 全北文化財硏究院, 2007, 『井邑 古阜 舊邑城』 Ⅰ, 93~94쪽.

다음으로 넘어가기 전에 “沙喙部屬長池馹升達”이라는 명문에 대하여 좀 더 검토해 보도록 하겠다. 여기에서 “長池馹”은 長池驛을 지칭하는 것으로 보인다.[53] 장지역은 長命驛으로 이름이 바뀌는데, 청주에서 서쪽으로 56리 지점에 위치하고 있었다.[54] 이때 장지역은 기와의 제작지가 되고 여기에서 청주 지역의 성에 기와를 공급했을 가능성이 크다고 생각된다. 즉 장지역에서는 역의 기능을 하면서 기와의 생산을 겸하고 있었던 것이 된다. “升達”은 “올리다”는 뜻으로 해석할 수도 있고, 인명으로 볼 수 있는 가능성도 있다. 그렇다면 “沙喙部屬長池馹”은 어떻게 해석할 수 있을까? 驛이라고 하는 것은 村과 마찬가지로 군현의 통제 하에 있었을 것이다. 이때 서원경이 6부로 나뉘어 있었다면, 특정 방면의 역은 특정 부에 소속되기도 하였을 것이다.[55] 즉 “서원경 사훼부에 속한 장지역”으로 이해할 수 있다. 이를 정리하면, 서원경에서도 각 방면(부)에 대하여 기와 생산을 할당하였을 것이고, 사훼부 방면에서는 구체적으로 장지역, 혹은 장지역 소속 공인이 기와를 공급했던 것으로 생각된다. 이들 기와의 연대 역시 늦은 편으로 신라 말 고려 초에 걸쳐 있는 것으로 보이지만, 위와 같은 해석이 가능하다면 기와 공급 방식은 오히려 월성이나 안압지에서 출토된 6부명 기와와 유사한 것으로 간주될 수 있을 것이다.

그림 10. 무진고성 출토 “喙城”銘 기와
(전남대학교 박물관, 1989, 『무진고성』 I, 101쪽)

그림 11. 무진고성 출토 “沙喙”銘 기와
(『무진고성』 I, 105쪽)

53) 전덕재, 2004, 「新羅 소경의 설치와 그 기능」, 『韓國古代中世 地方制度의 諸問題』, 집문당, 53쪽.

54) 『新增東國輿地勝覽』 淸州牧 驛院 長命驛

55) 전덕재는 「新羅村落文書」에 보이는 “西原京+~村”이라는 형식으로 보아, 서원경 아래에는 공식적으로 촌이 소속되어 있었고, 6부로 구획하는 것은 왕경 6부인이 살았기 때문에 편의적으로 설정한 것이 아닐까 추측하였다(전덕재, 2004, 위 논문, 56~57쪽).

4) "官"銘

"(州)郡縣名+官", "官城", "官(瓦)草"와 같은 형식으로 나타나기도 하지만, "官" 한 글자만 보이는 경우가 많다. 이러한 "官"은 대체로 기와의 사용처[官用]를 표시한 것으로 이해되고 있다.[56] 구체적으로 관청 건물이나 관영 창고 등에 "관"명 기와가 사용되었다는 것이다. "官城"銘 기와는 "官城" 내부의 건물에 사용된 것으로 볼 수 있다.

그림 12. "沙喙部屬長池馹升達"銘 기와
(『統一新羅』, 80쪽)

이때 문제가 되는 것은 기와의 연대와 관의 성격에 대한 부분이다. 이러한 기와는 대체로 통일 신라에서 고려 초기에 해당하는데 시기에 따라서 관의 의미가 달라질 수 있다. 중대 내지는 하대 초에 해당하는 기와의 "관"명은 신라의 지방관을 뜻하는 것으로 이해할 수 있다. 앞에서 "(州)郡縣名+官"銘 기와의 연대를 8세기 말에서 대체로 9세기 전반기 정도로 편년하였는데, 그렇다면 이는 신라의 지방 관청이나 관용 건물에 사용된 것으로 볼 수 있을 것이다. 그렇지만 "관"명이 적어도 고려시대까지 지속적으로 나타나고 있다는 점도 고려할 필요가 있다. 나말여초의 관은 신라의 공식적인 관이 아니라 지방 유력자들 사이에서 비공식적으로 사용되었을 가능성이 있다.[57] 장도 청해진 유적이나 후백제 견훤의 도성으로도 사용되었던 것으로 보이는 동고산성에서 출토된 기와의 "관"명은 신라의 관이 아닌 장보고의 관, 후백제의 관을 뜻하는 것으로 생각된다. 이후 고려 왕조가 안정되면서 다시 공식적인 "관"이라고 하는 것이 등장할 수 있었을 것이다.

한편으로 "관"은 기와의 공급[官給]까지도 포함한 개념이라고 생각된다. 송산리 6호분 폐쇄용 전돌의 "梁官瓦爲師矣"라는 명문에서 "梁官瓦"가 뜻하는 것과 마찬가지로 "官(瓦)草"는 관용 기와이기 전에 관에서 제작한 기와를 의미하는 것으로 판단된다.

고려 초에 제작된 것으로 보이는, 춘천 봉의산성에서 출토된 "面"과 결합된 "官"명 기와 역시 이러한 해석의 가능성을 보여주고 있다. 여기에서는 "西(南 · 北)面造官瓦草"라는 형식의 명문 기와가 다수 출토되었다. 이는 西(南 · 北)面[58]에서 만든[造] 官瓦草라는 의미로 해석할 수 있다. 즉

56) 朴方龍, 2000, 「統一新羅의 文字와 佛教關係 文字遺物」, 『한국 고대의 문자와 기호유물』, 국립청주박물관, 218쪽; 車順喆, 2002, 「「官」字銘 銘文瓦의 使用處 檢討」, 『慶州文化硏究』 5.

57) 車順喆은 "(州)郡縣名+官"銘 기와를 "통일신라말에 들어서면서 등장한 호족들이 자신들의 國界意識을 구체적으로 표현한 것"으로 이해하였다(車順喆, 2002, 위 논문, 127쪽).

官瓦라고 하는 것이 물론 대부분 공적인 건물에 사용[官用]이 되겠지만, 공적으로 만들어지는 과정[官給]이 있었던 것으로 보인다. 즉 군현의 각 방면에 공식 가마가 두어지고 각각에서 기와를 제작 · 공급하는 과정을 상정해 볼 수 있다. "관"을 관급으로 이해했을 때 지방 관아와 관련된 건물지 외에도 사지 등 다양한 유적에서 이러한 기와가 출토되는 양상을 이해할 수 있을 것이다.

5) 기타

"官"과 함께 가장 빈번하게 보이는 명문 중 하나가 "卍"이다. 이는 불교 내지는 사찰과 관련되는 것으로 보이는데, 이와 같이 산성에 불교 시설이 나타나는 것은 꼭 성의 기능이 정지되었을 때로 국한되는 것은 아니다. 『삼국사기』의 전투 기사를 보면 북한산성을 수성할 때 安養寺라는 성내부 사찰의 존재가 드러나고 있다.[59] 이처럼 산성 내부의 사찰은 군사적으로, 혹은 지역의 중심지와 관련하여 특정한 기능이 있었을 것으로 생각된다.

5. 기타 명문 유물

명문 토기, 묵서 토기, 아니면 다른 기물에 문자를 새긴 것들이 여기에 포함된다. 이들은 다시 글씨를 쓰는 것이 제작시에만 가능한 경우와 제작 후에 이루어진 경우로 나누어 생각해 볼 수 있을 것이다. 토기 명문 중에 새김의 정도가 깊은 것은 소성 이전에 새겨졌을 가능성이 크며, 이러한 부류는 생산자와 관계가 있는 것으로 볼 수 있다.[60]

반면 완전히 생산된 뒤에 새겨진 것으로 볼 수 있는 유물들이 있다. 토기, 특히 완과 같은 식기에 얕게 새겨진 기호는 사용자를 표시하는 것일 수도 있다. 서울 호암산성에서 출토된 청동 숟가락 명문 "仍伐內力只乃末☐一百" 역시 비슷한 성격의 것이라고 생각된다. 이 숟가락의 주인은 관직명이 아니라 지명을 관칭했다는 점에서 지방인으로 보이며 나마라는 경위를 소지하고 있다는 점에서 외위를 폐지한 674년 이후의 것으로 생각된다. 이러한 유물은 문자를 구사할 수 있는 지방인의 존재를 보여준다. 설봉산성 출토 석제 벼루 뒷면에 새겨진 명문은 정확한 내용은 알기 어렵지만, 습서나 낙서, 메모의 성격을 갖는 것으로 보인다. 이러한 자료 역시 지방 사회에서, 성과 같은 곳을 중심으로 식자층이 활동하고 있었음을 알 수 있게 해 준다.

---

58) 이때 面은 面里制의 면이 아니라 치소를 중심으로 한 각 방면을 지칭하는 것으로 생각된다.

59) (太宗武烈王)八年(661) … 五月九日(一云十一日) 高句麗將軍惱音信與靺鞨將軍生偕合軍 來攻述川城 不克 移攻北漢山城 列抛車飛石 所當陴屋輒壞 城主大舍冬陁川使人擲鐵蒺藜於城外 人馬不能行 又破安養寺廩廥 輸其材 隨城壞處 卽構爲樓櫓 結絙綱 懸牛馬皮 · 綿衣 內設弩砲以守 時 城內只有男女二千八百人 城主冬陁川能激勵少弱以敵强大之賊 凡二十餘日 然糧盡力疲 至誠告天 忽有大星落於賊營 又雷雨以震 賊疑懼 解圍而去 王嘉奬冬陁川 擢位大奈麻 …(『三國史記』 卷5 新羅本紀5)

60) 성지는 아니지만 사당동 요지에서 출토된 토기 명문 "(孔)嵓縣器村"은 생산지를 나타내는 것으로 보인다(宋基豪, 1997, 「舍堂洞 窯址 출토 銘文 資料와 통일신라 지방사회」, 『韓國史研究』 99 · 100).

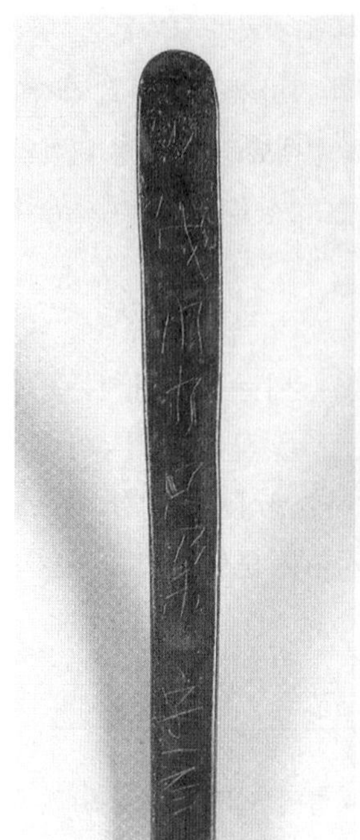

그림 13. 호암산성 출토 청동 숟가락
(『文字로 본 新羅』, 107쪽)

그림 14. 설봉산성 출토 석제 벼루
(『統一新羅』, 57쪽)

Ⅳ. 맺음말

지금까지 신라 성지에서 출토된 문자 자료의 현황을 정리하고, 이를 분류하여 각 부류의 성격을 고려해 보았다.

문자 자료의 출토 양상은 지역적으로 큰 편차가 없다고 생각된다. 王都의 월성에서는 목간을 비롯하여 다양한 명문 기와가 출토되었다. 熊·全·武州 지역에서는 주로 명문 기와가 출토되었는데 시기도 늦은 편이고 명문의 형식도 복잡하게 나타나고 있다. 漢州 지역의 자료가 많은 것은 현재까지 발굴조사가 많이 이루어졌기 때문이라고 할 수 있을 것이다.

이어서 이들 자료를 몇 가지로 분류해 보았는데, 사적비, 목간, 명문 기와가 주류를 이루고 있다. 시기적으로는 사적비가 중고기, 목간이 6세기 중엽에서 7세기, 명문 기와가 7세기에서 9세기까지 나타난다. 즉 신라 성지에서 문자 자료는 사적비에서 지방 행정을 보여주는 목간으로, 이어서 기와 생산과 관련된 분야까지 확대되는 것으로 이해할 수 있을 것이다.

한편 이들 문자 자료는 신라 성의 기능과 관련해서도 몇 가지 중요한 점들을 시사해 주고 있다. 우선 행정과 관련된 문자 자료가 많이 나타나고 있다. 성을 이해할 때 일반적으로 군사적인 시설로만 인식하는 경우가 많은데, 고대로 올라갈수록 군정과 민정이 분화되지 않았던 것으로 보이며, 따라서 군사 시설인 성이 동시에 행정적인 기능을 수행하는 경우가 많았을 것이다. 즉 성은 신라 지방에서 중요한 군사 거점이면서 행정 중심지로 기능하였으리라 생각되는데, 이는 성 내부의 건물을 지을 때 사용된 기와에서 군현의 이름이 찍힌 것들이 발견되고 있다는 점에서도 확인할 수 있다. 즉 신라 군현에서는 성이 치소의 역할을 하고 있었을 가능성이 크다.

성이 신라 지방 사회의 중요한 거점이었다면 앞으로 성 유적에서 더 많은 문자 자료가 발견될 수 있는 가능성이 크다. 특히 대부분 신라 성지에서는 저수지 유구의 존재가 알려져 있다. 이러한 지점에서는 다시 많은 목간이 출토될 수도 있을 것이다.

참/고/문/헌

慶南考古學研究所, 2005, 『鳳凰土城 -金海 會峴洞事務所~盆城路間 消防道路 開設區間 發掘調査 報告書-』.

구문회, 2000, 「武珍古城 出土 銘文資料와 新羅統一期 武州」, 『韓國史의 構造와 展開』(河炫綱敎授定年紀念論叢), 혜안.

國立慶州博物館, 2000, 『新羅瓦塼』.

國立慶州博物館, 2002, 『文字로 본 新羅』.

국립중앙박물관, 2003, 『統一新羅』.

國立昌原文化財研究所, 2004, 『韓國의 古代木簡』.

국립창원문화재연구소, 2006, 「함안 성산산성 2006년 현장설명회자료」.

국립청주박물관, 2000, 『한국 고대의 문자와 기호유물』.

吉井秀夫, 2004, 「扶蘇山城出土『會昌七年』銘文字瓦をめぐって」, 『古代文化』 56-11.

吉井秀夫, 2008, 「武珍古城出土文字瓦の再検討」, 『吾吾の考古學』.

노명호 외, 2004, 『韓國古代中世 地方制度의 諸問題』, 집문당.

文化公報部 文化財管理局, 1978, 『雁鴨池 發掘調査報告書』.

朴方龍, 1982, 「新羅關門城의 銘文石 考察」, 『美術資料』 31.

朴方龍, 1998, 「新羅 都城 研究」, 東亞大學校 史學科 博士學位論文.

朴洪國, 1986, 「三國末~統一初期 新羅瓦塼에 대한 一考察 -月城郡 內南面 望星里 瓦窯址와 그 出土瓦塼을 중심으로-」, 東國大學校 美術史學科 碩士學位論文.

부산광역시립박물관 복천분관, 1997, 『유물에 새겨진 古代文字』.

서영일, 1999, 「안성 비봉산성 수습 「本彼」명 기와 고찰」, 『문화사학』 11 · 12 · 13.

서울대학교박물관, 2002, 『서울대학교 박물관 소장 명문기와』.

宋基豪, 1997, 「舍堂洞 窯址 출토 銘文 資料와 통일신라 지방사회」, 『韓國史研究』 99 · 100.

松井忠春 · 上村和直 · 植山茂 · 高正龍 · 定森秀夫 · 菱田哲郎 · 藤原學 · 朴洪國 · 吉井秀夫, 1994, 「韓國慶州地域寺院所用瓦の研究-岬山寺所用瓦の考察」, 『青丘學術論集』 4.

심광주, 2008, 「남한산성 출토 銘文瓦에 대한 일고찰」, 『木簡과 文字』 1.

沈相六, 2005, 「百濟時代 印刻瓦에 關한 研究」, 公州大學校 史學科 碩士學位論文.

李丙燾, 1976, 「尉禮考」, 『韓國古代史研究』, 博英社.

이인숙, 2004, 「통일신라~조선전기 평기와 제작기법의 변천」, 『한국고고학보』 54.

梨花女子大學校 博物館, 1987, 『博物館 所藏品目錄』.

全北文化財研究院, 2007, 『井邑 古阜 舊邑城』 Ⅰ.

田中俊明, 2004, 「廣州船里出土文字瓦銘文の解釋と意義」, 『古代文化』 56-11.

鄭求福 外, 1997, 『譯註 三國史記 4 주석편(하)』, 韓國精神文化研究院.

車順喆, 2002, 「「官」字銘 銘文瓦의 使用處 檢討」, 『慶州文化研究』 5.

崔兌先, 1993, 「平瓦製作法의 變遷에 대한 研究」, 慶北大學校 考古人類學科 碩士學位論文.

韓國古代社會研究所 編, 1992, 『譯註 韓國古代金石文』 Ⅱ.

논 문

走馬樓吳簡 賦稅 징수기록에 대한 고찰*

于振波**

Ⅰ. 머리말

삼국시기 吳國에는 부세 항목은 매우 많았고, 倉과 庫에 이러한 부세가 어떻게 들어오고 나갔는지에 대해 매우 상세한 기록이 있었다. 이러한 기록은 주마루오간 중에 다량으로 남아 있다.[1] 이러한 기록을 통해 알 수 있는 것은 부세의 종류가 다르면 징수와 관리 방식도 다르다는 것이다. 현재 공포된 자료는 매우 제한되어 있기 때문에 본문에서 다룬 내용은 그저 시도에 그칠 뿐이지만, 문제를 제시해서 학계의 관심을 끌어내고자 하는 것이 주요한 목적이다.

* 본문은 한국고등교육재단 국제학술교류의 지원계획과 中國教育部新世紀優秀人才支持計劃의 도움을 받아 작성되었다. (本文获教育部新世纪优秀人才支持计划和韩国高等教育财团国际学术交流基金资助.)
** 중국 호남대학 악록서원 교수.

Ⅱ. 부세의 징수 방식

1. 自送과 代輸

“自送”이란 부세를 내는 자가 스스로 지정된 창고에 가서 납부하는 것이며, “代輸”는 관부에서 다른 사람을 파견하거나 고용해서 대신 보내는 것이다.

『漢書 · 兒寬傳』에는 “後有軍發, 左內史以負租課殿, 當免. 民聞當免, 皆恐失之, 大家牛車, 小家擔負, 輸租繦屬不絕, 課更以最”라고 기록되어 있다.[2] 이 기재에 의하면 전한시대에는 조세를 民戶 스스로 해당 지역의 창고에 보냈다. 남북조시기 北齊에는 張弓 선생의 고증에 의하면 租調를 모두 ‘富輸遠, 貧輸近’ 이라는 원칙에 따라 課戶가 自送했다. 당 전반기의 租調는 課戶가 납부하는 수량과 운송거리의 원근에 따라 脚錢을 냈고, 관부에서 다른 사람을 고용해서 이를 운송했다. 당 후반기에는 더 이상 課戶가 脚錢을 내지 않고, 관부에서 농민을 시켜 轉輸하게 했는데, 북제처럼 ‘부유한 자는 멀리, 가난한 자는 가까이’ 라는 원칙에 의거해 피징발 戶의 운송 거리를 확정했다.[3]

현재의 자료에 근거하면, 오국의 부세도 역시 부세 부담자 스스로가 지정된 창고에 보냈던 것 같다. 대부분 조세 기록은 다음과 같은 형식을 채용하고 있다.

> 入□鄕嘉禾二年租米八斛就畢〓嘉禾二年九月廿八日叟丘縣吏潘孔關邸閣董基付倉吏鄭黑受 (A2869)
>
> 入廣成鄕嘉禾二年稅米三斛胄畢〓嘉禾二年十月廿八日□□丘男子鄧和關邸閣董基付三州倉吏鄭黑受 (A8480)
>
> 入都鄕嘉禾元年租米十斛〓嘉禾元年十一月十一日州吏董宣關邸閣郭据付倉吏黃諱史潘慮受 (B76)
>
> 入都鄕嘉禾元年限米二斛三斗五升〓嘉禾二年二月廿五日乘(?)丘張三(?)關邸閣……倉吏黃諱潘慮□ (B119)
>
> 入廣成鄕縣佃吏嘉禾二年限米二斛〓嘉禾三年四月十二日弦丘蔡□關邸閣李嵩付倉吏黃諱史番慮 (B380)

이 기록들이 ‘莂’ 의 형식을 채용하고 있기 때문에 부세 담당자 본인이 지정된 창고에 가서 납

---

1) 본문에서 인용한 吳簡 자료에 대해, 『長沙走馬樓三國吳簡 · 竹簡』(壹)(북경: 문물출판사, 2003)에서 나온 것은 앞에 A라는 편호를 붙였고, 『長沙走馬樓三國吳簡 · 竹簡』(貳)(北京: 文物出版社, 2007)에서 나온 것은 앞에 B라는 편호를 붙였다.

2) 『漢書』(北京:中華書局, 1962) 卷58 兒寬傳, p.2630.

3) 張弓, 『唐朝倉廩制度初探』(北京: 中華書局, 1986), p.75.

부했을 것이라는 이해가 성립하는 것 같이 보인다. 소수 기록이지만 다음과 같은 형식을 취하기도 한다.

入屯田司馬黃松嘉禾二年限米一百五斛⋚嘉禾三年正月四日石淳丘帥謝詔□關邸閣李嵩付
倉吏黃諱史番慮 (B365)
入西鄉佃吏逢養嘉禾二年限米五斛五斗嘉禾三年二月十六日高楼丘大男逢固(?)關邸閣李
嵩付倉吏黃諱史番慮受 (B377)

상술한 기록 중에 限米 부담자는 각각 屯田司馬 黃松과 西鄉佃吏 逢養이고, 限米를 납부했던 자는 각각 石淳丘帥 謝詔□와 高楼丘大男 逢固였다. 그러므로 다른 사람이 본인을 대신해서 부세를 지정된 창고로 가져갔다고도 할 수 있다. 그런데 이러한 기록은 예외적인 상황이므로, 이런 기록 형식을 채용하지 않았던 것은 부세 부담자 스스로 부세를 납부하는 기록이라고 볼 수 있을 것 같다.

그런데 부세를 代輸하였다는 위의 기록에서, 창고로 가서 부세를 전달했던 사람은 관부에서 보냈거나 고용했던 자인가? 아니면 부세 부담자가 스스로 고용했던 자인가? 필자는 다른 사람이 부세를 대신 내는 예증이 주로 限米를 납부하는 기록 속에 있다는 사실에 주목해 보았다. 위에 인용한 두 개의 조문 외에, 다음과 같은 조문이 더 있다.

▨朱(?)道(?)潘迎即米五斛冑畢⋚嘉禾元年十一月三日 頟中丘謝□付倉吏谷漢受 中
(A231)[4]
▨禾二年縣吏棋線(?)儿限米一斛冑畢⋚嘉禾二年十一月十日 俗丘烝□關▨ (A3676)

필자는 限米가 둔전민이 부담하는 조세라고 생각한다.[5] 이런 추측이 틀리지 않다면, 상술한 限米 代輸는 둔전 관리가 파견했을 것이다. 이에 대해 屯田司馬 黃升의 자료가 방증이 될 수도 있을 것 같다.

入司馬黃升黃龍三年屯田限米二百六十二斛一斗五升 中 (A1739)
▨二百卅斛五斗司馬黃升黃龍三年屯田限米 (A1928)
其二百卌七斛五斗司馬黃升黃龍三年屯田限米 (A2066)
其二百卌斛六斗五升司馬黃升黃龍三年屯田限米▨ (A2310)

---

4) 胡平生은 '即米' 가 곧 '限米' 라고 보았다. 胡平生, 「〈長沙走馬樓三國吳簡〉第二卷釋文校證」, 中國文物研究所編, 『出土文献研究』 第七輯(上海 : 上海古籍出版社, 2005), pp.112~133.

5) 于振波, 「走馬樓吳簡中的限米與屯田」, 『走馬樓吳簡初探』(臺北: 文津出版社, 2004), pp.25~42.

入屯田司馬黃升黃龍二年限米卅四斛 (A3159)

·其四百九十九斛六斗五□司馬黃升黃龍三年屯田限米 (B9075)

이 간독들은 黃升이라는 관리와 관련이 있는데, 그 관직은 '屯田司馬' 로서, 오로지 둔전 사무를 책임지는 관리였다. 황승은 黃龍3년(231년) 1년 동안 여러 차례 限米를 납부했다. "其……" 형식은 앞서 열거한 기록(莂)과는 달리, 어느 특정 시기 倉이 보고한 총액에 속한 것이라고 해야 한다. 황승이 황룡3년 납부한 限米 납부의 양은 가장 많은 경우 499여 斛에 달했는데, 이것이 이 해 납부한 限米의 총량이라고 가정하면, 매 畝 2곡을 내는 限米 납부 표준에 근거할 때 250무의 토지를 경작해야 한다. 이렇게 많은 限米 수량과 이렇게 많은 토지는 1호의 둔전민이 담당할 수 있는 것이 아니었을 것이다. 가능한 상황은 황승이 둔전사마로서 그가 거느리는 둔전호가 납부하는 限米를 모두 그의 이름 아래에 기록하였던 것이다. 만약 이와 같다면, 限米의 징수와 일반적인 租米·稅米의 징수와는 확실히 다른 바가 있는 것이다. 그렇지만 이것도 단지 추측에 불과하다. 왜냐하면 형식적으로 볼 때 다수의 限米 납부 기록은 모두 앞에서 열거한 租米·稅米 납부 기록과 똑같이 代輸 상황이 존재하지 않았기 때문이다. 이 문제는 더 많은 자료가 공개되어야 해결될 것이다.

기타 布, 皮와 錢의 기록에 대해서는 형식상으로 보면 대부분 보통 租米와 稅米 기록과 동일하다. 다만 예외적인 경우도 있다. 가장 전형적인 것은 烝弁과 관련된 기록만한 것이 없다.

入模鄉泠丘彭略嘉禾二年布一匹☰嘉禾二年九月十三日烝弁付庫吏殷〼 (A6923)
入小武陵鄉劉丘謝至嘉禾二年布二匹☰嘉禾二年九月廿九日烝弁付庫吏殷連受 (A7509)
入都鄉東薄丘男子毛布二年布二匹☰嘉禾二年九月十六日烝弁付庫吏殷連受 (A7510)
入東鄉亭伍李息二年布一匹☰嘉禾二年十月十九日烝弁付庫吏殷連受 (A7601)
入中鄉五杨丘大男劉□二年布一匹☰嘉禾二年九月廿六日烝弁付庫吏殷連受 (A7790)
入廣成鄉三州丘男子潘郡二年布二匹☰嘉禾二年十月五日烝弁付庫吏殷連受 (A8250)
入平鄉巾竹丘烝直二年麂皮三枚☰嘉禾二年十二月廿一日烝弁付庫吏潘琦受 (A8268)
入都鄉允中丘男子華湛鹿皮一枚☰嘉禾二年九月廿六日烝弁〼 (A8347)
入南鄉陷中丘男子雷 調麂皮五枚☰嘉禾二年十二月十七日烝弁〼 (A8420)
入模鄉二年林丘鄧改口筭麂皮二枚☰嘉禾二年十二月廿日烝弁付庫吏潘〼 (A8264)
入南鄉嘉禾元年芀錢八千☰嘉禾二年二月四日烝弁付庫吏殷連受 (A1614)[6]
〼年鋘錢一万☰嘉禾二年九月廿九日烝弁付庫吏殷連受 (A1514)
〼鋘錢八千八百☰嘉禾二年十月廿日烝弁付庫吏殷連受 (A2821)

6) 胡平生은 "芀錢"이 "芻錢"이라고 보았다. 胡平生, 「〈長沙走馬樓三國吳簡〉第二卷釋文校證」.

入中鄉湛龍丘男子潘連𧖧嘉禾二年財用錢一千嘉禾三年□月廿五日烝弁付庫吏殷連受

(A2831)

烝弁은 부세를 징수하는 縣吏이며, 그 활동범위는 여러 鄕에 걸쳐 있었던 것 같다. 징수한 부세는 주로 布와 皮, 錢이며, 糧食류의 부세 중에는 그 이름이 한 번도 보이지 않는다. 그런데 비양식류 부세 중에는 이러한 형식의 기록이 소수에 불과한데, 그렇다면 布·皮와 錢 등 비양식류 부세의 징수에 대해 관부가 관리를 파견하여 代輸하는 방법은 개별적 현상이었을까 아니면 주된 형식이었을까? 지금으로서는 단언하기 힘들다.

2. 분할하기 적절치 않은 물건의 징수

이러한 부세는 징수하는 물품의 성질에 따라 결정되었는데, 분할하여 징수하기 적절치 않은 것을 분할해서 징수하면 보관하거나 사용하기에 불편하고 또 쉽게 낭비되기 때문이다. 皮와 布가 이와 같다.

嘉禾 4년의 田家莂을 예로 들면,

下伍丘男子勇羊, 田十二町, 凡廿四畝. 其十九畝, 皆二年常限. 旱敗不收, 畝收布六寸六分. 其五畝余力田. 旱敗不收, 畝收布六寸六分. 凡爲布一丈五尺八寸四分, 四年十月十五日付庫吏有. 畝收錢卅七, 爲錢九百廿七, 四年十一月五日 付庫吏潘有. 嘉禾五年三月十日, 田戸經用曹史趙野·張惕·陳通校. (4.14)

주지하듯이 진한시대 布는 匹을 단위로 계산하였고, 1匹은 4丈이었다. 이 사례에서 납부된 포는 1장 5척 8촌 4분이었는데, 우수리가 많다. 당시의 관리는 과연 이렇게 布匹을 징수했을까? 나는 그렇게 생각하지 않는다.

주지하듯이 田家莂은 호를 단위로 해서 베껴 쓴 토지 조세 장부이고, 사실 그것이 의거한 바는 앞에서 인용한 것과 같이 竹簡에 쓰인 부세 납부 기록이다. 당시 錢·米·布 등 각 부세는 모두 나뉘어져 지정된 창고에 도착해서, 관련 관리가 竹簡에 등기하고 莂券을 만든다. 지금까지 우리들이 竹簡 莂券에서 본 布類 부세는 매번 기록한 布의 수량의 경우 절대 다수가 모두 필(4丈)의 배수 혹은 匹에 가까운(3장9척, 3장 8척 등)의 배수였다. 우수리 숫자가 차지하는 비율은 매우 적다. 그렇다면 당시 관리들이 토지에서 포류의 부세를 징수할 때 발생하는 대량의 우수리 숫자들을 어떻게 해결했을까? 당시 주로 사용했던 것은 두 가지 방법이라고 생각한다. 첫째는 合戸 징수이고, 또 하나는 '准米' 折納 방식이다.

소위 合戸 징수라는 것은 몇 개의 호에서 납부하는 포필을 합쳐서 정수로 만드는 것이다. 예를 들면,

入南鄕桐唐丘陳文李勉嘉禾二年布一匹嘉禾二年十一月 (A6920)

필자는 마침 가화 4년 田家莂 중에서 桐唐丘의 陳文과 李勉을 찾았다.[7)]

> 𠄢桐唐丘男子李勉, 佃田三町, 凡廿畝. 其十六畝旱田, 畝收布六寸六分. 定收四畝, 畝收米一斛二斗, 爲米四斛八斗. 畝收布二尺. 其米四斛八斗, 四年十一月廿八日付倉吏李金. 凡爲布一丈八尺一寸[8)], 五年二月廿日付庫吏番有. 其旱田畝收錢卅七, 其熟田畝收錢七十. 凡爲錢八百卅[9)], 五年閏月廿八日付庫吏番有. 嘉禾五年三月十日, 田戶經用曹史趙野, 張惕, 陳通校. (4.313)
> 𠄢桐唐丘男子陳文, 佃田三町, 凡廿七畝, 皆二年常限. 其旱田,[10)] 畝收布六寸六分. 定收五畝, 畝收一斛二斗, 爲米六斛. 畝收布二尺. ……凡爲布二丈三尺二寸[11)], 五年二月九日付庫吏番有. 其旱田畝收錢卅七, 其熟田畝收錢七十. 凡爲錢一千五十[12)], 四年十一月廿九日付庫吏番有. 嘉禾五年三月十日, 田曹史趙野, 張惕, 陳通校. (4.315)

정리자가 이미 지적한 대로 상술한 두 개의 간문 중에는 여러 곳에 계산 착오가 있다. 이 문제는 차치하고, 간독에서 열거한 수량을 계산하면 두 戶가 납부한 합계는 4장 1척 3촌(즉 1필 1척 3촌)이다. 물론 가화 2년과 가화 4년의 부세 표준은 다를 수 있지만, 편의상 같다고 치면 두 호가 납부한 포필의 우수리 수목은 합쳐져 1필 혹은 匹의 배수가 되었다. 실제로는 쉽지 않기 때문에 징수 과정 중에 근사치를 취하는 방식을 사용할 수밖에 없었을 것이다. 그러나 이렇게 하면 어느 정도 오차가 생겨날 수 있다. 전가별에서 존재하는 대량의 계산 착오는 바로 이러한 것과 관련이 있을 것이다.

合戶해서 布匹을 징수하는 방식이 딱 맞는 수량으로 합쳐기기 매우 어렵다면, 포필을 그것과 等價의 米로 절산하면('布准米') 문제를 해결하는 좋은 방책이 된다. 吳簡의 田家莂과 竹簡 중에 이러한 징수 방식이 대량으로 존재한다. 예를 들어,

> 𠄢夫丘男子謝鼠, 佃田卌二町, 凡五十畝, 皆二年常限. 其卅畝旱, 畝收布六寸六分. 定收廿畝, 畝收米一斛二斗, 爲米廿四斛. 畝收布二尺. 其米廿四斛, 四年十二月十日 付倉

---

7) 『長沙走馬樓三國吳簡 · 嘉禾吏民田家莂』(北京: 文物出版社, 1999).
8) 整理者注 : "佃田畝数와 定額을 계산하면, 布 一丈八尺五寸六分을 받아야 한다."
9) 整理者注 : "佃田畝数와 定額을 계산하면, 錢 八百七十二錢을 받아야 한다."
10) 整理者注 : "'其' 아래에 畝數가 빠져 있다. 畝數와 熟田數를 추산하면, 旱田은 廿二畝가 되어야 한다."
11) 整理者注 : "佃田 畝数와 定額을 계산하면, 布 二丈四尺五寸二分을 받아야 한다."
12) 整理者注 : "佃田 畝数와 定額을 계산하면, 錢 一千一百六十四錢을 받아야 한다."

吏鄭黑. 凡爲布一匹二丈, 准米三斛, 四年十二月十日 付倉吏鄭黑. 其旱田畝收錢卅七, 其熟田畝收錢七十. 凡爲錢二千五百一十, 准米一斛五斗八升, 四年十二月十一日付倉□▨ (4.87)

▨田畝布贾准米十八斛盈肯畢嘉禾五年十一月廿七日资丘男子謝贤▨ (B8272)

▨□年田畝布贾准入米六斗嘉禾六年二月六日露丘殷□▨ (B8628)

'准米' 절납 세도는 부세 징수 과정에서 대량으로 빌생하는 우수리 布匹의 문제를 매우 잘 해결해 준다. 다만 布匹도 국가가 필요로 하는 중요한 물자였으므로, 포필에 대한 국가의 수요를 만족시키기 위해 吳國은 또 다른 '調布' 의 형식으로 이 문제를 해결했다.[13]

Ⅲ. 부세의 장부관리

吳簡에서는 糧食은 倉으로 들어가고, 錢과 布는 庫로 들어가, 倉과 庫의 분업이 매우 분명했다는 사실은 잘 알려져 있다. 상술한 여러 사례가 표명하듯이, 錢과 布類의 부세는 비록 庫로 들어가야 하지만, '准米' 로 절납했다면 여전히 倉으로 들어가게 된다. 吳國의 창고가 부세를 구체적으로 관리한 절차를 알기 어렵지만, 吳簡의 부세 장부를 통해 그 대략적인 것을 알 수 있다. 따라서 본문은 오간의 부세 장부 관리를 분석함으로써, 誤國의 창고 관리절차에 대한 대략적인 추측을 해보고자 한다.

民戶가 납부한 부세마다 창과 고는 모두 '莂' 의 형식으로 죽간에 기록하였다. 莂券은 하나에 두 벌로 되어 있기도 하고 세 벌로 되어 있기도 한데, 그중 한 벌은 창이나 고에서 보관하고, 한 벌은 납부자가 향 혹은 현에 제출한다. 납부자 본인도 한 벌을 갖고 있었는지는 현재로서는 알 수 없다.

莂券 중의 한 벌을 납부자가 들고 향에 제출한다고 한 이유는 吳簡 중에 戶品에 따라 錢을 내는 기록이 있기 때문이다.

都鄉大男鄭□新戶中品出錢九千侯相 □　嘉禾六年正月十二日典田……(正)

入錢畢民自送牒還縣不得持還鄉典田吏及帥(背) (B2911)

이러한 간독의 뒷면에는 '不得持還鄉典田吏及帥' 라는 특별규정이 있는데, 이는 일반적인 상황

13) 于振波, 「漢調與吳調」, 『走馬樓吳簡初探』, pp.77~104.

하에서는 부세를 납부했다는 莂券 한 벌을 부세 납부자가 들고 향에 제출해서 보존하였다는 것을 설명해주는 것이다.

향관이나 里吏는 莂券에 의거해 그때마다 관할 민호의 부세가 완료된 상황을 파악하고 납부를 재촉하였다. 창과 고는 별권에 의거해 때마다 각 향의 부세가 완료된 상황을 통계내어 주관 부서에 보고했다. 吳簡 중에는 이러한 자료가 있다.

州中倉吏郭勛, 馬欽, 張曼, 周棟, 起正月廿三日訖廿六日, 受雜米三百卌八斛五斗八升：其十七斛九斗稅米, 其廿一斛五斗二升租米, 其廿二斛五斗余力租米, 其二百卅二斛二斗一升八亿錢米, 其三斛五斗金民限米, 其十二斛私學限米, 其三斛四升佃吏限米, 其廿斛三斗五升田畝布米, 其十五斛七斗田畝錢米, 正月廿六日倉吏潘慮白. (J22-2499)[14]

이는 州中倉이 연속 4일 동안 받았던 '雜米'의 보고 내용이다. 아래에 열거한 각 簡은 창과 고가 제작한 월별 보고이다.

□庫吏殷連謹列九月旦簿□余新入嘉禾二年布匹 (A375)
右四月新入吳平斛米□ (A1724)
右二月旦承余新入雜錢四万三千七百九十 (A5210)
右□月旦承余新入財用錢七万□千三百 (A5216)
右正月旦簿承余新入雜錢卅九万五千三百廿 (A5357)
右四月旦承余新入刍錢廿七万七百八十 (A5672)

계절별 혹은 연도별 및 부정기적으로 보고한 기록도 있다.

六十九斛九斗四合拘計州中三州倉俱起嘉禾二年九月一日訖三年五月十五日 (A1670)
臨湘謹列起七月訖九月卅日收米租錢如牒 (A4336)
臨湘謹列起四月一日訖六月卅日地僦錢□簿 (A4352)
君教 (第一欄)
丞出给民种粻掾烝□如

14) 長沙市文物工作隊 · · 長沙市文物考古研究所, 「長沙走馬樓J22發掘簡報」, 『文物』 1999-5: pp.4~25. 개별 문자는 侯旭東, 「長沙走馬樓三國吳簡釋文補正」(『中國文物報』 1999.7.21.)에 따라 바꾸었다. '八億錢米'는 원래 '八備錢米'라고 되어 있는데, 王素, 「關于長沙吳簡幾個專門詞滙的考釋 -〈長沙走馬樓三國吳簡〉釋文探討之二」,(『吳簡研究』 第二輯, 無限:崇文書局, 2006, pp.258~269)에 따라 바꾸었다.

主簿　省　　　　　(以上爲第二欄)

曹期會掾烝　錄事掾谷水校

嘉禾三年五月十三日付三州倉領雜米起

嘉禾元年七月一日訖九月卅日一时簿　(以上爲第三欄) (B257)

▨□今年正月一日訖十二月卅日 爲錢六千應捐除名 (B7601)

아래에 열거한 각 간독에 반영된 것은 창과 고가 아직 조세를 완납하지 못한 자 및 그 부족액을 표로 만들어 관계 부서에 보고했던 것이다.

千八百謹列人名錢数(?)已入未畢爲簿□□▨ (6371)

▨□已入未畢錢数爲簿　▨ (9732)

아래에 열거한 각 간독은 관계부서가 창과 고가 제출한 조세 미납 명단에 근거해 미납자를 재촉하고 또 힘써 독촉하지 않은 향리를 징벌한 기록이다.

□□□庫吏监收□□□□未畢卌斛重絞促□收责负者次有人 (4425)

未畢三万……鞭杖鄉吏孙义各□ (1366)

未畢三万……鞭杖鄉吏五訓各卅五 (1373)

吳簡에 근거하면 창고는 분류를 나누어 지출하는 방식을 채용했다. 즉 부세의 명목을 분류하여 지출했다. 예를 들면,

出倉吏黃諱潘慮所領嘉禾元年官所貸醬賈吳平斛米六斛九斗被督軍粮都尉 (A1828)

出倉吏黃諱潘慮所領黃龍三年稅吳平斛米六十三斛三斗六升爲稟斛米 (A1901)

出倉吏黃諱潘慮所領雜吳平斛米二千七十斛其二百斛郎卒黃龍三年限米 (A1911)

出倉吏黃諱潘慮所領黃龍三年稅吳平斛米卌六斛八斗爲稟斛米卌八斛被督 (A2016)

出黃武四年佃吏□□□□佃禾准米十五斛嘉禾元年十二月十五日 (B157)

出黃龍元年盐贾吳□斛米卅三斛六斗四升嘉禾元年八月十五日付大男蒴(?)平運詣州 (B548)

아래에 열거한 대출반납 기록도 당시에 창고가 확실히 분류지출 방식을 사용했다는 것을 보여준다.

入民還二年所貸嘉禾元年租米四斛 ▨ (A1150)

入黃龍三年民還貸食黃龍元年租米六斛六斗 (A3130)

入黃龍三年民還貸食黃武五年稅米卌四斛五斗一升 ▨ (A3750)

入樂鄉嘉禾二年還所貸食黃龍二年私學限米四斛胄畢嘉禾二年十二月十日田溲丘張行關
 邸閣董 (A5154)

▨鄉嘉禾二年還貸食黃龍三年稅米三斛嘉禾二年十月廿二日□▨ (A5232)

창고에서 부세의 명목에 따라 분류 · 지출했던 장부가 존재했다는 것은, 두 가지 가능성이 있다. 첫 번째 가능성은 창고에서 부세를 징수할 때 부세 명목에 따라 연도별로 분류하여 보존했다는 것이다. 두 번째 가능성은 이러한 것은 단지, 장부관리의 필요일 뿐, 창고 안에 보관한 재물은 변함없이 재물의 實物性質에 근거해 관리를 진행하고 있었지, 부세의 명목에 따라 관리를 진행하지 않았다는 것이다. 부세의 명목에 따른 분류와 보존은 동일한 米라도 租米 · 稅米 · 限米로 나누어 보존하도록 했을 뿐만 아니라 동일한 限米라도 私學限米 · 郵卒限米 · 衛士限米 등으로도 분류 · 보존하도록 해서 혼돈하지 않도록 했다는 것을 의미하는데, 이것은 실제 운영 과정 중 매우 많은 어려움에 부딪힐 수 있다. 이 때문에 두 번째 가능성이 훨씬 운영하기 쉬웠을 것이다.

Ⅳ. 부세의 轉運

거연한간 중에는 수레를 고용하여 양식을 운송한 기록이 있다. 수레에 실을 수 있는 수량은 일반적으로 고정된 편이었는데, 통상 매 수레마다 25斛이었다.[15] 이러한 기록들은 단지 관부가 양식을 조달했던 것과 관련된 것일 뿐, 백성이 관이나 倉에 조세를 납부하는 것과 관련된 것은 아니다. 관련 기구가 수레를 고용할 때에는 '就人'(僦人)에게 보수를 지불해야 했는데 보통 이를 '就錢'(僦錢)이라고 불렀다.[16] 예를 들면,

出錢四千七百一十四　　賦就人表是万歲里吳成三兩半
 巳入八十五石
 少二石八斗三升 (505.15)

●元延四年八月以來將轉守尉黃良所賦就人錢名 (506.26)

15) 李均明, 「漢簡所見車」, 『簡牘學研究』 第一輯 (蘭州:甘肅人民出版社, 1997), pp.105~113.

16) 王子今, 「關于居延"車父"簡」, 『簡帛研究』 第二輯 (北京, 法律出版社, 1996), pp.279~299.

出錢千三百卌七　　賦就人會水宜禄里蘭子房一兩 (506.27)

居延平明里王放就人昌里漕陽車一兩　粟大石廿五石　居延平明里王放就人昌 ("五石" 이후는 나중에 쓴 것) (E.P.T49:53A)

거연한간 중에는 貲家(訾家, 茈家) 혹은 貲家가 고용한 사람(就人)이 양식을 운송한 기록도 있다.

入粟大石二十五石 (以一欄)

車一兩

輸甲沟候官　　　(以上爲第二欄)

始建国五年六月 令史 受訾家當遂里王護 (第三欄) (16.2)

出粟大石廿五石 車一兩 始建国二年正月壬辰訾家昌里齐憙就人同里陳丰付吞远置令史长 (E.P.T59:175)

所受適吏訾家部吏卒所輸谷車兩 (E.P.F22:364)

☐居摄二年正月甲午倉啬夫戎付訾家平□里□☐ (E.P.T43:65)

發茈家車牛載輸候官第☐ (E.P.T50:51)

지금까지 보았던 자료에 의하면, 就人의 호적은 모두 서북 邊塞 본지인 반면[17], 貲家는 그렇지 않다. 예를 들어 E.P.T.59:100 중에 나오는 貲家는 茂陵人이다. 貲家는 스스로 수레와 소 및 인력을 내어 관부를 위해 양식을 운송했으므로, 관부가 貲家에게 운송하도록 한 요역에 속한다.[18] 내군의 貲家는 자신의 편리를 위해 邊塞 지구의 사람을 고용해서 자기들 대신에 이러한 요역에 종사하도록 했다.

走馬樓吳簡 중 民戶가 부세를 납부한 상황은 이미 전술한 바와 같다. 부세가 창고에 들어간 이후 각 창고 사이 및 창고에서 기타 지정된 지역까지 轉運될 때에는 주로 水運에 의했고, 船師가 이를 담당했다.[19]

運詣武陵嘉禾二年六月十四日付兵曹典□□船師陳棟王買□□□□ (A2080)

其廿九斛民先入付三州倉吏谷漢出付船師車刀趙益運詣中倉關邸閣李嵩 (A3021)

---

17) 王子今, 「關于居延"車父"簡」, 『簡帛硏究』 第二輯 (北京, 法律出版社, 1996), pp.279~299.

18) 于振波, 「漢代的家貲與貲家」, 『簡帛硏究』 2004 (桂林:廣西師範大學出版社, 2006), pp.306~316.

19) 창고 사이의 轉運에 대해서는 全孝彬, 「走馬樓吳簡 倉庫의 物資管理體系」, 『동양사학연구』(동양사학회) 99 (2007.9), pp.217~270.

其一百二斛九斗民先入付三州倉吏谷漢出付船師張瞻運詣中倉□ (A3080)

其一百廿五斛五斗四升民先入付三州倉吏谷漢出付船師唐鼠運詣中倉關 (A3097)

出付船師謝道潘宜運詣中倉關邸閣李嵩付倉吏黃諱潘慮受 (A7871)

□運三州倉吏谷漢嘉禾元年税米十三斛一斗𠤳嘉禾三年正月廿九日船師毛五關邸閣李嵩付倉吏黃諱史番慮 (B2713)

주마루오간 중에는 船師와 관련된 '折咸米' 기록이 매우 많다.

入備船師黃廉折咸米廿一斛　已中 (A2241)

入吏所備船師梅朋建安廿五年折咸米六斛 (A2263)

其一百卅九斛五斗一升備船師何春張蓋梅朋等折咸米 (A2264)

入吏番观所備船師何春建安廿七年折咸米四斛 (A2277)

왕자금은 오간 중의 '折咸'이 곧 '折減'이라고 하면서,

走馬樓吳簡에서 보이는 '折咸米'은 이미 두 사례가 발표되었는데, 모두 '入吏(혹은 吏某)所備船師某某年折咸米'라고 되어 있다. '船師'가 관리하는 과정 중에 '折減' 현상이 발생할 수 있었고, '吏'가 미리 '備'한 바가 있었다는 것을 알 수 있는데, 이것은 米의 총액이 줄어들지 않도록 보증하기 위함이었다. 만약 이러한 추측이 성립할 수 있다면, '船師'라는 칭호가 가리키는 신분은 배를 만드는 기술인력이 아니라 배를 운전하는 기술인력이라고 추정할 수 있다.[20]

이러한 기초 위에 侯旭東은 '折咸米'와 倉米가 轉運되는 과정 중에 발생하는 吏의 직무과실 보상과 연결시켰는데, 따를 만하다.[21] 사실 한초 법률 중에도 船師가 운송 과정 중에 발생시킨 손실에 대해서는 배상 책임을 지고, 주관 관리도 연대 책임을 져야 한다고 되어 있다.

《二年律令 · 賊律》: 船人渡人而流殺人, 耐之, 船嗇夫 · 吏主者贖耐. 其殺馬牛及傷人, 船人贖耐, 船嗇夫 · 吏贖遷. 其敗亡粟米它物, 出其半, 以半負船人. 舳艫負二, 徒負一; 其可紐繫而亡之, 盡負之, 舳艫亦負二, 徒負一; 罰船嗇夫 · 吏金各四兩. 流殺傷人, 殺

20) 王子今, 「走馬樓簡"折咸米"釋義」, 何雙全 主編, 『國際簡牘學會會刊』 第3號 (臺北: 蘭臺出版社, 2001), pp.75~80.

21) 侯旭東, 「吳簡所見"折咸米"補釋 －兼論倉米的轉運與吏的職務行爲過失補償」, 『吳簡研究』 第二輯 (無限:崇文書局, 2006), pp.176~191.

馬牛, 又亡粟米它物者, 不負.[22]

상술한 한률 조문 중에 직접 운송에 종사한 자에는 船人, 舳艫와 徒가 있고, 주관 관리는 船嗇夫와 그 속리(吏主者)이다. 여기서 船運은 대개 관부가 경영하는 것이었다. 吳簡 중에 師, 佐와 관련된 기록이 있는데, 이들 師佐는 관영작방에 속한 工匠이었다.[23] 吳簡 중의 船師는 기타 師·佐와 비슷하며, 漢律 중의 船人과도 유사하다. 관영 선박 운송에 종사하였다고 해야 한다.

船師의 경영 과정 전후에 折咸 현상이 발생할 수 있는 바에야 차라리 吏가 미리 '備' 한 바가 있다면 米의 총액이 줄어들지 않도록 보증할 수 있었겠지만, 문제는 船師가 운반하기 전 모두 折咸米를 '備' 해야 했을까라는 점이다. 어떤 사람들이 '備' 를 필요로 했을까? '備' 의 기준은 어떠했을까? '備' 한 米는 어떤 비율로 분담했을까? 折咸米를 '備' 했는데 운송을 마친 후 만약 折咸이 발생하지 않았다면, '備' 한 米는 어떻게 처리해야 했을까? 이런 문제점은 지금 당장 해답을 얻기 매우 어렵다.

[번역 : 이명기(한림대학교 대학원 사학과 박사과정)]

22) 張家山247號漢墓竹簡整理小組, 『張家山漢墓竹簡(246號墓)』(北京, 文物出版社, 2001), p.134.
23) 于振波, 「走馬樓吳簡師佐的蠡測」, 『漢學研究』 24-2, pp.41~69.

참/고/문/헌

『張家山漢墓竹簡(247號墓)』, 文物出版社, 2001.

『長沙走馬樓吳簡 · 嘉禾吏民田家莂』, 文物出版社, 1999.

『長沙走馬樓吳簡 · 竹簡』(壹), 文物出版社, 2003.

『長沙走馬樓吳簡 · 竹簡』(貳), 文物出版社, 2007.

全孝彬, 「走馬樓吳簡倉庫의 物資管理體系」, 『東洋史學研究』 99, 2007.

王素, 「關于長沙吳簡幾個專門詞彙的考釋 -〈長沙走馬樓三國吳簡〉釋文探討之二」, 『吳簡研究』 第2輯, 崇文書局, 2006.

王子今, 「關于居延 '車父' 簡」, 『簡帛研究』 第2輯, 法律出版社, 1996.

王子今, 「走馬樓簡"折咸米"釋義」, 何雙全主編, 『國際簡牘學會會刊』 第3號, 蘭臺出版社, 2001.

于振波, 「走馬樓吳簡中的限米與屯田」, 『走馬樓吳簡初探』, 文津出版社, 2004.

于振波, 「漢代的家貲與貲家」, 『簡帛研究』 2004, 廣西師範大學出版社, 2006.

于振波, 「漢調與吳調」, 『走馬樓吳簡初探』, 文津出版社, 2004.

李均明, 「漢簡所見車」, 『簡帛學研究』 第1輯, 甘肅人民出版社, 1997.

張弓, 『唐朝倉廩制度初探』, 中華書局, 1986.

長沙市文物工作隊 · 長沙市文物考古研究所, 「長沙走馬樓J22發掘簡報」, 『文物』 1999-5.

胡平生, 「〈長沙走馬樓吳簡〉第二卷釋文校證」, 中國文物研究所編, 『出土文獻研究』 第7輯, 上海古籍出版社, 2005.

侯旭東, 「吳簡所見"折咸米"補釋 -兼論倉米的轉運與吏的職務行爲過失報償」, 『吳簡研究』 第2輯, 崇文書局, 2006.

侯旭東, 「長沙走馬樓三國吳簡釋文補正」, 『中國文物報』 1999.7.21.

논 문

古代日本의 荷札

馬場基*

Ⅰ. 들어가며

「동아시아의 유통과 목간」이라는 제목으로부터 상기되는 사례는 가령 「신안 침몰선」에서 발견된 하찰 등이 있을 듯하다. 하지만 유감스럽게도 일본 고대 목간에서는 신안 침몰선 목간 같은 동아시아 전체에 걸치는 역동적인 유통과 결합된 목간은 알려져 있지 않다. 기본적으로는 일본(여기서는 「고대의 일본」지역 내)에서의 유통과 좁은 범위에서의 物品의 움직임이 알려진 정도이다. 또한 장거리의 물품 이동과 관련된 목간은 공납 등, 국가적인 강제와 관련된 경우가 많다. 한편 도성 주변에서 활발한 물류의 움직임은 목간과 正倉院文書 등에도 잘 나타나 있다.

이러한 상황이기 때문에 발표 내용이 조금 한정적으로 되어 버린 점을 미리 이해해 주시기 바

* 日本 奈良文化財研究所 研究員.

란다. 하지만 이러한 한정적 시각에서 바라보면 流通과 物品의 움직임과 관련된 목간은 많이 출토되고 있다고 할 수 있다. 이를테면 교역에 관련된 화폐의 부찰, 시장에서의 유통을 보여주는 목간, 사람의 이동과 관련된 過書, 물품의 운송장이라고 생각되는 進上狀 등이 있다(첨부한 PL1 참조).

이번은 그런 것들 중에서 이동하는 물품에 붙여진 목간, 즉 하찰을 중심으로 일본에서의 출토예와 연구 상황 등을 소개하고, 유통과 목간을 생각하는 재료로서 제공해 보고자 한다.

Ⅱ. 荷札木簡과 日本古代 律令支配의 모습

먼저 일본 고대 하찰목간과 관련하여 몇 가지 확인해 둘 것이 있다.

1. 하찰목간의 정의

나라문화재연구소에서는 보고서 등에 목간을 수록할 때에 아래와 같이 그 내용에 의해 분류하고 배열하고 있다. 크게 文書木簡 · 付札木簡 · 그 외 其他의 세 가지로 분류한다.

1) 文書

여러 官司에서 작성된 다양한 문서 · 기록 · 관인의 書狀 등을 일괄해서 문서라 총칭한다. 이것은 다시 그 서식에 따라 협의의 문서와 전표 · 장부 등의 기록으로 나눌 수 있다.

- 문서 : 협의의 문서란 서식상 어떠한 형태로든 授受關係가 밝혀지게 되는 것을 말한다. 문서의 발신자와 수신자가 명기되어 있는 것은 두말할 나위가 없지만, 수신처가 없지만 발신한 것을 나타내는 용어가 있는 것도 이 속에 포함된다.
- 전표 · 장부 : 협의의 문서에 비해 문서의 授受關係가 명기되어 있지 않은 것으로, 가령 물자의 출납 등에 관한 기록이 여기에 해당한다.

2) 付札

문서와 달리 물자에 부착되는 것을 부찰로 총칭한다. 여기에는 調 · 庸 · 中男作物 · 贄 · 舂米 등의 세금물목에 부착된 것과 여러 관사가 물품의 보관 · 정리를 위해 부착한 것 두 종류가 있다. 전자를 하찰, 후자를 협의의 부찰로 불러 구별한다.

3) 其他

習書 · 樂書 · 기재내용이 불명확한 단간류가 포함된다.

이 중에 물품에 부착되는 「부찰」은 이동하는 물품에 부착된 「하찰」과 수납할 때 부착된 협의의 부찰로 분류된다. 우리들이 「하찰」로 부르며 이해하고 있는 목간은 물품의 이동, 즉 물류와 밀접하게 관계된 목간이다. 또 하찰을 고대국가의 지배와 결부 짓는 관점에서 「貢進物付札」로 부르는 경우도 있다.

하찰뿐만 아니라 모든 목간은 어떤 목적으로 작성되고 이용되며 결국 버려지는 것이다. 우리들은 최종적으로 버려진 상태밖엔 알 수 없다. 목간이 갖는 역사적 정보를 최대한으로 끄집어내기 위해서는 어떠한 장면에서 작성되고, 또 어떻게 이용되며, 어떻게 폐기된 것인가라는 「목간의 일생」을 상정하면서 검토할 필요가 있다. 말할 필요도 없이 이러한 검토의 전제로서 유적의 개요 · 출토상황 · 공반 유물 등의 정보를 충분히 정리하고, 목간 그 자체를 상세하게 관찰하지 않으면 안 된다.[1]

2. 율령제도와 하찰목간

「공진물부찰」이라는 호칭이 있을 정도로 일본 고대의 하찰은 律令의 貢進制度와 불가분의 관계에 있다. 따라서 하찰을 생각할 경우, 이러한 율령의 공진제도를 잘 알아둘 필요가 있다.

일본 고대의 지방행정은 시기에 따라 변화가 있지만, 國－郡－鄕이라는 삼단계가 기본이다. 주지하다시피 大寶律令 이전은「郡」은 「評」이고, 「鄕」은 「五十戶」(더 옛날에는 「三十戶」)였다. 나라시대에도 약간의 변화가 있지만, 여기서는 생략하고자 한다.

중국의 율령을 본받아 만들어진(실제는 한반도 여러 나라의 제도를 많이 도입한 것이지만) 일본 고대 율령 체제에서는 「個別人身支配」라 할 수 있는 戶籍 · 計帳이라는 장부로 개인을 파악하고, 그들 개개인들에게 調 · 庸 등의 貢進을 할당시킨 체제가 있었고, 또 高位高官이 되면, 「封戶」라고 하는 형식으로 일정한 戶로부터 貢進한 物을 할당하는 급여제도도 존재했다. 한편 집단적 노동에 기초하는 中男作物 · 贄 등도 공진되어야 할 물품들이었다.

하찰목간의 서식은 기본적으로는 율령에 규정된 調庸墨書(貢進物題記라고도 말해짐)에 준거하고 있다.

賦役令2 調皆隨近條

凡調. 皆隨近合成. 絹絁布兩頭. 及糸綿囊. 具注國郡里戶主姓名年月日. 各以國印々之.

---

1) 이 같은 목간관찰의 중요성에 대해서는 지금까지 반복해서 지적되어 왔다(佐藤信, 「文字資料としての木簡」, 『日本古代の宮都と木簡』, 吉川弘文館, 1997, 初出1990). 역시 일본 고대목간의 개요에 대해서는 木簡學會編, 『木簡硏究』 각 호 이외, 木簡學會編, 『日本古代木簡選』(岩波書店, 1990), 同編, 『日本古代木簡集成』(東京大學出版會, 2003)를 참고하면 편리하다.

단, 품목에 따라 다양한 서식이 존재하고 있고, 그들 서식의 차이로부터 세목의 특징을 해독하는 연구도 축적되고 있다.[2)]

이러한 목간을 관찰하면 형상도 다양하며, 크기도 실로 다양함을 알 수 있다. 하물에 장착하기 위한 가공(切込 등)이 되어 있지 않은 것도 있다. 전국적인 규모로 통일된 규격은 존재하고 있지 않았다고 생각된다. 하지만 지역이나 품목에 의한 특징은 지적할 수 있을 것이다(첨부한 表1 참조). 또 切込된 형상도 세목과의 대응관계나 지역차 · 작성자의 개인차 등의 검토가 이루어지고 있다.

하찰목간은 平城宮 · 京의 여러 장소에서 출토되고 있다. 어디선가 일괄적으로 제거되고 폐기된 것이라는 해석은 무리라고 생각된다. 또 재이용되고 있는 예도 많다.[3)] 하찰을 깎아 버린 削屑(목간 부스러기)도 출토되고 있다. 하찰의 모양을 한 문서목간을 잘 보면 荷札時代의 記載를 대개 想定할 수 있는 목간도 있다.

3. 목간의 석문과 형식 번호

일본에서는 크게 두 가지의 방법을 채택하고 있다. 奈良文化財研究所(이하 나문연이라 줄여 부름) 방식과 목간학회 방식이 있다. 형식 번호를 붙이는 방법은 기본적으로 동일하며 석문과 法量의 기재 방법에 차이가 있다. 특히 목간이 2차적으로 整形되어 버린 경우, 양자의 서식에 차이가 생긴다. 이것은 원래 나문연 방식이 있었고, 목간학회 설립 때 보다 형태 정보를 많이 기재할 목적으로 목간학회 방식이 만들어졌기 때문이다. 그 어느 것도 일장일단이 있고 거의 차이는 많지 않다고 할 수 있다. 또 양쪽에 공통적인 문제점도 있다. 형식 분류의 기초가 된 목간이 平城宮 · 京 출토의 나라시대 목간이기 때문에, 그 이외의 목간에 적용할 때, 반드시 잘 맞지 않는 경우가 있다는 점이다(일본 전국 출토 목간 34만점 정도 가운데 平城宮 · 京 출토의 나라시대 목간은 17만

---

2) 하찰목간에 관한 주요 선행 연구 성과를 열거해 둔다.
今泉隆雄, 「貢進物付札の諸問題」(『古代木簡の研究』, 吉川弘文館, 1998. 初出 1978).
今津勝紀, 「調庸墨書銘と荷札木簡」(『日本史研究』 323, 1989).
弥永貞三, 「古代資料論－木簡」(『岩波講座 日本歴史 二五』, 岩波書店, 1976).
鬼頭清明, 「荷札木簡と贄」(『古代木簡の基礎的研究』, 塙書房, 1993. 初出1978~1993).
高島英之, 「付札木簡の形態的研究」(『古代出土文字資料の研究』, 東京堂出版, 2000).
寺崎保広, 「木簡論の展望」(『古代日本の都城と木簡』, 吉川弘文館, 2006. 初出 1990~1992).
東野治之, 「古代税制と荷札木簡」(『日本古代木簡の研究』, 塙書房, 1983. 初出 1980).
友田那々美, 「古代荷札の平面形態に關する考察」(『木簡研究』 25, 2003).
樋口知志, 「『二條大路木簡』と古代の食料品貢進制度」(『木簡研究』 13, 1991).
樋口知志, 「荷札木簡から見た末端文書行政の實態」(『古代の陶硯をめぐる諸問題』, 奈良化財研究所, 2003).
山中章, 「考古資料としての古代木簡」(『日本古代都城の研究』, 柏書房, 1997. 初出1992).
吉川眞司, 「長の貢進」(『文字と古代日本3 流通と文字』, 吉川弘文館, 2005).
3) 森公章, 「長屋王家木簡三題」(『長屋王家木簡の基礎的研究』, 吉川弘文館, 2000. 初出1999).

점 정도로 절반을 차지하고 있지만).

목간학회 사무국은 나문연에 있고, 『목간연구』의 편집도 사실상 우리들이 담당하고 있기 때문에 나문연은 이를테면 두 가지 표기 방법의 총본산인 셈으로, 양자를 경우에 따라 나누어 사용하고 있다. 그럼에도 때때로 혼란이 되는 경우도 있다. 나문연 이외에서 발행된 보고서에 「목간학회의 기재에 준했다」라고 명기하였지만, 정확히 운용되고 있지 않은 경우를 볼 수 있다는 것도 말해두고자 한다. 이번에는 출전의 표기를 그대로 사용하기로 한다.

Ⅲ. 在地社會에서의 物流와 荷札

우선 재지 사회에서의 하찰의 양상을 조금 살펴보고자 한다.

1. 安芸國分寺 出土 木簡의 경우

安芸國分寺(현 広島縣 東広島市 소재)에서는 중심 가람의 외측에 있는 도랑에서 한데 모아 버려진 목간이 출토하였다. 출토 상황과 목간의 내용으로 보아 도랑에서 출토된 것이긴 하지만 대단히 일괄성이 높은 목간이라 생각된다.[4)]

國分寺란 각 國(고대일본의 지방행정단위)마다 세워진 사원이다. 따라서 각각의 國 전체에서 사원의 운영을 지원한다. 安芸國分寺 출토 목간에 보이는 지명은 모두 安芸國 내의 것이다. 安芸國分寺의 운영이 安芸國 내에서 완결되고 있었던 모습을 엿볼 수 있다. 게다가 자세히 보면 대단히 흥미 깊은 상황이 확인된다. 安芸國分寺가 위치한 郡내에서 보낸 荷物의 경우, 鄕名부터 쓰고 있는 것에 비해, 다른 郡에서 보낸 경우에는 郡名부터 쓰기 시작한다. 똑 같은 安芸國 내라도 國分寺가 소재하고 있는 군과 그렇지 않은 곳은 기재의 양상이 다르다. 이 상황에서 安芸國分寺는 그 소재 군으로부터의 물자에 의거하여 경영되는 면이 강하며, 다른 군으로부터 물자를 조달하는 경우에는 일부러 군명부터 쓰기 시작할 필요가 있었다고 생각할 수 있다. 결국 國分寺가 해당 국 전체에서 운영되어야 한다는 원칙은 있었지만, 실제로는 국분사 소재의 군에 상당히 의거하여 경영되고 있었던 모습을 보여주고 있다고 생각된다.

목간에 의해 알게 된 구체적인 '物(モノ)'의 움직임으로부터 원칙과 실태의 양상을 엿볼 수 있는 예이다. 그리고 이 사례로부터 알 수 있는 「어느 지역 전체에서 지원하게 되어 있지만, 실제 일상은 한정된 지역이 지원하고 있다」라는 視点은 대단히 흥미 깊다고 생각된다. 「國」의 지배기구인 國府에도 똑 같은 모습을 생각할 수가 있고, 나아가서는 도성에도 똑같은 측면이 있었던 것

---

4) 安芸國分寺 출토목간의 개요는 財團法人東広島市教育文化振興事業團文化財センター編, 『史跡安芸國分寺跡發掘調査報告書Ⅳ－第12次・第13次調査の記録－』(同センター, 2002)등 참조.

은 아닌가 하는 발상에서 다양한 자료를 재검토할 필요가 있다고 느끼고 있다.

2. 大宰府 出土 木簡의 경우

다음으로 大宰府(다이자후)의 예를 볼까 한다.[5] 앞서 일본의 고대 지방 행정은「국－군－향」이라고 설명했지만 例外가 있다. 西海道＝九州(큐슈)지방은 다이자후라는 기관이 설치되었고, 그 지배하에 각 해당 지역이 있었다. 다이자후는 지금의 후쿠오카현에 있는 太宰府市와 그 주변이다. 한반도와의 교섭의 최전선인 관계로 신속한 대응이 필요했기 때문에 특별한 기관이 설치된 것이다. 다이자후는「멀리 있는 朝廷」이라고도 말해질 정도로 나라(奈良)와 나니와(難波)에 버금가는 대도시였다.

큐슈의 調庸物은 다이자후에 수납되었다. 그중 綿 등의 물자가 도성까지 운반된다. 平城京에서 출토되는 서해도 지역의 하찰은 그 어느 것이나 대단히 비슷하다. 우선 목간의 재료가 되는 나무가 전국적으로 보이는 히노키(檜)이다. 일본해 쪽의 일부에서 삼나무가 두드러지는 것에 비해, 서해도의 하찰은 그 어느 것도 광엽수를 쓰고 있다. 또 切込의 가공도 공을 들여 독특하다. 문자도 단정하고 세밀히 쓰여 있다.[6] 일본 고대의 하찰로 國을 초월하여 이만큼 서로 공통성이 있는 예는 잘 알려져 있지 않다.

그리고 대단히 흥미 깊은 사실이 있다. 현재 다이자후에서는 약 1500점의 목간이 출토되었는데, 그중 광엽수의 목간은 1점뿐이다. 쓰여진 문자도 平城京에서 출토된 서해도 목간처럼 단정한 것은 이 광엽수 목간에 쓰여진 문자뿐이라고 해도 좋다. 그런데 다른 목간들은 실로 다양하며, 가지가 난 목간까지 존재하고 있다. 이것은 나무의 껍질을 벗기고, 간단하게 겉면을 정리했을 뿐인데, 한국 성산산성출토 목간의 나무 사용방법과도 통하는 것 같은 느낌이 드는 목간이다.

결국 다이자후에 집결하기까지는 대단히 다양한 하찰목간이 부착되어 있었다. 그런데 이를 중앙에 보내기 전에 다이자후에서 다시 새롭게 목간이 작성되고 부착되었다. 그러한 상황이 확인된다. 재지사회에서의 하찰목간의 다양한 모습이나, 그것에 비하여 도성에 보내는 하찰목간에 특이성이 있음이 떠오른다. 또 물품의 움직임에 있어 다이자후의 중요한 역할이 명백하게 드러난다. 그렇다면 왜 도성에 보내는 하찰에는 광엽수가 이용되었던 것일까.

출토목간에서 광엽수 목간은 많은 경우 상태를 잘 알 수가 없다. 너덜너덜하게 되는 경우가 많고, 또 보존 처리도 곤란하다. 발굴하는 우리들로서는 왜 일부러 이러한 재료를 사용한 것인가 하고 원망스러운 소재이다. 하지만 매우 세밀하고 정중한 문자를 쓰기에는 적합한 소재이다. 침엽

---

5) 大宰府 출토 목간의 개요는 九州歷史資料館編,『大宰府史跡出土木簡概報1』(同館, 1976)·『大宰府史跡出土木簡概報2』(同館, 1985)등 참조. 역시, 前出,『日本古代木簡選』에도 정리되어 있다. 또한 大宰府의 개요는 酒井芳司,「大宰府」(上原眞人·白石太一郎·吉川眞司·吉村武彦編,『列島の古代史3-ひと·こと·もの』, 岩波書店, 2005)등 참조.

6) 이상 西海道 荷札의 특징은 前出,『日本古代木簡選』등 참조.

수와 달리 나무결이 불규칙하고 먹이 번지기 어렵기 때문에 가늘고 단정한 문자를 쓰기 쉬웠던 것은 아닐까!!

이상을 종합하면 다이자후에 모이는 물품에는 주변에서 손쉽게 구할 수 있는 하찰이 부착되었던 것이다. 한편, 다이자후로부터 도성에 보낼 때에는「멀리 있는 조정」의 위신에 맞게 일부러 목재까지 선택하여 정중한 목간을 작성하였다. 하찰목간을 樹種이나 가공 방법·書風을 포함하여 검토한 결과 물류의 구체적인 양상이 나타나게 되었다고 할 수 있다.

Ⅳ. 都鄙의 物流와 荷札

다음으로 도성에서 출토된 하찰목간에 대한 지금까지의 연구를 소개하고자 한다.

1. 하찰목간 작성 주체의 문제

다이자후의 예에서는 각지에서 만들어진 목간이 한 번 다이자후에서 교체되었다. 그 이외의 지역에서는 이러한 사태는 적었다고 생각된다. 그리고 하찰목간을 만든 주체가「郡」인가, 혹은「鄕」인가 하는 점이 중요한 논점의 하나가 되어 있다.

이것은 일본 고대의 지방 행정에 대한 이해와 관계한다. 일본 고대의 지방 지배에서는 재지 수장의 계보와 관련하는「郡司」(및 그 지배범위인「郡」)에 의거하는 部分이 많고,「향」은 인위적으로 설정된 집단(五十戸는 一戸에서 兵士가 한 사람이라도 나온 경우에 하나의 先頭集團이 된다)이고, 지방 행정상 적극적인 의의는 낮다고 하는 유력한 이해가 있다.

이것에 반해 伊豆國(현재의 시즈오카현의 일부)의 調 하찰의 서풍이나 목간의 가공 방법의 분석으로부터 鄕마다 완성된 하찰목간이 제작된 양상이 밝혀지게 되었다.[7] 이로 인해 율령적 공납체제에 있어서 鄕이 중요한 역할을 담당했던 것은 아닌가 하는 가능성이 부각되었다. 단, 몇 가지 주의가 필요하다. 이를테면 군에서 하찰목간을 만들었다고 해도 향마다 분담하고 있었다면 서풍이나 가공이 향마다 나누어질 가능성이 있다. 또 伊豆라는 지역의 특성(平野部가 적고 향보다 훨씬 작은 단위에 상당하는 움푹 들어간 후미마다 지역 사회가 전개한다)도 고려해야 할지도 모른다. 도성에서의 목간의 분석과 병행하여 各 지역의 고대사회 모습을 각각 현지에 즉하여 명확히 하는 노력이 필요하다고 생각한다.

7) 각주 2의 山中章의 논문 및 寺崎保広의 논문.

2. 복수 하찰과 기능론

하찰목간이 어디에서 만들어졌는가 하는 문제와도 관련된 흥미 깊은 논점으로서 「복수하찰」의 문제가 있다. 같은 내용을 기록한 하찰이 복수 출토되거나, 명백히 같은 짐에 부착되었다고 보이는 하찰이 복수 출토되는 사례가 있다.

예를 들면 개인명만의 목간, 군명부터 써나간 목간, 국명부터 써나간 목간, 세 점이 같은 쓰레기 폐기장에서 출토된 사례가 있다(『平城宮木簡』 338~340호 목간). 이 예로 인해 개인으로부터 군으로 보내는 단계, 군에서 국으로 보내는 단계, 국에서 朝廷으로의 단계, 그 각각에 짐에 추가되어, 복수의 하찰목간이 부착되었을 가능성이 지적되었다. 한편 완전히 같은 내용이 묵서된 형상이 다른 복수의 하찰 역시 같은 쓰레기 폐기장에서 출토된 예가 있다(첨부한 PL2 참조). 이 예로부터 하나는 대조용(도성에 도착했을 때에 장부와 대조하기 위해 제거)이고, 다른 하나는 짐에 부착되어 보관된다고 하는 설이 제시되었다.[8] 한편 하찰은 기재 내용 위에 끈이 부착된 경우도 있어 대조용으로서는 부적절하며, 천황에게 보이는(본래 공납된 현물을 「본다」는 행위는 全國支配를 具現化한다는 것인데, 그 대신에 하찰목간을 본다) 용도가 아닐까 하는 주장도 있다.[9] 복수 하찰에 대해서는 뒤에서 다시 언급하기로 한다.

3. 수송과 목간

어느 쪽이든 하찰목간은 각 지방에서 작성되어 도성으로 보내진다고 생각된다. 도중에 짐에서 떨어졌다고 생각되는 목간도 출토되고 있다. 예를 들어 靜岡縣 曲金北遺跡의 古代 東海道 側溝에서는,

常陸國鹿嶋郡→　　(418)・31・15・019　　(『木簡研究』 17号)

라는 목간이 출토되었다. 常陸國(현재의 茨城縣)에서 도성으로 이동하던 도중 駿河國(현재의 靜岡縣)에서 荷物에서 떨어졌을 것으로 추정된다.

수송의 방법은 어려운 문제다. 「人担主義」라고 말해질 정도로, 육로를 공납자가 짐을 짊어지고 도성까지 운반한다는 것이 일본고대사의 「상식」이다. 하지만 아무래도 이해하기 어려운 자료도 존재한다. 이 문제에 관한 검토는 별도의 기회에 하고자 한다.

4. 도성에서의 수납과 목간

도성의 창고에 수납된 뒤에는 「협의의 부찰」로 기능한 것 같다. 平城宮 내의 出土 상황을 세밀

---

8) 각주 2의 東野治之의 논문.

9) 각주 2의 今津勝紀의 논문.

히 분석하여 각지의 짐이 산지 · 품목마다 정리되어 있었던 것 같은 상황을 묘사한 연구도 있다.[10] 그리고 이러한 짐을 이용할 즈음에 하찰은 荷物에서 제거되어 폐기된다. 단, 앞에서도 말한 것처럼 다시 재이용되는 경우도 있었던 것은 확인해 둘 필요가 있다. 결국 흙 속에서 부식되어버린 이외의 이유에 의해서도 오늘날 다시 볼 수 없는 많은 하찰목간이 존재하고 있었을 것이다. 이러한 목간에 대해서도 의식하면서 현재 출토되고 있는 목간에 대해서 분석을 진행할 필요가 있을 듯하다.

Ⅴ. 近年의 荷札木簡 研究

다음으로 하찰목간에 관한 필자의 연구를 몇 가지 소개하고자 한다.

1. 하찰목간의 지역적 특성의 전환[11]

지역적인 특징이 대단히 현저한 하찰목간으로서 隱岐國의 하찰목간이 있다. 삼나무를 재료로 쓴 경우가 많으며, 약간 짧고 폭이 넓어 중간부터 두 행으로 기록 되는 경우가 많다. 이 특징은 대보령 시행 이전부터의 것으로 隱岐國의 지역적 특성이라고 생각된다.

그런데 출토하는 예를 면밀히 정리하면 예외적인 목간이 있다(첨부한 PL3 참조). 이것들은 두 가지 유형으로 나눌 수 있다. 하나는 광엽수를 사용하고 가늘고 단정한 문자로 적은 것이며, 다른 하나는 삼나무라고 생각되는 침엽수를 사용하여 통상 隱岐國 하찰보다 더 길고 폭이 약간 좁은 것이다. 그 어느 것도 두 행은 아니며, 한 행으로 쓰여 있다. 그리고 이 예외적인 목간의 출토 유구를 조사해 보면 모두 天平 17년(745) 이후의 木簡인 것으로 판명되었다. 한편 전형적인 隱岐國의 목간에 대해 출토유구도 포함해서 각각의 시기를 조사했을 무렵 天平 17년 이전의 것뿐이었다. 결국 천평 17년 무렵을 경계로 隱岐國에서는 목간의 제작방법 · 기재방법이 크게 변화한 것이다. 게다가 내용을 보면 天平 17년 이후의 목간에서 광엽수는 해조류, 다른 한 쪽(침엽수)은 오징어나 전복 등 동물성 해산물이 기록되었던 경향이 확인된다.

현재 왜 이런 변화가 생겼는지에 대해서는 잘 모른다. 그러나 옛부터의 전통적인 형태를 급격하게 변화시켰다는 것은 隱岐國의 지방행정을 둘러싸고 무언가 큰 변화가 일어났다고 밖에 생각할 수 없다. 이제부터 다방면으로 검토할 필요가 있을 것으로 생각한다.

---

10) 館野和己, 「荷札木簡の一考察」(奈良古代史談話會編, 『奈良古代史論集』 第一集, 1985)

11) 이하의 내용은 馬場基, 「一行書きの隱岐國荷札」(西洋子 · 石上英一編, 『正倉院文書論集』 歷史出版, 2005)에 의거한다.

2. 複數荷札의 작성 場面과 사용 방법[12)]

하나의 하물에 복수의 하찰이 부착된 예는 앞서 소개하였다. 이 同文荷札에 관해서 근래의 조사에서 매우 중요한 사실이 발견되었다(첨부한 PL4 참조). 동문하찰이 각각 동일한 나무 판을 잘라 두 개의 목편으로 나누어 그것을 사용하여 작성되었던 사실이 판명된 것이다. 실은 아까도 언급한 〈PL2〉도 같은 재료일 가능성이 매우 높다. 또 문자도 매우 닮아 있다. 이들 동문 목간은 재질이 같은 판재로 만들어지고, 같은 인물이 문자를 기록한 것으로 생각된다.

이로 볼 때 동문하찰은 동일한 서사 장소에서 만들어지고 글자가 쓰여 지고, 그리고 아마 하물에 부착되었을 듯하다. 따라서 공납의 단계에 順番으로 부착되었다고는 생각되지 않는다.

한편 감검용이라는 견해도 큰 의문이 있다. 만약 감검용으로 목간 한 점이 뽑혀졌다면 뽑힌 것과 남은 것은 반드시 따로따로 존재해야 하지만, 동문하찰이 한꺼번에 출토된 예가 있다. 또한 감검용으로 볼 경우 각각의 목간의 형상이 그 각각의 역할에 대응하기 때문에 하나의 유구에는 어느 형상에 편향된 경향이 있어야 한다. 그런데 切込이 있는 것과 없는 것이 섞여서 출토되는 경우가 있다. 이러한 사례에서 생각해보면 감검에 사용되었을 가능성을 완전히 부정할 수는 없지만 반드시 감검에 사용되었다고도 말하기 어렵다고 생각된다.

그래서 荷物과의 관계에서 하나의 가설을 제시하고자 한다. 일본의 에도시대에는 「中札」 혹은 「差札」이라 불리는 것이 있다. 중찰은 쌀가마니 안쪽에 이른바 품질 보증용으로 봉입된 札이다. 그리고 가마니 바깥 측에는 표시용의 찰을 부착한다. 에도시대와 나라시대를 전제 없이 연결 짓는 것은 다소 난감하지만 고대에도 볍씨의 中札이라고 보이는 목간(種子札)의 출토 예와 전승이 남아 있다. 이렇게 생각하면 동문하찰은 한쪽을 포장한 안쪽에 봉입하고(中札), 또 다른 한쪽을 바깥쪽에 장착해서(外札) 이용한 것은 아닌가 생각된다. 그처럼 생각하면 작성한 장소와 하물에 장착된 장소가 한 곳인 樣相과도 잘 대응하고, 최종소비지에서 폐기되었다고 하는 출토상황에 대해서도 이해할 수 있지 않나 생각된다.

中札은 에도시대의 경우는 품질보증의 방법으로서 위치 지어졌다. 외찰은 교체와 탈락의 우려가 있는 한편, 中札은 이러한 부정이 가능하지 않다. 고대의 경우 賦役令의 규정에 布의 양 끝에 묵서하게끔 되어 있었던 율령규정과의 대응관계도 상정할 수 있으니, 역시 에도시대도 마찬가지로 품질보증으로서의 역할을 중시했다고 생각된다.

다만 문제점도 남아 있다. 형상도 완전히 같은 경우도 있고, 안과 밖에 부착되었다고 생각해야 할 근거가 거의 발견되지 않는다. 이러한 점은 더욱 검토를 진행해야 한다고 생각된다.

---

12) 이하의 내용은 馬場基, 「荷札と荷物のかたるもの」(『木簡硏究』 30, 2008)에 의거한다.

3. 도성에서 하찰의 교체

하찰목간은 도성에서 그대로 「협의의 부찰」로 전화한다는 점을 서술했다. 그런데 도성에서 작성된 「협의의 부찰」도 많은 양이 출토되고 있다. 그리고 그것들 중에 하찰목간과 동일한 내용을 기록한 목간이 섞여 있다. 즉, 하찰을 빼고 대신 부찰을 부착한 예가 있는 것이다.

첨부한 〈PL5〉 좌에서 두 번째 목간이 그 한 예이다. 이 목간은 완전하게는 읽을 수가 없지만 비슷한 예의 증가와 재조사에 의해 「麻生割鰒」이라고 읽을 수가 있었다. 그리고 나무의 모양, 가공, 문자의 모습, 복원 상정된 크기 등이 〈PL5〉 좌단의 목간과 매우 닮은 것으로 판명되었다. 둘 다 두꺼운 크기의 재료에 매우 견고하게 절입을 넣고, 문자는 중앙 부근에 익숙하게 달필로 문자를 기록하였다. 이러한 점에서 이 두 점은 동일한 장소에서 작성되고, 동일한 인물에 의해 문자가 쓰여졌다고 생각할 수 있다. 또 이 두 점은 같은 쓰레기 폐기장(内裏外郭内北의 수혈SK820)에서 出土된 木簡이며, 같은 장소에서 이용되었다고 생각된다. 그리고 「麻生割鰒」은 志摩國의 생산품인데, 「麻須楚割」은 지마국의 생산물로서는 확인되지 않기 때문에 산지에서 공진물에 부착된 하찰로 생각하기보다, 궁내에서 보관용으로 작성되고 이용되었다고 생각하는 것이 타당하다.

이 두 점과 유사한 부찰은 二條大路 목간 중에도 있다. 출토지점으로 볼 때 皇后宮職 관련 유물로 생각되며, 앞서 서술한 두 점이 聖武天皇과 관련이 깊은 SK820 출토인 것과 아울러 聖武・光明夫妻의 신변에서 사용되었던 부찰이라 할 수 있을 듯하다.

그러면 이들 물품은 도성까지 하찰이 붙어 온 것일까? 「麻生割鰒」 목간은 다른 곳에도 출토되고 있다. 실은 이들 하찰은 하찰로서는 매우 불완전한 것이다. 우리들이 보통 「소형051」이라고 통칭하는 一群의 목간(PL5의 오른쪽 2점이 그 例)의 일부이며, 志摩國의 郷名과 품목만을 기재하고, 아주 소형인 051형식이라는 점이 특징이다. 이것들은 志摩國에서 온 「贄」목간이라고 생각된다.[13]

그런데 사견인 복수 하찰이라는 이해로부터 생각해 보면, 이 051형식은 하물 속에 봉입되기에 가장 적합한 모양이다. 贄로서 志摩에서 보내져 왔을 때는 내용물의 품목도 알 수 있었을 것이지만, 보존하는 경우에는 바깥쪽에 표시할 목간도 필요했을 듯하다. 그래서 만들어진 것이 앞서 언급한 목간이 아닌가 하고 생각하고 있다.

Ⅵ. 소금의 流通과 荷札木簡[14]

다음으로 소금의 유통과 하찰목간의 연구를 소개하고자 한다. 소금의 하찰목간과 소금에 관한

13) 渡辺晃宏, 「志摩國の贄と二條大路木簡」(奈良國立文化財研究所編, 『研究論集ⅩⅡ 長屋王家、二條大路木簡を讀む』, 奈良國立文化財研究所, 2001. 初出1996).

14) 이하의 내용은 馬場基, 「都城出土木簡が語る若狭の塩」(美浜町教育委員會編, 『興道寺廢寺と興道寺遺跡』, 同教委,

고고학적 성과를 총합하면 일본고대 율령국가의 소금 수취 체계와 도성을 중심으로 한 소금의 유통 상황이 보인다. 목간을 고고유물로서 분석하여 성과를 얻는 사례 연구가 된다고 생각된다.

1. 일본 고대의 소금

일본고대의 소금 생산은 크게 토기에 의한 제염과 철가마(鐵釜)를 이용한 제염이 있다. 또 제염 과정에서 덩어리로 구워 단단하게 하는 固形塩(堅塩)과 가루 상태의 散狀塩이 있는데, 전자는 반드시 토기가 필요하다. 고형염은 부수어 사용한다. 현재도 伊勢神宮에서 생산하여 사용하고 있다. 고형염은 부수면 약간 체적이 늘어나지만 부수는 수고가 필요하고, 색조(현재 알려진 固形塩은 검정색을 띠고 있다)도 좋지 않다.

고대에는 소금의 보관은 어려운 일이었다. 『延暦交替式』이라는 법률서에는 「소금은 사라지기 쉽다」고 명기하고 있다. 현대의 소금과는 달리 고대의 소금에는 간수가 많고 이것이 공기 중의 수분을 흡수하여 흐물흐물하게 녹아 버린다(潮解). 간수를 조금이라도 줄여 녹는 것을 막기 위해 구워 단단하게 하기도 하고(固形塩), 졸이기도(散狀塩) 하는 것이다. 그런데 일본 고대에서 소금을 공납하는 지방은 대개 정해져 있다. 목간에서 많은 용례가 보이는 것은 若狹와 周防이다.

2. 若狹과 周防의 소금 하찰

若狹과 周防의 소금 하찰목간은 대조적인 특징을 보인다. 若狹의 소금 하찰에서는 同文木簡이 알려져 있다. 그 경우 031型式(상하에 切込이 있는 것)과 051型式(切込은 없고 下端部를 뾰족하게 한 것)의 조합이다. 또 그 외의 木簡이라도 形狀은 031型式 외, 011型式(短册型)・051型式이 많이 보인다. 그리고 011型式 및 051型式을 「切込이 없는 것」으로 일괄하면 2개의 切込이 있는 것과 切込이 없는 것의 点數가 거의 같다. 若狹에서 도성으로 보내진 소금에는 양쪽 끝에 切込이 있는 목간과 切込이 전혀 없는 목간 2점이 부착되었다고 생각할 수 있다. 이것을 若狹型이라고 부르고자 한다.

한편 周防은 같은 내용을 가진 하찰이 알려져 있지 않다. 목간의 형상은 032形式(상하의 어느 한 쪽만 切込이 있는 것)과 033型式(상하 어느 한 쪽만 切込이 있고 다른 한 쪽은 뾰족한 것)이 대부분이다. 이것들은 「切込이 상하 어느 한쪽만이 있는 것」으로 一括하여 파악할 수가 있을 것이다. 周防에서 도성으로 보내진 소금에는 한쪽에만 절입이 있는 목간 1점이 부착되었다고 생각할 수 있다. 이것을 周防型이라고 부르고자 한다.

소금 하찰이 많이 출토하고 있는 지방의 소금 하찰목간을 정리해 보자(첨부한 표3 참조). 그러면, 어쩐지 031型式의 点數가 011型式・051型式의 点數와 대응하고, 032型式・033型式과는 무관계

2006) 및 馬場基, 「塩のはなし」(奈良文化財硏究所第 18回總合硏究會口頭報告, 2008)에 의거한다.

하다는 경향은 다른 지방에서도 공통하는 형태이다. 결국 소금 하찰목간은 크게 若狭型・周防型으로 나눌 수 있을 가능성이 높다고 생각된다.

그리고 若狭 소금 하찰에는 소금을 「顆」라는 단위로 세고 있다. 이것은 고형소금을 세는 경우의 단위이다. 若狭의 소금이 고형소금이었을 가능성을 시사한다. 한편 周防과 周防型이 우세한 伊予의 소금 하찰에서 예외적으로 031型式의 소금 하찰이 있다. 그리고 이 예외의 목간에서 「尻塩」이라는 말이 보인다. 「尻塩」은 固形塩을 나타내는 말이며, 고형염이 예외라 한다면, 보통은 가루 소금이었을 가능성이 높다고 할 수 있다. 이상의 검토에서 若狭型=固形塩, 周防型=固形塩 이외(=散状塩)라는 견해를 얻을 수가 있을 것 같다.

3. 출토유구와 소금의 보존기간

나아가 출토유구와의 관계를 분석하면 若狭와 周防은 두드러진 차이를 볼 수 있다(첨부한 표2 참조). 周防 소금의 하찰목간에 기재된 연대는 출토유구의 年代觀(언제쯤 폐기되었는가 하는 시기)과 거의 3년 정도의 차이가 난다. 즉, 周防의 소금은 3년 이내에 소비되었다고 생각된다. 한편, 若狭 소금 하찰목간에 기재된 年紀는 유구의 연대관과 20년이나 차이가 나는 경우가 있다. 이것으로부터 若狭의 소금은 貢進되면서 소비되기까지 20년이나 긴 시간에 걸쳐 보관되었던 경우가 있다는 것이다.

앞서 서술하였다시피 고대에 소금의 보관은 곤란하였다. 若狭의 소금이 보존기간이 길다고 하는 것은 이상한 사태이다. 그런데 단위 체적당 표면적과 현재도 潮解를 두려워해 伊勢神宮에서 사용하고 있는 예로도 알 수 있듯이 고형염 쪽이 훨씬 보존에 적합한 형상이라고 생각된다. 이는 앞에서 본 목간의 형태・기재내용의 분석과 매우 잘 합치한다.

한편 출토 유구의 年代觀과의 관계에서는 東海지방(尾張・三河)의 소금이 예외적인 양상을 보이고 있다. 하찰목간의 형태는 周防型인데 대단히 보존 기간이 긴 경우가 존재한다. 하찰목간의 형태로 볼 때 散状塩이 상정되지만 보존기간으로 보면 固形塩이라고 생각된다. 어찌되었든 若狭・周防과는 다른 視點을 도입할 필요가 있을 것 같다. 이 점은 뒤에서 다시 언급하기로 한다.

4. 소금의 생산체제와 목간

그럼 시야를 생산지로 넓혀보자. 若狭은 「船岡式」이라고 불리는 독특한 제염 토기로 상징되는 것처럼 대형 토기를 사용한 토기 제염이 발달한 지역이다. 또한 돌이 깔린 화로 유적 등이 전개하는 대규모 제염 유적도 발견되고 있다. 그리고 소금 하찰에 보이는 지명의 분석 등에서 若狭에서는 내륙부까지 포함하여 지역 전체에서 소금을 공납하고 있었던 것이 명백해졌다. 제염 유적의 최성기가 마침 나라시대 전후인 것에서 이러한 생산 체제는 율령제 성립에 수반하여 율령국가의 요청에 기인하여 정비된 것이라 생각된다. 또 이 船岡式 토기는 조금 뒤이어 동북지방으로 확산된다. 이것에 대해선 동북지방에서의 대규모 군사행동 때문에 제염 기술도 함께 전파했다고 보는 견해도 제시되고 있다.

그런데 이러한 토기를 사용한 제염은 토기의 제작과 수송도 필요하며, 대규모가 되면 생산 · 수송 비용이 급등하였다고 생각된다. 보존용 소금을 대량으로 생산하기 위해 굳이 이러한 생산체제를 취했다고 볼 수 있다.

한편 周防에서는 제염 유적도, 제염 토기(나라시대의)도 별로 발견되지 않는다. 天平 연간의 『周防國正稅帳』이라는 사료에는 周防에는 「塩竈」가 존재한 것이 알려져 있다. 아마도 鐵釜를 사용한 제염이 이루어졌다고 생각된다. 다만 鐵釜는 매우 귀중한 것이었다. 鐵釜를 사용하는 제염 방법은 선진 기술과 선행 투자를 해야 얻을 수 있는 제염이었다. 그리고 그러한 선진 기술과 선행 투자가 이루어진 것은 율령국가를 배후에서 지탱하는 國府와 유력한 寺社 등뿐이었다고 생각된다. 그렇다면 周防의 제염도 또한 율령국가 주도의 산물이었다고 할 수 있을 것이다.

若狹은 보존용의 고형 소금을 비용이 들어도 생산하고 있었다. 한편 周防은 선진 기술을 사용하여 일상 소비용의 소금을 생산하고 있었다. 어느 지역도 율령국가의 힘으로 생산체제 · 생산기술 · 제품까지 통제된 소금 생산을 하고 있었던 것이다.

한편 앞서 예외라고 했던 동해 지역에서는 옛부터 제염 체제가 비교적 남아 있었다고 생각된다. 소형의 제염 토기를 사용한 제염 방법이다. 이러한 생산의 양상에서 생각하면 소형의 제염 토기로 구워 단단하게 한 固形塩이 공납되고 있었을 것이다. 고형염이기 때문에 비교적 장기간의 보존이 가능하다. 그 때문에 유구의 연대관과 차이가 발생한다. 한편 소형의 고형염이기 때문에 포장형태가 若狹과는 다르기 때문에 하찰의 형상이 다르다. 이 양상을 고려하면 일단은 설명이 가능하다.

東海 지방에서는 율령국가 주도에 의한 생산 체제의 재편성이 이루어지지 않았다. 若狹와 周防의 존재와는 꽤나 다르다. 이러한 이유에 의하여 목간의 모습도 달랐다고 생각된다.

5. 하찰이 부착되어 있지 않은 소금

西大寺는 平城京에 조영된 최후의 대사원이다. 2006년 그 食堂院의 발굴 조사가 이루어졌다. 다양한 成果를 올렸지만 소금과 관련하여 대단히 흥미 깊은 상황이 부각되었다.[15]

食堂院 내에 커다란 우물(우물의 틀 크기가 한 변이 約 2.3m)이 발견되었다. 사용이 끝난 후에는 쓰레기 처리장으로 이용되었는데, 한 번에 메워진 것이다. 이 쓰레기 속에는 음식물 찌꺼기와 대량의 목간이 포함되어 있었다. 우물에 인접하는 건물 유적에서는 瓶을 고정했던 유구도 발견되었다. 목간에는 야채 절임에 부착되어 있었던 부찰도 있으므로 이 병으로 야채를 절이기도 하고 발효 식품을 제조 · 비축하였다고 생각된다. 또 대량의 제염 토기가 우물과 그 주변에서 발견되었

15) 西大寺 食堂院의 조사성과는 奈良文化財硏究所編, 『西大寺食堂院 · 右京北辺發掘調査報告』(同硏究所, 2007).

다. 야채 절임 등에 사용할 소금은 그럭저럭 제염 토기에 담겨진 상태로 운반되었다.

그런데 소금의 하찰이 한 점도 발견되지 않은 것이다. 목간은 소채류 등의 進上狀까지 있고 실로 다양하다. 쌀의 하찰도 있기 때문에 다른 장소에서 짐을 풀었기 때문에 소금의 하찰이 발견되지 않는다고 볼 가능성은 낮다. 결국 西大寺 食堂院에는 하찰이 부착되지 않은 소금이 들여졌다는 것이 된다. 또 하찰이 없다고 하는 점으로부터 생각하면 이러한 소금은 소위 調庸物이 아닌 소금이라고 생각된다. 서대사가 독자로 생산한 것인지, 시장 등에서 유통된 소금을 구입한 것 중 어느 한 쪽일 것이다.

여태까지 도성에서 제염 토기가 발견된 적은 있다. 주목되는 것은 이들 제염토기는 거의 紀淡海峽産이라고 생각되어 온 점이다. 한편 若狹로부터 왔다고 생각되는 제염 토기는 한 점도 출토하고 있지 않다. 이것은 목간의 상태와는 괴리가 있다.

원래 제염 토기에 소금을 넣어 운반하는 것은 토기의 중량이 있기 때문에 효율적이지는 않다. 특히 대량 수송에는 적합하지 않다고 할 수 있다. 또 문헌사료에서 알 수 있는 나라시대의 소금의 수송 · 보관은 모두 「籠」으로 한다. 통상 소금은 籠과 가마니 같은 것으로 운반했을 듯하다. 굳이 토기로 운반한다는 것은 습기를 막기 위한 것이라고 생각하는 것이 타당할 듯하다. 제염 토기로 운반된 소금은 특히 습기를 꺼린 것으로, 토기에 넣어져 운반된 소금은 아마 고급소금이라고 생각된다. 또 생산지가 도성에서 비교적 가까운 大阪灣 근방인 것도 수송을 고려하면 잘 이해할 수 있다. 正倉院文書 중에 생산지가 쓰여진 소금은 한 例뿐인데 淡路島産이다. 또 西大寺의 제염 토기도 紀淡海峽의 제품일 가능성이 지적되고 있다. 덧붙여 이 紀淡海峽 지역은 근세도 항아리에 넣어 구운 소금의 산지로서 유명하였다.

6. 소금 하찰목간의 정리

도성 주변에 존재하고 있던 소금에는 調庸物 등으로 납입된 소금과 그 이외의 루트로 유통되고 있던 소금이 존재 하였다. 調庸物로서 공납된 소금에는 종래부터 생산 체제 그대로 생산 · 공납된 소금과, 율령국가의 주도에 의해 생산체제 · 기술이 정비되고, 특정 목적에 따라 생산 · 공납된 소금이 존재하였다. 전자는 東海 지방의 소금이 그것이고, 후자는 若狹과 周防의 소금이 그것에 해당한다. 한편 유통 소금 중에는 토기에 봉입해서 습기를 막아 운반된 소금이 존재하였다.

쌀과 나란히 소금은 律令國家의 실질적인 힘(實力)을 지탱하는 물자이다. 쌀과 소금을 비축하는 것은 實力의 비축에 다름 아니다. 쌀은 「穀」이나 「糒」로서 비축된 것이 알려지고 있다. 고대의 벼농사에서는 자른 벼이삭(穎稻)으로부터 직접 쌀로 가공하는 쪽이 편하고 자연스럽다고 말한다. 그럼에도 불구하고 일부러 穀으로 저장하는 것은 비축을 위한 것이다. 糒도 마찬가지이다. 소금도 일부러 보관에 적합한 형태로 하여 공납시키고 있었던 예가 밝혀지게 되었다. 일본 고대 율령국가는 쌀과 소금을 비축하고 그 實力을 지탱하였다. 그 양상이 목간의 분석에서 드러나게 되었다고 생각된다.

「現物貢納經濟」의 뒤편에 가려져 있어 알기 쉽지 않은 物流의 일단도 엿볼 수가 있었다. 나라시대의 도성 주변에서 성숙한 물류가 상정된다.

목간의 「문자」만을 보고 있노라면 좀처럼 다른 문헌 자료의 속박으로부터 자유로울 수 없다. 물론 다른 문헌 자료와의 총합적인 고찰은 불가결하지만, 동시에 유적과 다른 유물과 아울러 고고 유물로서 관찰(그 일부로서의 文字釋讀)을 하는 것에 의해 비로소 기존의 연구와 사료의 수정도 가능하게 된다고 생각한다.

Ⅶ. 荷札의 짝, 帳簿와 進上狀[16)]

이제 마지막으로 하찰과 매우 유사한 「帳簿」와 「進上狀」에 대한 검토를 통해 하찰목간의 성격, 역할에 대해 조금이나마 고찰하고자 한다.

1. 帳簿와 荷札木簡

하찰목간의 서식은 計帳의 서식과 매우 유사하다. 그리고 하찰목간의 작성에서 荷物에의 장착 과정을 복원적으로 검토하면, 「帳簿의 分身」이 바로 「부찰적 기능」을 가진 荷札이라는 느낌이 든다. 伊豆國 調荒堅魚 荷札木簡을 예로 설명해 보자.

伊豆國 調荷札은 전형적인 調荷札 목간의 서식에 더해 荷物의 형상을 기록한 추기가 있다는 것이 알려져 있다. 만약 荷物과 동시에 하찰목간이 작성되었다면 일부러 다른 붓으로 추기하여 하물의 형상을 기록할 필요는 없다. 이 하찰목간은 하물이 준비되기 이전(혹은 하물이 준비되는 것과는 별도의 場所·場面에서) 작성되었음이 명백하다. 즉 하찰의 작성은 하물의 작성과는 다른 작업이며, 하물을 눈앞에 두고 그것을 작성한 것은 아니며, 다른 장소에서 다른 자료로부터 작성되었던 것이다. 그리고 그와 같은 자료에 가장 적합한 것이 計帳歷名이다.

또 切込한 장소와 추기의 관계로부터 생각해 보면, 하찰목간이 하물에 장착된 것은 추기가 이루어진 후이다. 짐꾸리기의 최후단계에서 荷物이 확인되기까지, 이 모든 것이 종료되면서 하찰이 장착되었던 것이 판명되었다.

이 과정을 정리하면 다음과 같다. 計帳歷名에 기초해서 납입할 調의 수량에 맞추어 하찰목간이 준비되며, 한쪽에서는 하물이 준비된다. 그리고 하물을 확인하면서 추기가 이루어지고, 하물에 목간이 장착된다. 마땅히 기본적으로 전국의 調하찰에 일반화할 수 있고, 개개의 調 하찰의 기재 내용의 차이는 공납물의 차이에 의거하는 帳簿의 차이에 의한 것이라 생각된다.

16) 이하의 내용은 각주 12번의 馬場基 논문에 의거함.

여기서 주목되는 것은 하찰은 장부의 분신임과 동시에 하물에 장착된 부찰이라는 두 가지 성격이다. 調庸의 하찰은 이러한 역할 · 노동에 따라 추상적 정보인 장부와 실태적 존재인 하물을 결합시킨 바로 「부착한 찰」이었다고 하는 것이 가능할 듯하다.

2. 進上狀

목간의 冒頭에 「進上」, 「進」이라는 어구가 나오는 목간을 말한다(첨부한 PL6 좌측의 2점 등). 進上 주체가 진상하는 물품과 날짜, 수송자 등을 기록하고, 진상 물품과 함께 보낸 소위 「送狀」목간이다. 다만 현대사회의 「送狀」과는 약간 다른 점도 있다. 단적으로 오늘날 送狀에 있는 사항인, 인사말과 보내는 이유 등 이러한 내용은 진상목간에는 쓰이지 않았다. 正倉院文書에도 물품의 진상에 관한 문서가 남아 있다. 서식에는 통일성이 없고 내용도 물품을 보내는 이유 등을 기록하기도 하여, 오늘날 送狀과 매우 닮아 있다. 이것들과 비교하면 목간의 진상상은 서식도 꽤 정형화되어 있지만 모양이 약간 다르다.

3. 하찰과 진상장의 공통점과 차이점

진상장은 하물과 어떠한 관계에 있는가를 알 수 있게 하는 예가 있다. 진상장에는 切込이 있는 것이 있다. 이것들은 부찰을 전용한 것일 가능성도 있지만 적극적으로 평가한다면 짐에 묶어 붙어 있었을 可能性이 높을 듯하다. 어떻든 이들 진상장 목간이 물품과 완전 별개로 움직였다고는 생각되지 않는다. 그렇다면 물품=하물과 목간의 관계에 있어 진상상과 하찰은 대단히 많이 닮아 있다고 할 수 있다.

한편 하찰목간에도 「進上」, 「進」, 「輸」 등의 동사가 있는 목간이 있다(첨부한 PL6 오른쪽에서 2번째 등). 또 「供奉」도 「ソナエタテマツル」라고 훈독한다면 그러한 사례의 하나라 생각된다(첨부한 PL6 오른쪽 끝). 調庸 묵서명은 지명 · 인명 · 세목 · 품목이라는 「名詞의 羅列」이란 인상이 강하지만, 이러한 동사가 들어간 하찰에서는 「문장」으로 읽을 수가 있는 記載로 되어 있다. 또 기재순으로도 진상 주체를 맨 먼저 적고, 다음에 동사, 그 다음에 진상 물품이 온다고 하는 공통성이 확인된다. 진상장과 하찰목간(특히 贄 목간)은 기재 내용의 면에서도 상통하는 성격을 지적할 수 있다고 생각된다.

그러나 차이점도 존재한다. 하찰의 경우 하물은 한 종류이다. 이것에 대해 진상장에서는 복수의 물품을 정리하여 기록하는 것이 일반적이다. 또 하찰에서 진상 책임자와 감독자를 기록한 예는 나라시대 후반 이후에 산견될 뿐인데, 진상장의 경우에는 署名을 수반하는 것이 많이 존재한다. 또 구멍이 뚫린 진상장이 다수 출토되고 있다. 이것은 진상 후에 수납하는 측이 장부용의 참고로 정리 · 보관할 때 구멍을 뚫었다고 생각된다. 소비하는 마지막까지 하물에 붙어 있던 하찰과는 사정이 약간 다르다. 역시 진상장은 하찰적인 측면 이외에도, 문서적인 요소를 강하게 갖고 있다고 평가해야 할 것이다.

4. 하찰과 진상장의 관계

단, 양자의 관계를 생각할 경우 이하와 같은 점에도 유의할 만하다

우선 진상장으로 보내지고 있는 물품의 성격이다. 이것들은 蔬菜類 등이며, 보존 기간이 짧기도 하여, 일부러 부찰을 부착하지 않아도 좋은 물건(기와 등)이기도 한다. 일상적인 품목이 거의 대부분이며, 調庸의 형태로 일 년에 한번 납입하는 것이 아니라 매일 일상적으로 이용되는 목간이다.

또 調庸物처럼 납입해야 할 량이 미리 장부로 파악되고 있는 사례와는 달리, 필요에 따라 납입하기도 하고 생산 완료 직후에 바로 운반되기도 한다고 생각되기 때문에, 장부의 관리 · 작성 체제도 크게 달랐을 것이다. 調庸物은 원래 존재하고 있는 장부로 확인을 하면 그것으로 충분한 대신, 진상장으로 운반된 물품은 새롭게 장부를 작성하여 납입 상황을 기록하지 않으면 안 된다고 생각된다.

다음으로 진상하고 있는 조직과 운반된 거리의 문제이다. 진상 주체는 家産機構 내의 部局이기도 하여, 소위 공적인 율령 지방행정 체계와는 다른 성격의 조직이다. 또한 수송 거리도 비교적 근접하고 있다. 진상장과 하찰의 차이점이 많은 것은 이러한 납입 회수, 물품과 수납 후의 보관 상태, 배후에 있는 장부의 상태, 공진(진상) 주체의 성격 등에서 유래한다고 생각된다.

하찰에도 천황가의 家産에 밀접하게 관련된다고 생각되는 贄의 목간에서 진상장과 닮은 기재가 보이는 점, 贄 그 자체가 진상장으로 공진되고 있는 예가 있는 일은 주목해도 좋을 것이다. 즉 진상장과 하찰목간은 대단히 근접한 관계에 있는 셈이다.

진상장이 갖는 「動作」을 표시하는 기능과 부찰이 갖는 물품 표시 기능이 융합한 것이 動詞를 가진 하찰, 즉 진상장이 아닐까하는 느낌이 있다. 이때 내용물의 표기가 중시된다면 「하찰」이 되고, 보내는 행위에 중점을 두게 된다면 진상장이 된다. 게다가 배경에 존재하는 구두에 의한 전달도 고려해 넣을 만하다. 한 마디로 하찰이라 해도 이러한 성격의 차이도 존재하고, 그것에 따라 「기능」도 검토해야 할 것이라고 생각된다.

Ⅷ. 맺으며

이상 대단히 잡다한 내용이 되어 버렸다. 다만 일본에서 실제 목간과 유적을 접하면서 고고학 부분과 공동 작업을 진행하는 와중에 어떠한 관심과 연구가 존재하는가, 이를 약간은 소개할 수 있었던 건 아닌가 생각된다. 금후 목간에 관한 問題關心이나 硏究를 한국의 연구자 분들과 공유하고, 교류하며 논의를 심화시키게 된다면 다행이겠다.

附記

본고는 동국대학교 동아시아문화연구소 제2회 국제 심포지움 「고대 동아시아세계의 物流와 木簡」에서의 보고를 약간 수정한 것이다.

同 심포지움에서 발표의 장을 마련해주시고, 초빙해주신 동국대학교 윤선태 교수, 요지문 및 당일 보고의 번역을 맡아주신 고려대학교 송완범 교수에게 심심한 감사의 말씀을 올린다. 또 당일 同 심포지움에서 다양한 교시를 해주신 中國 湖南大學의 于振波 先生, 한림대학의 김병준 교수, 국립부여박물관의 이용현 학예연구사, 국립중앙박물관의 이병호 학예연구관 등 여러 先生을 비롯하여 발표회장에 계셨던 여러분들에게 감사드린다.

본고에는 科學研究費補助金・若手研究(B)「木簡の構文・文字表記パターンの解析・抽出研究」(研究代表者: 馬場基) 및 基盤研究(S)「木簡など出土文字資料飜譯支援システムの高次化と綜合的研究據点データベースの構築」(研究代表者: 渡辺晃宏)의 성과를 포함하고 있다.

[번역: 이동주(성림문화재연구원)]

PL1 流通に関わる木簡

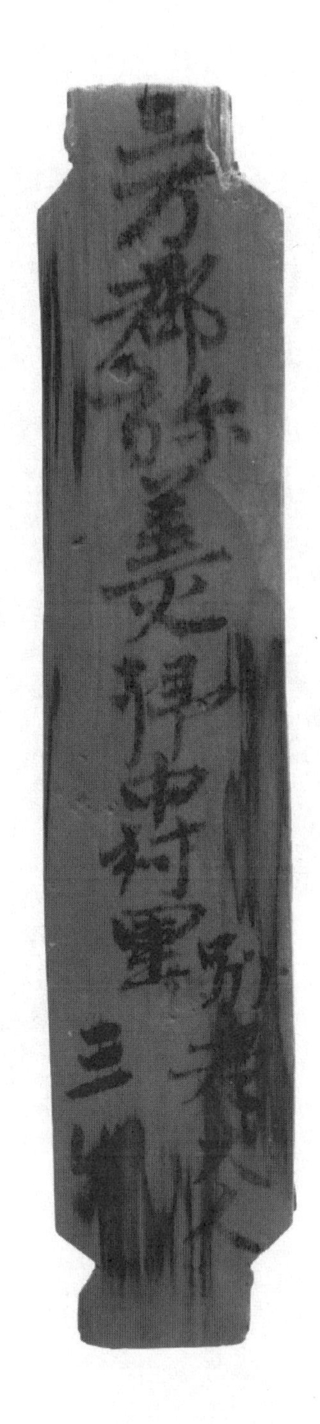

四二四　三方郡弥美郷中村里 別君大人 三斗　201×41×4 6051

四二五　三方郡弥美郷中村里 別君大人 三斗　202×41×6 6031

PL2 若狭国同文荷札

PL3 隠岐国の木簡

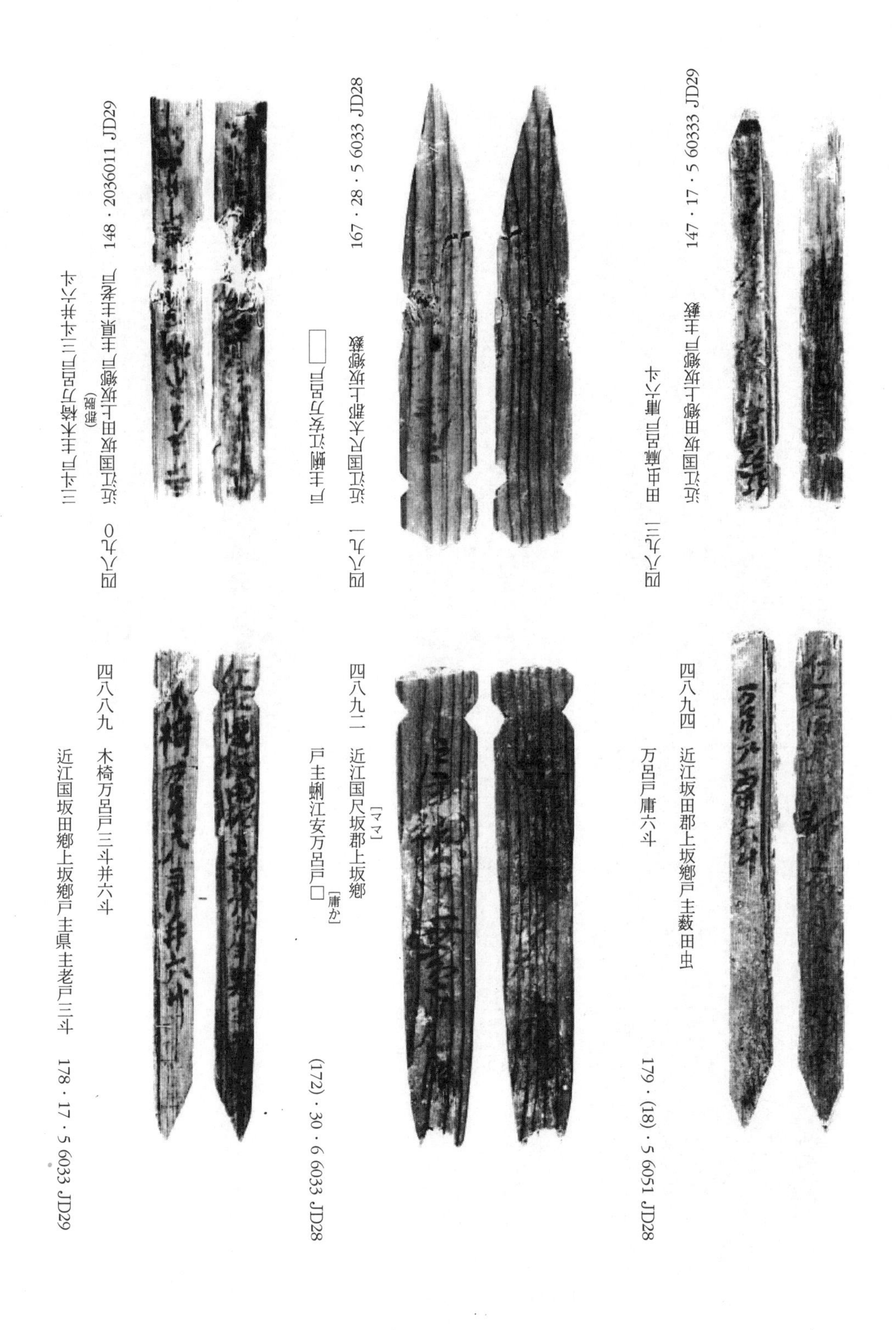

PL4 同一村から作成sされた近江国同文荷札

PL5 志麻国小型051木簡と宮内作成付札の例

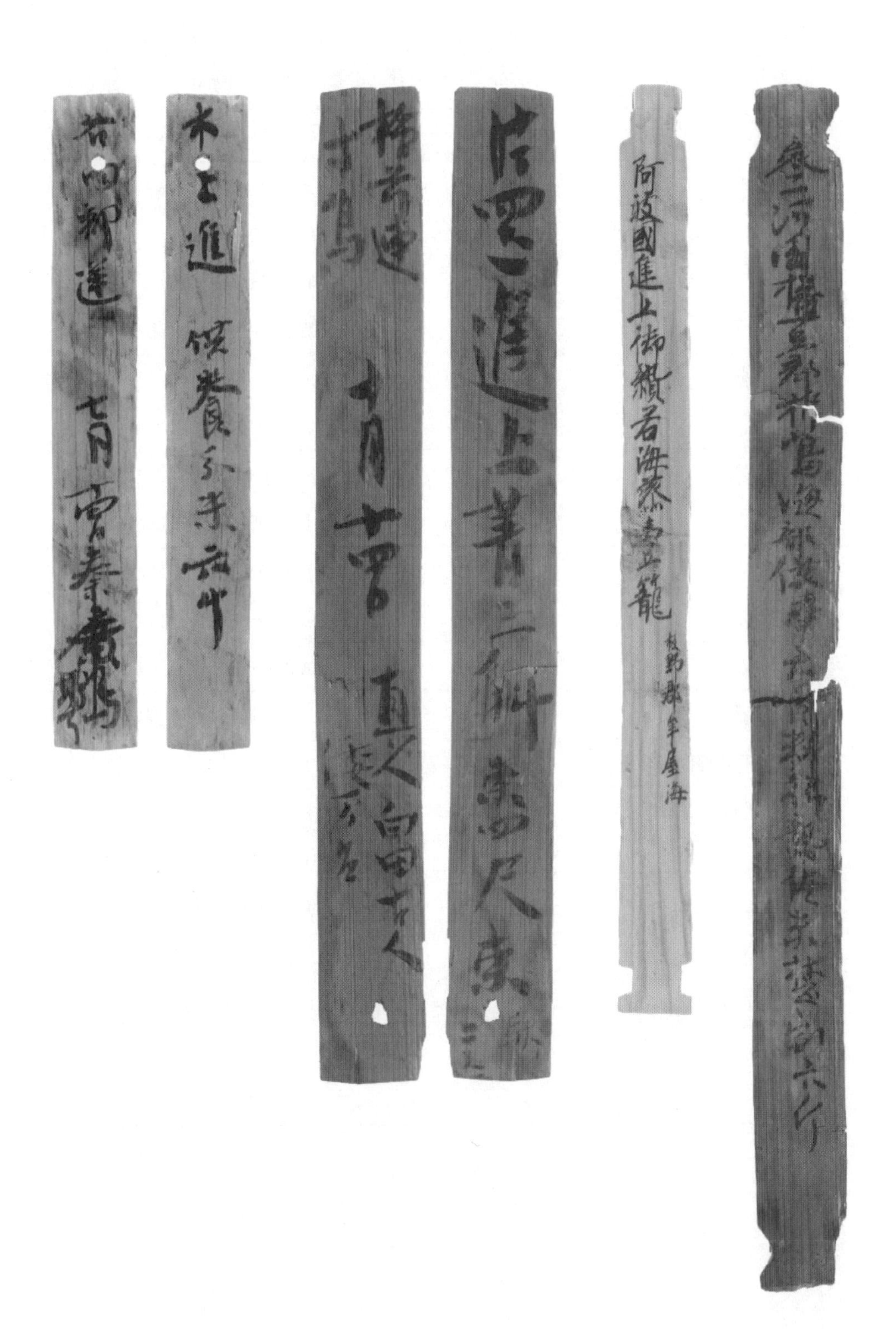

PL6 進上状と進上文書をもつ荷札

表 1. 荷札木簡の地域別特徴

地域	品目・税目等	特徴
志摩	調 贄	30センチ前後が多い 051型式が多い 10～15センチほど 郷名から書き始めるものが多い
參河	贄(參河三島)	30センチ前後 特有の文言
駿河	荒堅魚 堅魚煎	長さ30センチ前後 長さ10～15センチほど
伊豆	荒堅魚 堅魚煎	長さ30～40センチほど 長さ10～15センチほど
安房	鰒	長さ30センチ以上(40センチ以上も)
近江		文字が雑なものが多い印象
日本海側諸国	杉材が多い	
隠岐		杉材が多い 上下に切り込みがある031型式が多い 長さ幅ほどでずんぐりしている 二行にわたって書かれる
西海道諸国		広葉樹を用いる 加工が丁寧 文字が端正で細かい

表 2. 塩荷札と出土遺構年代観

遺構名	遺構の時期	塩荷札の年紀・( )は点数
SK219	天平宝字6~	紀伊・天平宝字5 (1)
SK820	天平19~	尾張 神亀4 (1)・天平1 (2) 若狭 神亀4 (1) 天平4 (1) 周防 天平17 (3) 紀伊 天平1 (1)
SK2101	天平勝宝頃	若狭 天平勝宝2 (1) ? 天平18 (2)
SD4750	霊亀2~	尾張 和銅6 (1) 若狭 和銅3 (1) 周防 和銅7 (1) 紀伊 和銅6 (1)
SD5100	天平11~	尾張 天平6 (1) 若狭 天平6 (5)・天平8 (1) 越前 天平8 (2) 淡路 天平6 (1) 紀伊 天平6 (1)
SD5300	天平9~	三河 天平8 若狭 神亀5 (1) 天平6(1) 周防 天平7 (1) 淡路 天平7 (1) 紀伊 天平4 (1)
SK6955	宝亀頃	若狭 天平宝字6 (1)

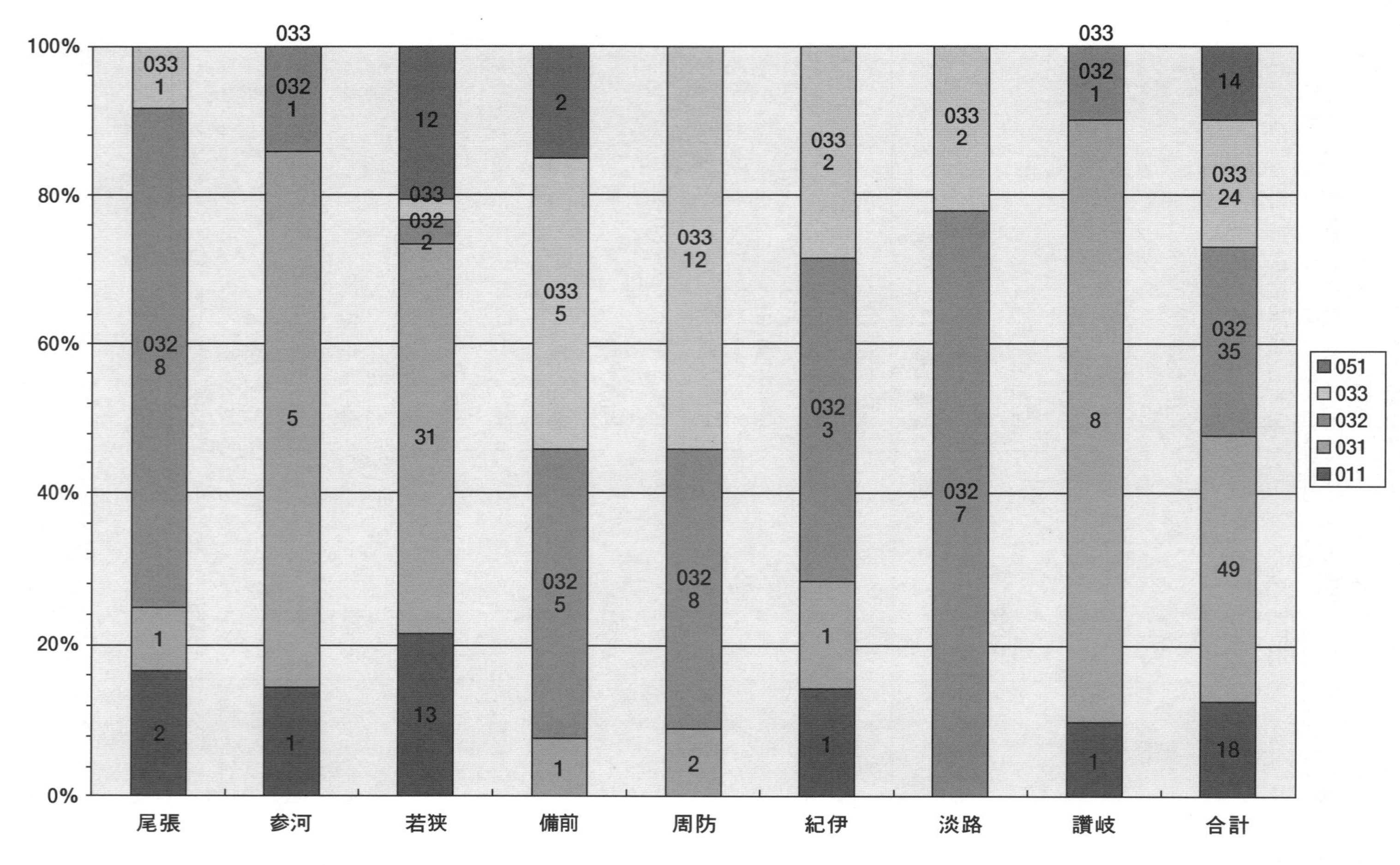

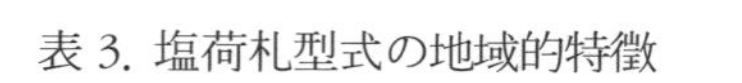

表 3. 塩荷札型式の地域的特徴

참/고/문/헌

木簡學會編, 『日本古代木簡選』, 岩波書店, 1990.

木簡學會編, 『日本古代木簡集成』, 東京大學出版會, 2003.

安芸國分寺出土木簡の概要は財團法人東広島市教育文化振興事業團文化財センター編, 『史跡安芸國分寺跡發掘調査報告書Ⅳ－第12次・第13次調査の記録－』, 2002.

大宰府出土木簡の概要は九州歴史資料館編, 『大宰府史跡出土木簡概報1』, 1976.

大宰府出土木簡の概要は九州歴史資料館編, 『大宰府史跡出土木簡概報2』, 1985.

奈良文化財研究所編, 『西大寺食堂院・右京北辺發掘調査報告』, 2007.

佐藤信, 「文字資料としての木簡」, 『日本古代の宮都と木簡』, 吉川弘文館, 1997.

今泉隆雄, 「貢進物付札の諸問題」, 『古代木簡の研究』, 吉川弘文館, 1998.

今津勝紀, 「調庸墨書銘と荷札木簡」, 『日本史研究』 323, 1989.

弥永貞三, 「古代資料論－木簡」, 『岩波講座 日本歴史 二五』, 岩波書店, 1976.

鬼頭清明, 「荷札木簡と贄」, 『古代木簡の基礎的研究』, 塙書房, 1993.

高島英之, 「付札木簡の形態的研究」, 『古代出土文字資料の研究』, 東京堂出版, 2000.

寺崎保広, 「木簡論の展望」, 『古代日本の都城と木簡』, 吉川弘文館, 2006.

東野治之, 「古代税制と荷札木簡」, 『日本古代木簡の研究』, 塙書房, 1983.

友田那々美, 「古代荷札の平面形態に關する考察」, 『木簡研究』 25, 2003.

樋口知志, 「『二條大路木簡』と古代の食料品貢進制度」, 『木簡研究』 13, 1991.

樋口知志, 「荷札木簡から見た末端文書行政の實態」, 『古代の陶硯をめぐる諸問題』, 奈良化財研究所, 2003.

山中章, 「考古資料としての古代木簡」, 『日本古代都城の研究』, 柏書房, 1997.

吉川眞司, 「税の貢進」, 『文字と古代日本3 流通と文字』, 吉川弘文館, 2005.

森公章, 「長屋王家木簡三題」, 『長屋王家木簡の基礎的研究』, 吉川弘文館, 2000.

館野和己, 「荷札木簡の一考察」, 『奈良古代史論集』 第一集, 奈良古代史談話會 1985.

馬場基, 「一行書きの隠岐國荷札」, 西洋子・石上英一編 『正倉院文書論集』, 青史出版, 2005.

馬場基, 「荷札と荷物のかたるもの」, 『木簡研究』 30, 2008.

渡辺晃宏, 「志摩國の贄と二條大路木簡」, 奈良國立文化財研究所編, 『研究論集ＸⅡ－長屋王家・二條大路木簡を讀む』, 奈良國立文化財研究所, 2001.

馬場基, 「都城出土木簡が語る若狭の塩」, 美浜町教育委員會編, 『興道寺廢寺と興道寺遺跡』, 2006.

馬場基, 「都のはなし」, 奈良文化財研究所第18回總合研究會口頭報告, 2008.

신/출/토 목/간 및 문/자/자/료

扶餘 雙北里 280-5番地 出土 木簡 報告

朴泰祐 · 鄭海濬 · 尹智熙 *

Ⅰ. 遺蹟 槪要

부여 쌍북리 280-5번지에 신성전기 창고를 신축하기 위하여 발굴조사가 실시되었다. 조사지역은 부여 여자중학교의 동북쪽에 위치하는데, 최근 충청문화재연구원에서 조사한 부여 쌍북리 현내들 유적의 동북쪽 약 300m 떨어진 곳으로 조사면적은 750㎡에 불과하다.

유구는 주로 백제시대 Ⅱ층에서 확인되었으며 동서도로는 길이 21m가 조사되었다. 너비는 2.5m가량이다. 도로 중심축은 남북자오선과 직교하는 중심축으로부터 약 15~20° 정도 偏北하고 있다. 도로의 양옆으로 도랑(側溝)이 있고, 도로 상면에서는 사람 발자국과 폭 1~1.2m의 수레바퀴 흔적이 있었으며 짚신의 바닥면이 출토되기도 하였다.

측구는 동서도로의 남쪽과 북쪽에 조성되었는데, 남쪽 측구는 폭 0.4m, 깊이 0.2m, 북쪽 측구는 폭 0.7m, 깊이 0.5m정도이다. 도로의 남쪽에 형성된 측구는 마지막까지 도로가 사용되는 시점까지 남아 있었으나, 북쪽 측구는 사용되다가 폐기되었던 것으로 추정된다. 측구내부에는 고운 모래와 점질토가 퇴적되어 있으며, 물길은 서에서 동으로 흘러간 것으로 판단된다.

굴립주 건물지는 동서도로의 남쪽에 3동, 북쪽에 2동이 조사되었다. 건물의 기둥으로 사용된 목재는 15~30㎝정도로 굵기가 일정하지 않으며, 박힌 깊이 또한 정연하지 않다. 일부 기둥의 바

* 박태우(백제문화재연구원 연구실장)
정해준(백제문화재연구원 책임조사원) · 윤지희(백제문화재연구원 조사원)

닥에는 판석을 받쳐 놓은 것도 있다. 1건물지, 3건물지, 4건물지, 5건물지에서는 기둥과 기둥사이에 판자 또는 둥근 목재를 놓아 벽체를 조성한 부분도 확인되었다. 건물의 바깥쪽 도로 쪽으로는 울타리 시설로 추정되는 지름 5㎝내외의 작은 말목들이 확인되었다.

3건물지의 남쪽으로는 나뭇가지들을 깔아놓은 부엽층이 여러 층 확인되며, 제 2건물지와 부엽층의 경계에는 작은 말목열을 박아 건물지와 구분한 것으로 보인다. 부엽층 위에서는 뚜껑이 덮힌 토기호가 정치되어 노출되기도 하였으며 목간 6점을 포함하여 기타 목제품과 패각류, 씨앗류 등도 출토되었다. 출토목간 중 묵서가 있는 목간 3점을 소개하면 다음과 같다.

Ⅱ. 出土 木簡[1] 〈도판 1〉

1. "外椋部"銘 木簡 〈도판 2〉

이 목간은 가로 8.1㎝, 세로 2.3㎝, 두께 0.6㎝로서 상단부에 구멍이 뚫려 있다. 출토지점은 〈도판1〉의 3번인데 동서방향 도로의 옆으로 최종 발굴조사된 유구 레벨면과는 5㎝ 상면의 황갈색 모래층이다. 황갈색 모래층은 유수의 흐름으로 생긴 토층으로서 발굴조사된 유구와의 직접적인 관련성은 없는 것으로 추정된다.

목간의 앞면에는 4글자가 쓰여 있는데 첫 번째 글자는 "外", 두 번째 글자는 "椋"으로 읽는데 문제가 없고, 세 번째 글자는 "部"의 약자인 "阝"이다. 네 번째 글자는 적외선 촬영 직후 많은 연구자들이 "鍵"으로 판독하여 외량부의 열쇠를 매단 牌札의 용도로 이 목간을 사용한 것으로 간주하였었다. 또한 판독 초기 단계에는 목간 뒷면의 글자를 제대로 판독할 수 없어 外椋部 창고의 몇 번째 열쇠를 의미하는 것이 아닐까 추측하였었다. 그렇지만 뒷면의 글자가 그 후에 판독됨에 따라 "鍵"이 아니라 "鐵"자일 가능성이 높아졌다. 이 "鐵"자와 비슷한 서체를 보이는 고대 목간으로서는 함안 성산산성 출토 "殂鑄十之" 목간[2]이 있다. 따라서 앞면의 4글자는 "外椋阝鐵"로 읽어도 문제가 없을 것으로 생각된다.

뒷면에는 4글자가 쓰여 있는 것으로 보인다. 첫 번째 글자는 "代"이다. 두 번째 글자는 "綿"으로 읽을 수 있다. 세 번째 글자는 "十"으로 판독할 수 있으며, 네 번째 글자는 "兩"자의 草書體[3]이다. 따라서 뒷면의 4글자는 "代綿十兩"이 된다.

---

1) 목간의 판독을 위하여는 많은 연구자들이 조언을 해 주셨다. 특히 목간된 날부터 수고로움을 마다않고 같이 고민하여 주신 이용현 선생, 그리고 검토단계에서 세밀하게 많은 문제를 해결하여 주신 李成市 선생께 지면을 빌어 감사의 말씀을 드린다.

2) 국립가야문화재연구소, 2007, 『함안 성산산성 출토목간』 048 一面墨書木簡, 여기에서는 '鑄'로 읽었으나, 여러 가지 서체를 비교해 보았을 때 '鐵'로 읽는 것이 타당할 것이다.

이 "外椋部鐵 代綿十兩"은 內官 12部 중의 하나인 外椋部에서 鐵의 대가로 지방에서 가져와 창고로 거두어들인 '綿 10兩'의 포대에 붙여져 있던 꼬리표(荷札)가 아닐까 한다.

2. "佐官貸食記" 木簡 〈도판 3〉

"佐官貸食記" 木簡은 제1건물지 동쪽 1.7m 지점에서 출토되었다. 출토층위는 회색 진흙층 아래의 황갈색 모래층으로서 건물지의 일부를 침식하고 만들어진 웅덩이 상면이다. 목간의 출토지점과 층위, 그리고 주변에서 출토되는 유물의 대략적인 시기가 6세기 말 이후이므로 목간 干支의 時期比定에 참고가 된다. 목간은 가로4.2~3.8㎝, 세로 29.1㎝, 두께 0.4㎝이다. 목간의 상단부에서 2.4㎝ 내려온 중앙에 앞면에서 뒷면으로 뚫은 구멍이 있다.

이 목간은 발굴조사 당시 묵서의 내용이 어느 정도 파악되어 학계에 이미 목간 전문이 소개된 바 있다. 그러나 목간의 구성내용 중에서 잘 파악되지 않는 부분과 아울러 논란의 소지가 있는 글자도 있어서 이에 대한 검토 또한 상당한 시일이 소요되었다. 이를 다시 정리하면 다음과 같다.

戊寅六月中 佐官貸食記
固淳□三石　上(止?)夫三石上四石　佃目之二石上未一石　佃麻那二石
比至二石一石未二石　習利一石五斗上一石未一　素麻一石五斗上一石五斗未七斗半
今沽一石三斗半上一石未一石甲　佃首勹(門一?)石三斗半上石未石甲　刀己邑佐三石与
并十九石　得十一石

백제 사비시대의 戊寅年은 威德王 5年(558)과 武王17年(618)이 있다. 앞서 언급하였듯이 목간 출토의 층위양상과 주변 건물지 출토유물의 중심연대가 6세기 말 이후에 해당되고 목간이 출토된 토층의 형성시기 또한 618년 이후가 되어야 하므로, 이 목간에서의 戊寅年은 武王 17年(618)으로 간주하여도 무방할 것으로 생각된다.

목간 발견 초기에 이 목간이 公文書인지 私文書인지의 여부에 대하여도 논란이 있었지만, 금번 "外椋部" 목간이 확인됨에 따라 이 목간이 外椋部에서 곡물의 출납과 관련이 있는 문건인 것이 확실하여 졌다. 물론 "外椋部" 목간과 "佐官貸食記" 목간이 동일지점의 동시 출토는 아니라고 하더라도 크게 보아 동일 경로를 통하여 쌍북리 280-5번지 일원으로 흘러들어온 것으로 간주할 수 있기 때문에 출토지점이 일치하지는 않더라도 상호 관련성이 있는 것으로 밖에 해석할 수 없다.

이 목간은 人名+貸食+上+未[4]의 體制로 기술되어 있으며 貸食의 수량이 많은 것을 우선적으로

---

3) 목간에 보이는 '兩'의 초서체는 懷素(725~785) 墓碑銘의 초서체와 유사하다.
4) 목간이 발견된 날 이용현선생께 발견사실을 연락하고 같이 초기판독을 실시할 무렵만 하더라도 '未'를 '米'로 읽었었다. 후에 목간의 서술체계가 일정하고 '未'로 읽어야 한다는 것을 알게 되었다.

표기하였다. 이를 표로 표기하면 다음과 같다.

人 名	貸 食	上	未	비고
固淳□	三石			
上(止?)夫	三石	四石		
佃目之	二石		一石	
佃麻那	二石			
比至	二石	一石	二石	
習利	一石五斗	一石	一(石)	
素麻	一石五斗	一石五斗	七斗半	
今沽	一石三斗半	一石	一石甲	
佃首勹(門?)	一石三斗半	(一)石	(一)石甲	
刀己邑佐	三石与			
	并十九石	得十一石		

※( )의 수량과 단위는 필자가 보충한 것임.

이 목간에서의 용례 중 인명 뒤에 몇 석이라 표기된 단위는 貸食을 하여준 수량을 의미하고, "上"은 상환한 것, "未"는 아직 상환하지 않은 것을 의미하는 것으로 볼 수 있다. 그런데 貸食을 한 元穀과 "上"+"未"의 비율을 보면 작게는 30%에서 많게는 70% 이상까지 편차가 심하다. 왜 이러한 비율로 상환되어야 하는지 의문이지만, 목간에는 비록 기재되어 있지 않지만 상환기간의 차이 때문에 비율이 일정하지 않은 것일지도 모르겠다.

그리고 수량 단위 중에서 눈에 띄는 것이 "甲"字인데 수량단위로 사용한 듯하며 아마도 半의 半 즉 1/4을 의미하는 것으로 파악할 수 있다.[5)]

또한 마지막에 보이는 인명 중에서 "刀己邑佐"에게 3石을 준 것은 새로이 발생한 貸食內容을 기재한 것인지 그냥 이자없이 준 것인지 확실치 않으나, 만약 새롭게 貸食行爲가 이루어진 것으로 보면 다른 목간에 기재하는 것이 마땅할 것이므로 대가없이 준 것으로 해석이 가능하며, 이러한 논리가 성립될 수 있다고 하면 "刀己邑佐"는 관청에 속한 관리일 가능성도 배제할 수 없다.

3. "与□"銘 목간 〈도판 4〉

"佐官貸食記" 목간 주변 황갈색 사질토층에서 출토되었다. 길이 5.5㎝, 너비 1.6㎝, 두께 0.45㎝이고 軸 부분의 길이 0.6㎝, 너비 0.6㎝이다.

---

5) 鳥取縣 倉吉市 大御堂 廢寺址(7세기대)에서 "一升小甲" "一升半"이라 적혀 있는 목간이 출토되었고, 이 목간에서의 甲도 수량단위로서의 1/4을 의미하는 것이 아닐까 한다.

2글자가 있는데 "与□"로 1글자만 판독된다. 함안 성산산성에서 이 목간과 형태는 틀리지만 題籤軸으로 보고[6]된 바 있으나 묵서가 없다. 금번 확인된 이 목간의 경우에는 "与□"라는 묵서가 있어 확실하게 題籤軸[7]으로 볼 수 있다.

6) 국립가야문화재연구소, 앞의 책, 058 題籤軸.

7) 이 목간이 題籤軸이 확실하다고 하면 "佐官貸食記" 주변에서 출토된 점으로 미루어 "佐官貸食記"와 상호 보완적 성격을 지닌 종이 두루마리문서에 사용되었을 가능성도 배제할 수 없다.

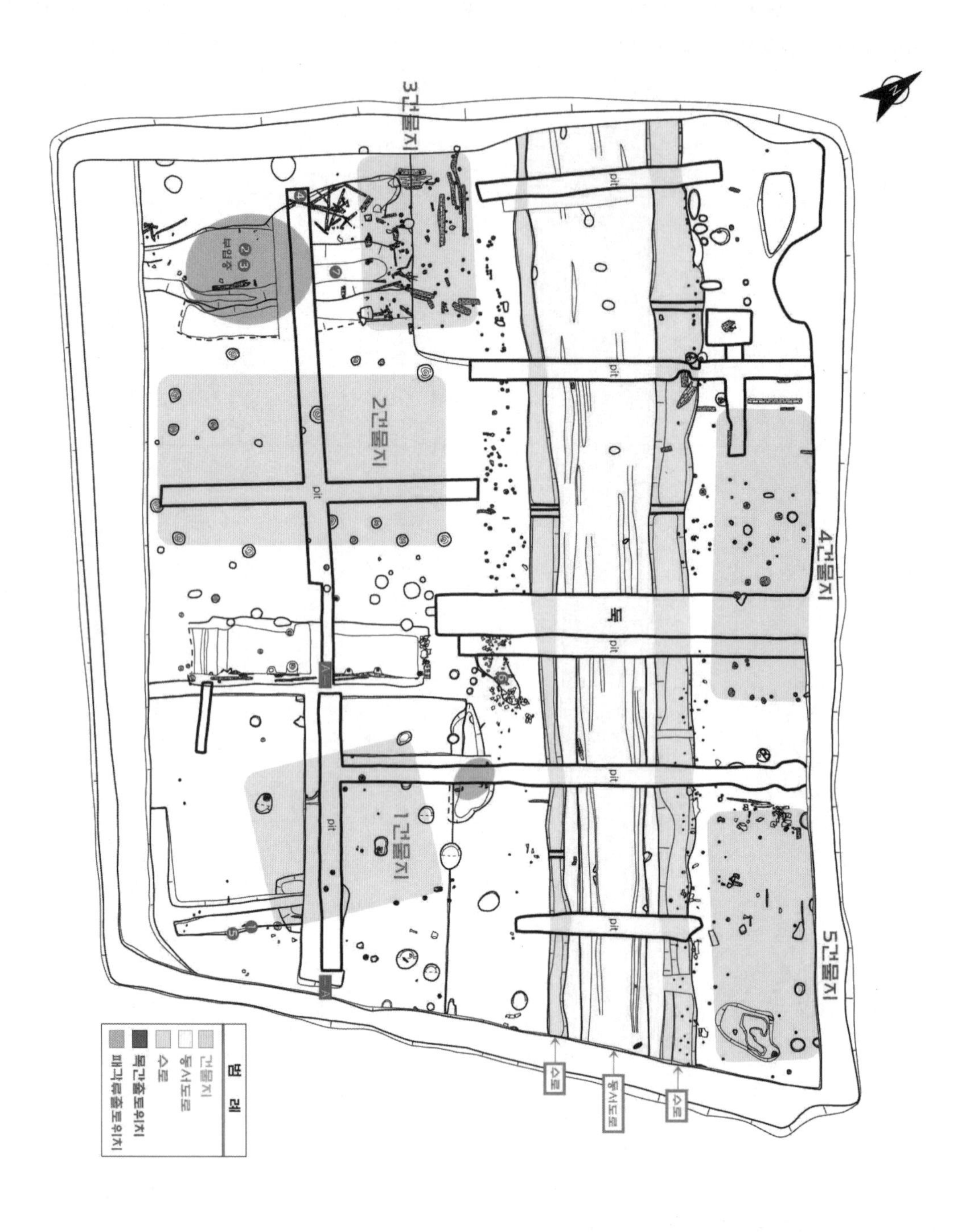

〈도판 1〉 부여 쌍북리 280-5번지 유구내 유구배치 평면도

〈도판 2〉 "外椋部"銘 목간(위 : 앞면, 아래 : 뒷면)

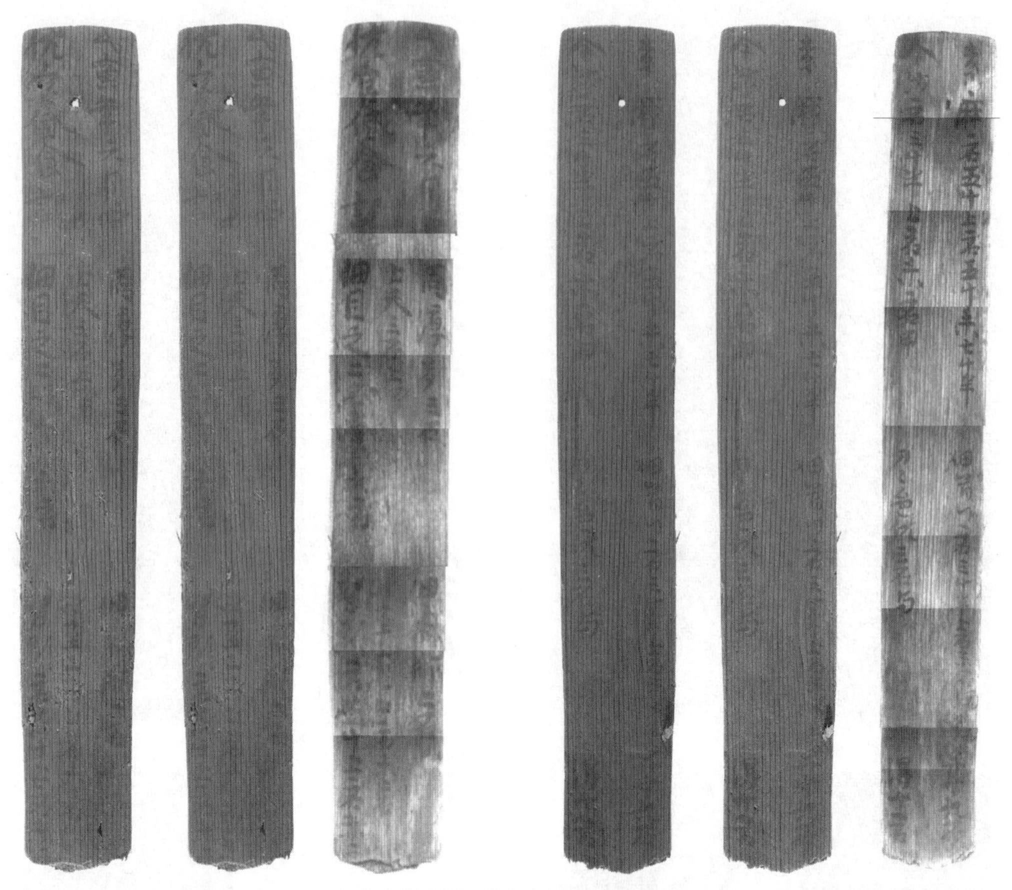

〈도판 3〉 "佐官代食記" 목간(좌 : 앞면, 우 : 뒷면)

〈도판 4〉 "与□" 목간(좌 : 뒷면, 우 : 앞면)

尙州 伏龍洞 256번지 유적 출토 新羅 蠟石製 銘文遺物*

尹善泰**

Ⅰ. 유적의 위치와 역사적 환경

尙州 伏龍洞遺跡은 상주지역에서 처음으로 조사된 대규모 취락 유적으로 통일신라부터 조선시대까지 이어지는 지방도시의 구조와 생활상을 잘 보여준다. 특히 통일신라시기 상주의 고대도시적 면모를 복원 연구하는데 도움을 주는 역사적 가치가 매우 큰 중요한 생활유적이다. 복룡동유적이라 하면 상주시 복룡동일대에서 발굴된 여러 유적[1]을 통칭해서 일컫는데, 그중 256번지 유적

* 한국목간학회는 영남문화재연구원의 요청으로 2008년 7월 11일 상주 복룡2지구 출토 납석제 명문 유물을 직접 실견조사하고, 명문을 판독하였다. 당시 조사에 참여한 회원(가나다순)은 권인한(성균관대 교수), 김병준(한림대 교수), 김영욱(서울시립대 교수), 윤선태(동국대 교수), 주보돈(경북대 교수), 하일식(연세대 교수) 등 6인이다. 이 글은 『상주 복룡동 256번지유적 Ⅰ~Ⅳ』(영남문화재연구원, 2008)으로 간행된 보고서의 유적, 유구 상황을 요약하고, 명문판독에 참여한 6인의 의견을 종합해 윤선태가 대표 집필하였다.

** 동국대학교 역사교육과 조교수

1) 상주복룡동유적은 '상주 복룡2지구 주택건설사업지부내 상주 복룡동 256번지 유적' (a), '상주 복룡 3지구 주택건설사업부지내 유적' (b), '상주 복룡동 주택건설사업지구내 상주 복룡 230번지 유적' (c), '상주 제2건널 입체화 시설공사부지내 상주 복룡동 397-5번지 유적' (d), '상주중앙로(제2철길)확장구간내 유적' (e)을 모두 포함한다.
a. 영남문화재연구원, 2005, 「상주 복룡2지구 주택건설사업부지내 유적 문화재발굴조사 약보고서」.
b. 영남문화재연구원, 2004, 「상주 복룡3지구 주택건설사업부지내 유적 문화재발굴조사 약보고서」.

은 상주 복룡2지구 주택건설사업부지내 유적에 해당한다.

상주시는 지리적으로 영남의 서북부지역에 위치하며, 북서쪽으로 백두대간을 경계로 이화령을 통해 옥천 · 보은 · 영동 등 금강 수계권으로 연결되고, 상주시 화북면의 눌재를 통해 괴산 · 충주 등의 남한강 수계권과 통교할 수 있는 분수령에 자리하고 있다. 낙동강 수계를 따라 내륙으로는 안동 · 봉화까지 이를 수 있으며, 남부지역으로는 김해 · 부산까지 나아갈 수 있는 수륙교통의 요지에 해당한다.

상주시 복룡동 256번지 일원은 현 상주시가지의 북동편 외곽에 위치하며 북천과 남천(병성천)이 합류하는 삼각지점의 안쪽에 위치한 비옥한 복룡동의 넓은 평야지대의 중앙부에 해당한다. 상주 읍성지를 기준으로 보면 동문에서 북동쪽으로 500m 떨어져 위치하고 있다. 조사 전 이 일대는 대부분 논으로 경작되고 있었을 뿐 지상구조물이 조성되지 않아 유적의 보존 상태는 양호한 편이었다.

상주는 신라 神文王 7년(687) 3월 一善州를 파하고 州(沙伐州)로 복치된다. 이 해 가을에는 沙伐州에 城을 쌓았는데, 성의 크기는 주위가 1,109步였다고 한다. 이 시기는 신라가 9州를 정비하던 때로 사벌주는 9주의 하나로서 지방행정의 중심지로 자리잡게 된다. 이후 景德王 16년에 사벌주는 尙州로 雅化되어 개명되었다.[2)]

그런데 1927년에 제작된 1만분의 1 지도를 보면 신문왕 축성 당시에 정연한 도로망을 가진 시가지가 건설되었을 가능성이 높다. 지도에는 동서 및 남북으로 정연한 가로망의 흔적이 남이 있으며 시가지의 중앙부에 읍성이 위치한다. 읍성의 크기는 둘레 1,519尺, 높이 9尺이며, 성내에 21개의 井과 2개의 池가 있었다. 이 읍성이 신문왕 7년에 쌓은 성과 동일한 위치의 증 · 개축이었는지 아닌지는 분명치 않다. 동 · 서 · 남 · 북으로 정연한 가로망의 흔적은 북천과 남천, 그리고 시가지의 서남부에 있는 남산에 의해 둘러싸인 범위에만 확인되었다. 1917년의 지적도를 통해 방의 크기와 남북대로의 위치, 폭을 살펴보면 사벌주의 도시계획은 남북대로를 중심으로 東 · 西로 각기 45坊씩 도합 90坊이 있었던 것이 되고 官衙는 시가의 북변 중앙부에 위치하였던 것으로 추측되고 있다.

---

c. 영남문화재연구원, 2005, 「상주 복룡동 주택건설사업부지내 유적 문화재발굴조사 약보고서」.
d. 영남문화재연구원, 2006, 「尙州 伏龍洞 397-5番地 遺跡」.
e. 영남문화재연구원, 2006, 「상주 중앙로(제2철길)확장구간내유적 문화재발굴조사 약보고서」.

2) 이하 유적의 歷史 · 考古學的 環境에 대한 내용은 아래의 자료들을 참고하여 작성하였다.
· 慶尙北道七百年史編纂委員會 · 慶尙北道, 『慶尙道七百年史-第1卷 通史』.
· 경상북도 문화재연구원, 2006, 『尙州 屛風山城』.
· 박태우, 1987, 「統一新羅時代의 지방도시에 대한 연구」, 『백제연구』 18.
· 朴達錫, 2007, 「統一新羅時代 沙伐州의 里坊制 檢討」, 『大東考古』 創刊號.
· 尙州市 · 尙州産業大學校附設 · 尙州文化財硏究所, 『古代沙伐國 關聯 文化遺蹟 地表調査 報告書』.
· 韓國文化財保護財團 · 韓國道路公社, 2002, 『尙州 佳庄里 古蹟群』.

상주는 醴泉郡, 高昌郡, 聞韶郡, 崇善郡, 開寧郡, 古寧郡, 化寧郡, 永同郡, 管城郡, 三年郡 등을 포함하는 광역주의 행정중심이면서, 동시에 交通關係 역시 이들 지역의 중심이었다. 洛東江의 水系는 상주까지 선박의 출입이 가능했고 신라의 수도 왕경에서 唐으로 가는 중요한 루트인 唐恩浦路에 尙州를 명기할 만큼 북방루트에서 교통의 요충이었다. 이러한 연유로 이 지역은 신라하대 지방호족의 거점이 되었다.

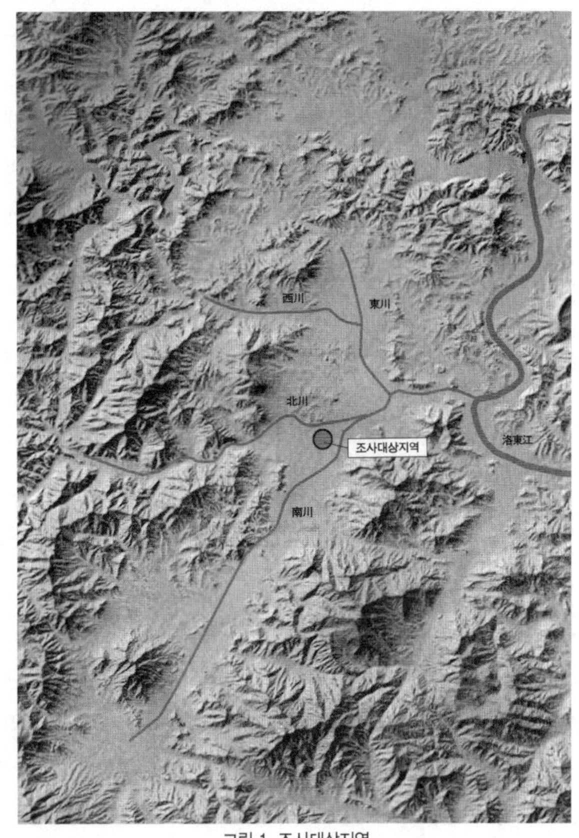

그림 1. 조사대상지역

眞聖女王 3년(889)에 국내 여러 州郡에서 貢賦를 바치지 아니하여 왕이 使者를 보내 이를 독촉하고 이로 인해 도처에 도적이 벌떼와 같이 일어났다. 이때 元宗 · 哀奴 등은 沙伐州에 근거하여 반기를 들었다. 또 阿慈蓋가 '以農自活'하여 沙伐城(상주)에 웅거하여 자칭 將軍이라 칭하였다고 하며, 아자개는 甄萱의 父로도 알려져 있다. 상주지역은 이 무렵부터 신라 중앙정부의 통제에서 벗어났다.

후삼국의 성립 후 상주를 보면 904년 弓裔가 상주 등 30여 州郡을 攻取하였다. 907년에는 다시 이 지역을 견훤이 차지하며, 918년 고려 태조가 즉위한 그해 상주의 敵帥 阿慈蓋가 고려에 항복하였다. 이후 善山, 安東, 義城, 聞慶 등지에서 후백제와 전투가 일어나고 있는 것으로 보아 상주를 중심으로 한 이 지역이 전략적으로 요충지였음을 알 수 있다. 이러한 중요성으로 인해 太祖 23년에는 尙州로, 그 후에는 安東都督府로, 다시 成宗2년에는 전국에 12牧을 설치할 때 그중의 하나였고, 14년에 전국 12州에 節度使를 두면서 歸德軍이라 불렀고, 嶺南道에 소속시켰다. 顯宗 3년에는 安東大都督府가 되고 5년에 尙州安撫使로 9년에 전국 8牧 중의 하나로 尙州牧이 되었다.

Ⅱ. 조사방법 및 납석제 유물 출토 유구

발굴조사는 사업대상부지 31,321㎡에 대하여 30m단위의 그리드를 설치하여 유구의 확인 및 조사를 실시하였다. 대부분 표토하 30㎝내에서 유구의 굴광선이 확인되었는데 조사범위전체에 유

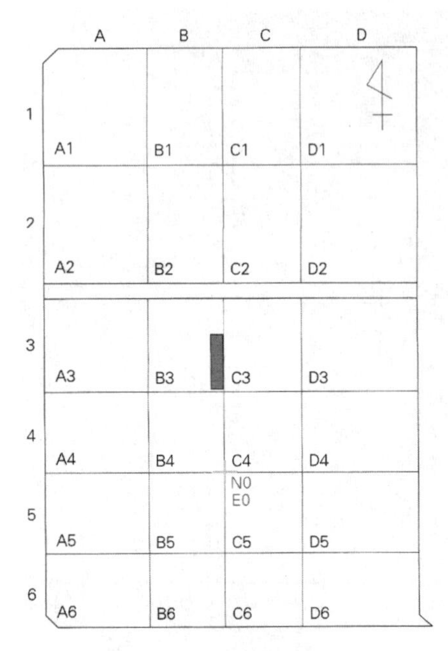

그림 2. 유적 Grid 측량도

적이 분포하고 있음이 밝혀졌다. 조사된 유구의 종류는 우물, 적심건물지, 수혈, 구상유구 등이며 일부 지점에서 청동기시대의 원형 또는 장방형의 주거지가 몇 동 확인되기도 하였으나 대부분의 유구는 통일신라, 고려 · 조선시대의 것이다.

세부적으로 살펴보면 청동기시대의 주거지 5동, 통일신라시대에서 고려 · 조선시대의 적심건물지 32동, 우물 82기, 수혈유구 416기, 기타 주혈 및 소형수혈 483기 등 총 1,011기의 유구가 조사되었다. 유물은 유적의 성격상 대부분 생활유적과 관련된 기와, 자기, 도기 등이다. 그 수량은 토기 252점, 자기 559점, 와전류 795점, 기타 191점 등 총 1,796점이 출토되었다. 출토된 유물 중 명문이 새겨진 것이 다수 확인되었는데 그중 '沙伐州姫' 라는 글씨가 적힌 통일신라시대의 납석제 유물이 발견되어 학계의 깊은 관심을 모았다.

납석제 유물은 B6 Grid내 수혈 1號에서 출토되었다. 이 수혈 유구는 B6 Grid내 서쪽 경계 중앙부에 위치하며, 조사전 수혈내부에는 갈색사질점토가 채워져 있었으며, 전체적으로 잔존상태는 양호한 편이었다.

유구는 기반층인 황갈색 사질점토층을 파고 조성되었고, 평면 형태는 원형에 가까운 부정형이다. 규모는 길이 320㎝, 너비는 300㎝, 깊이 28㎝이며, 내부토는 크게 3개층으로 나뉘어지는데 1층은 암갈색 사질점토인데 교란층으로 보이며, 2층은 목탄 및 소토가 다량 포함된 갈색 사질점토이고, 3층은 사질성분이 많은 암갈색 사질점토이다.

유구내부의 동쪽 중앙부에는 수키와 1매와 암키와 1매가 동-서 방향으로 세워져 있고 그 위에 다시 암키와 1매가 눕혀져 있는데, 이것을 수키와와 암키와가 받치고 있는 것으로 보인다. 눕혀

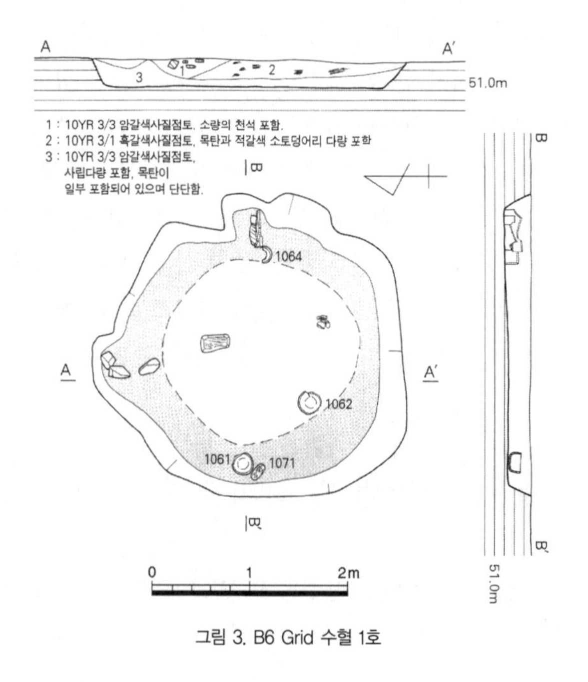

그림 3. B6 Grid 수혈 1호

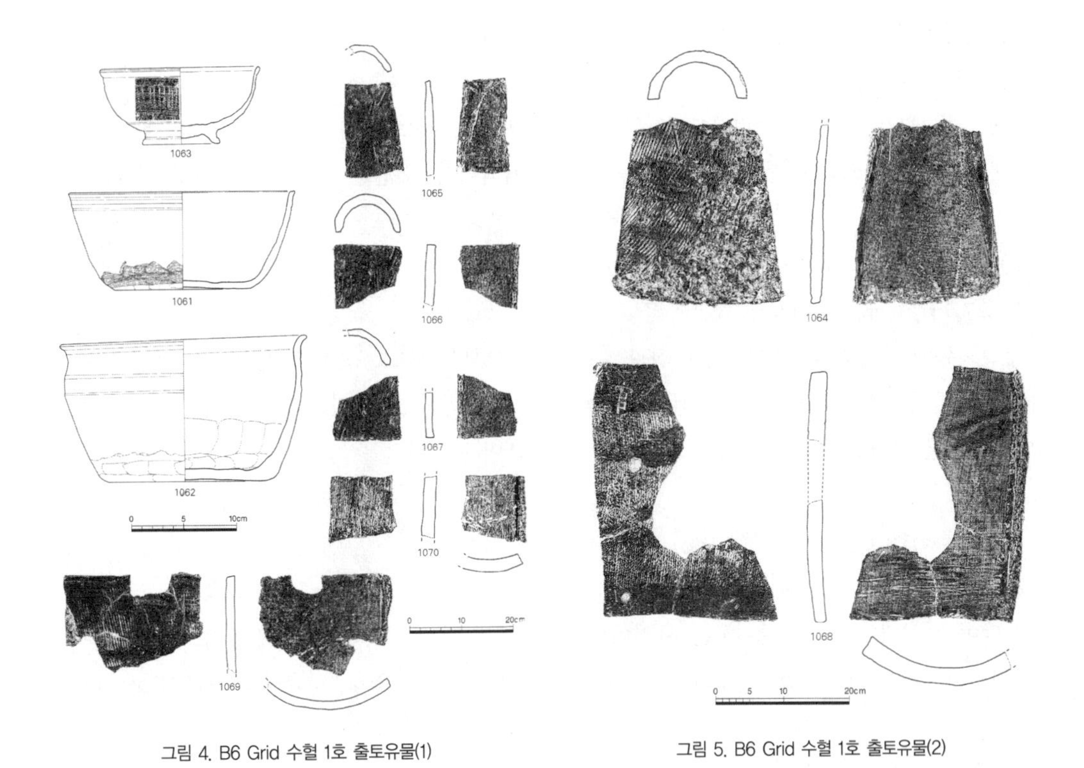

그림 4. B6 Grid 수혈 1호 출토유물(1)

그림 5. B6 Grid 수혈 1호 출토유물(2)

있는 암키와의 끝지점에 다시 수키와 1매가 세워져 있다. 이는 형태로 보면 부뚜막시설로 파악된다.

출토유물로는 수혈유구의 바닥에서 도기완 2점, 도기대접 1점, 수키와 4점, 암키와 3점, 명문이 음각된 납석제품 1점이 출토되었다. 수혈의 축조시대는 출토유물로 보아 통일신라시대의 유구로 판단된다. 출토유물은 아래와 같다.[3]

1061. 완(도면 226, 사진 182)

現高 9㎝, 口徑 20.7㎝, 底徑 12.8㎝

구연 일부 결실되었다. 도질로 소성은 양호하다. 태토는 사립이 함유된 정선된 점토이다. 색조는 전반적으로 회색이다. 전면 회전물손질 정면하였다.

3) 이하 유물의 일련번호, 도면, 사진번호 등은 『상주 복룡동 256번지유적 Ⅱ』(영남문화재연구원, 2008), 334~341쪽에 의거하였다.

1062. 완(도면 226, 사진 182)

現高 13.1㎝, 口徑 22.4㎝, 底徑 15㎝

구연 · 동체 일부 결실되었다. 도질로 소성은 보통이다. 태토는 사립이 함유된 정선된 점토이다. 색조는 전반적으로 회색이고, 속심과 구연은 회백색이다. 전면은 회전물손질 정면하였다.

1063. 대접(도면 226, 사진 182)

現高 7.5㎝, 復元口徑 14.9㎝, 復元底徑 7.1㎝

구연 · 동체는 거의 결실되었다. 도질로 소성은 양호하다. 태토는 사립이 함유된 정선된 점토이다. 색조는 전반적으로 회색이다. 전면은 회전물손질 정면하였다. 기외면에 점열문을 시문하였고, 외저면은 깍기한 흔적이 있다. 기내면에는 녹로흔이 보인다.

1064. 수키와(도면 227, 사진 183)

길이 25.9㎝, 너비 14.5㎝, 두께 1.6㎝

상단이 결실되었다. 태토는 굵은 사립이 다량 함유된 점토이다. 색조는 전반적으로 갈회색이다. 외면사선문이 타날되었다. 내면에는 포목흔 · 합철흔이 남아 있다. 양측에 와도흔이 보인다.

1065. 수키와(도면 226, 사진 183)

길이 17.5㎝, 너비 8㎝, 두께 1.4㎝

상단일부가 잔존한다. 도질로서 소성은 양호하다. 태토는 굵은 사립이 다량 함유된 점토이다. 외면은 암회색이며 내면은 회색이다. 외면은 사선문 타날 후 물손질 정면되었다.

1066. 수키와(도면 226, 사진 183)

길이 11.3㎝, 너비 12.4㎝, 두께 1.8㎝

하단일부가 결실되었다. 도질로서 소성은 양호하다. 태토는 굵은 사립이 다량함유된 점토이다. 외면에는 사선문이 타날되었고 내면에는 사절흔 · 포목흔이 남아 있다.

1067. 수키와(도면 226, 사진 183)

길이 8.3㎝, 너비 7.9㎝, 두께 1.2㎝

기면 일부가 잔존한다. 도질로서 소성은 양호하다. 태토는 굵은 사립이 다량 함유된 점토이다. 외면은 사선문이 타날 후 물손질 되었고, 내면에는 포목흔이 남아 있다.

1068. 암키와(도면 227, 사진 183)

길이 36.3㎝, 너비 22.4㎝, 두께 5㎝

그림 6. 납석제 유물

그림 7. 납석제 유물 실측도

상 · 하단 일부가 결실되었다. 연질로서 소성은 양호하다. 태토는 굵은 사립이 다량 함유된 점토이다. 색조는 황등색을 띤다. 외면에는 승문이 타날되었고, 내면에는 포목흔 · 사절흔이 남아 있다. 외면 상 · 하단은 물손질 정면되었다. 한 면은 내측 와도흔이 확인된다. 외면 상단에 '官' 자가 시문되었다.

1069. 암키와(도면 226, 사진 183)

길이 18.2㎝, 너비 23.4㎝, 두께 1.6㎝

상단 일부가 잔존한다. 도질로서 소성은 불량하다. 태토는 굵은 사립이 다량 함유된 점토이다. 외면에는 천황색을 내면에는 황등색을 띤다. 외면에는 승문 타날 후 물손질되었다. 내측에 와도흔이 확인된다.

1070. 암키와(도면 226, 사진 183)

길이 11.5㎝, 너비 11.6㎝, 두께 2.3㎝

기면 일부가 잔존한다. 도질로 소성은 양호하다. 태토는 굵은 사립질이 다량 함유된 점토질이다. 색조는 회색을 띤다. 외면에는 승문 타날되었다. 한 면에 내측 와도흔이 보인다.

1071. 납석제품(도면 228 · 229, 사진 184~187)

길이 180㎝, 너비 10㎝, 두께 4.5㎝

평면 횡타원형, 단면 반원형의 납석제품이다. 한쪽면은 납작하게 깎아 편평하게 만들고 반대편은 볼록하게 만들었다. 전체적으로 달걀을 장축으로 잘라낸 달걀 반쪽의 형태를 하고 있다. 한편 볼록한 면(윗면)의 가운데에 끈이나 수실을 꿸 수 있도록 서로 연결되는 구멍을 뚫어 고리역할을 하도록 해놓았다. 이 볼록한 윗면 전체에는 '沙伐州姫'로 판독되는 명문을 비롯해 다양한 명문이 새겨져있다. 이하 명문을 판독하고 그 내용을 구체적으로 검토해보려 한다.

Ⅲ. 납석제 유물의 銘文 판독

명문은 유물의 윗면 전체에 예리한 도구로 새겨져 있다. 명문은 새긴 깊이가 얕고, 또 명문을 새긴 뒤에 이 유물이 傳世되는 동안 가느다란 잔금들이 명문 위에 수없이 덧새겨져 판독에 어려움이 있다. 이로 인해 탁본보다는 직접 실물을 보고 판독하는 것이 명문을 읽기에 가장 적합한 방법이라고 생각된다.

이들 명문은 글자의 크기나 書寫된 위치, 그리고 내용 등으로 볼 때, 한문의 일반적인 서사 방향, 즉 오른쪽 행에서 왼쪽 행으로 써나간 것으로 보기 어렵다. 애초 유물의 한가운데에 만들어놓은 고리로 인해 서사 공간 자체가 고리 주위 각 부분에 별개로 분리될 수밖에 없다. 또 명문의 내용으로 볼 때도 고리를 중심에 두고 그 주위에 명문이 방사선 형태로 逐次的으로 새겨진 것으로 추정된다.

그런데 전체 명문 중에 글자 크기가 가장 크고 내용적으로도 다른 명문들과 구분되는 고리 왼쪽에 새겨진 "沙伐州姫 萬(?)韓公"이 명문들 중 가장 중핵이며, 또 최초로 기록된 것으로 추정된다. 한편 그 주위의 나머지 명문들은 모두 "-里娘", 즉 '里'라는 여자 인명어미와 '娘'이라는 미칭으로 끝나는 공통점이 있고, 글자 크기도 상대적으로 작아, 이 "沙伐州姫 萬(?)韓公"에 종속된 측면을 강하게 띤다. 유물의 고리를 기준으로 각 방향에 새겨져 있는 명문들을 소개하면 다음과 같다.

1. 고리 왼쪽: "沙伐州姫 萬(?)韓公"

"沙伐州姫"는 글자 크기가 가장 크고 깊게 팠기 때문에 판독에 아무런 문제가 없다. 그 아래에 의도적으로 한 칸 띄어쓰기를 한 다음 "萬(?)韓公"을 새겼다. "萬"자는 글자의 획이 일부 훼손되었지만, 윗부분 '䒑' 아래에 '口', 그 아래에 '冂'의 획이 또렷해, "萬"자로 推讀하였다. 또 "公"자는 석질이나 유물의 밑부분 둥근 곡선 부분으로 인해, 획이 얕고 글자가 내려가면서 중심축에서 오른쪽으로 밀려나있지만, 자획상 "公"일 가능성이 매우 높다.

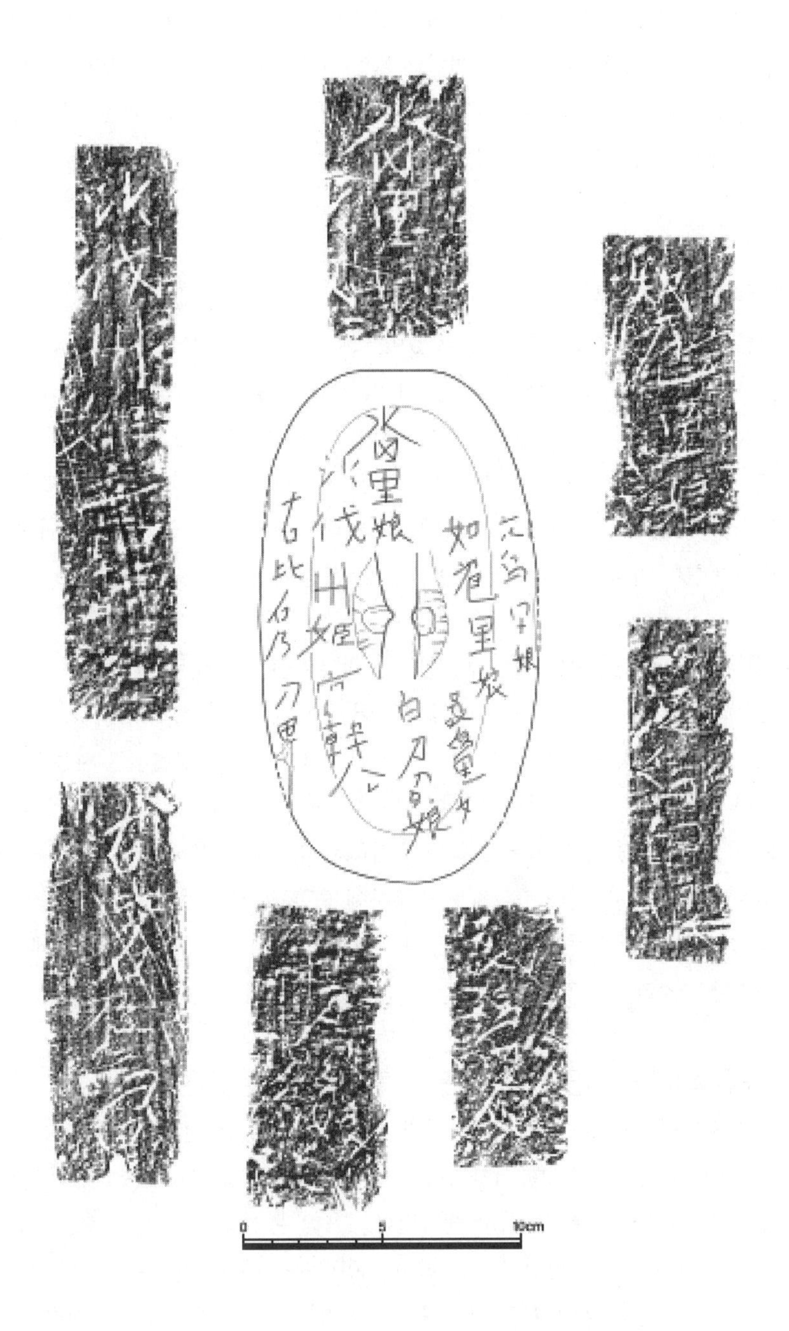

그림 8. 납석제 유물의 탁본

명문의 "沙伐州姫"는 여성의 칭호가 분명한데, '沙伐州'는 유물이 출토된 地名이라는 점에서 단순히 인명이라기보다는 이 여성의 別號적 성격이 강한 雅稱이 아닌가 생각된다. 한편 그 아래 "萬(?)韓公"은 漢化된 인명(萬韓) 다음에 남성용 존칭인 "公"을 칭하고 있다. 물론 '公'은 「봉평비」 등에 인명어미로도 사용되는 글자이지만, "萬(?)韓"이라는 한화된 인명과는 어울리지 않으며, 흔히 신라의 貴族의 이름에 붙는 존칭형이 아닌가 생각된다. 또 "萬(?)韓公" 주위에 기록된 "-娘"으로 끝나는 여성 인명들과 연관지어 볼 때도 '公'은 인명어미가 아니라 존칭이 분명하다고 생각된다.

2. 고리 위쪽: "畓里娘"

"畓"자는 전체 자획이 서로 조화를 이루고 있어, '水田' 두 글자가 아니라 '畓' 한 글자로 판독하는 것이 옳다고 생각된다. 그런데 '-里'는 「甘山寺彌勒造像記」(719년)나 「甘山寺阿彌陀造像記」(720년)의 "亡妣 觀肖里", 그리고 「上院寺鐘銘」(725년)의 "有休大舍宅夫人 休道里" 등의 사례로 잘 알려져 있지만, 통일기 이후 신라 귀족계층의 여성들에게 널리 사용된 인명어미이다. 특히 이 유물의 명문에는 모두 "畓里娘"처럼 '里' 다음에 '娘'이라는 여성용 미칭까지 덧붙여져 있어, 이들 명문의 "-里"가 地名이 아니라 人名이라는 것을 보다 분명히 알 수 있게 해준다.

3. 고리 아래쪽: "白刀里(?)娘"(왼편), "另叱爲里娘"(오른편)

왼편의 "白刀里(?)娘"의 '里'자는 명문이 훼손되어 글자가 불분명하다. 혹 '島'일 가능성도 있다. 오른편 "另叱爲里娘"의 첫 번째 글자 '另'자는 신라에서 '武'의 異體字로 사용된 '另'가 매우 유사한데, 그 아래에 '叱'이 바짝 붙여져 있어 마치 '另叱'이 한 글자처럼 기록되었다. 이러한 서사방식은 '叱'이 신라의 借字表記에서 촉음을 표시하는 것으로 사용되었던 점과 관련지어 볼 필요가 있어 매우 유의된다. 그 아래 "爲"자는 윗부분에 '爫'를 크게 쓰고 그 아래에 '為'의 모양으로 획이 쓰여 있어, "爲"로 판독하였다. 이 글자는 이 유물의 다른 명문들에서도 세 곳이나 확인되며, 모두 동일한 글자라고 생각된다.

4. 고리 오른쪽: "知乃巴里娘"(왼편), "定(?)爲里娘"(오른편)

오른편 "定(?)爲里娘"은 명문이 유물의 가장자리에 새겨져 있고, 왼편의 "知乃巴里娘"보다도 글자도 작고 얕게 파여져 있다. 이러한 서사의 상태로 볼 때, 왼편의 "知乃巴里娘"이 먼저 기록되고, 그 이후에 "定(?)爲里娘"이 기록되었다고 생각된다. "乃巴"는 앞서 살펴본 '另叱'처럼 한 글자같이 서로 바짝 붙여 서사되었다. 한편 "定"은 판독이 어렵지만, 글자 윗부분에 '宀'의 부분 필획이 엿보이고, 그 아래에 '疋'의 일부 획이 남아있어, "定(?)"으로 추독하였다. 그 다음 글자는 "另叱爲里娘"의 "爲"자와 글자의 자획과 형태가 동일하다.

5. "沙伐州姫 萬(?)韓公" 왼쪽: "古比石乃爲里(이하훼손)"

앞서 검토한 고리 오른쪽 가장자리에 기록된 "定(?)爲里娘"과 "知乃巴里娘"의 사례와 마찬가지로 이 명문 역시 "沙伐州姫 萬(?)韓公"이 먼저 기록된 이후에 시차를 두고 새겨진 것이 분명하기 때문에 "沙伐州姫 萬(?)韓公" 명문과 구분해서 볼 필요가 있다. 이 명문의 "爲"자도 "另叱爲里娘"의 "爲"자와 글자의 자획과 형태가 동일하다. 마지막 "里"자는 '田' 아래 부분이 파손되었지만, '田' 아래에 '土'의 오른편 자획 '二'가 남아있어, "里"자가 분명하다고 생각된다. 한편 이 "里"자 아래는 완전히 파손되었지만 이 유물의 다른 명문들로 볼 때 '娘'자가 새겨져 있었을 가능성이 매우 높다고 생각된다.

6. 銘文의 의미와 유물의 용도

이상의 검토를 정리해보면, 이 유물의 명문은 "沙伐州姫 萬(?)韓公"을 맨 먼저 기록하고, 이를 중심으로 그 주위에 여섯 명의 "-里娘"들을 순차적으로 기록하였다고 생각된다. 또 "沙伐州姫 萬(?)韓公" 중에서도 "沙伐州姫"가 글자 크기가 가장 크고 명문 위치상으로도 가장 중심을 차지하고 있다. "萬(?)韓公"은 명문에서 유일한 남자이고 公이라는 존칭을 사용하고 있지만, 명문의 위치가 "沙伐州姫" 아래에 있고, 유물의 아래쪽 가장자리로 밀려나 자획의 깊이가 얕고, 자형이 똑바르지 않아 "沙伐州姫"보다 돋보이지 않는다.

이러한 명문의 내용과 명문의 서사 상태로 볼 때, 명문의 "萬(?)韓公"과 여섯 명의 "-里娘"들은 모두 "沙伐州姫"에 종속된 존재일 가능성이 매우 높다고 생각된다. 명문의 書寫者는 "沙伐州姫"에 대해 다른 "-里娘"들과 달리 직접적인 인명이 아니라 이 女性의 別號적 성격을 갖는 雅稱을 사용하였고, 또 존칭을 사용한 남성인 "萬(?)韓公"도 그 아래에 기록하여, "沙伐州姫"를 분명 돋보이게 하였다.

이처럼 유물 여러 부분에 명문이 분리되어 기록되었지만, 명문의 필체가 모두 동일하고, 내용상으로도 주종관계가 느껴져 명문 상호간에 밀접한 연관성이 엿보인다. 이와 관련하여 「開仙寺石燈記」(891년)에 기록된 "文懿皇后主 大娘主(문의왕후님, 큰따님)"의 '娘'자 사례가 주목된다. 이에 의거한다면 억측인지 몰라도 "沙伐州姫"와 "-里娘"들 사이는 母女關係로 볼 여지가 있다. 이 경우 "萬(?)韓公"도 "沙伐州姫"의 아들이 아닌가 생각된다. 그리고 이 명문의 서사자는 "沙伐州姫" 아래의 從者일 가능성이 있다.

이 유물은 윗면은 둥그스름하고 밑면은 평평한 타원형 석제품인데, 윗면에 끈이나 수실을 꿰어 늘어뜨려 이 유물을 들 수 있도록 한 고리가 만들어져 있다. 따라서 이 유물의 용도는 무언가를 무겁게 누르기 위한 용도나 무언가의 뚜껑으로 사용된 물품이 아닌가 생각된다. 여기에 지금까지 검토한 명문의 내용을 추가해본다면 이 유물은 특히 여성용일 가능성이 높다. 이 유물의 형태에 대한 더욱 세밀한 역사학적, 민속학적인 탐구가 필요하다고 생각된다. 또 이 유물의 명문은 신라의 여성인명에 대한 새로운 사례이며, 신라의 차자표기의 발달과정도 이해할 수 있는 매우 중요한 의의를 갖는다고 생각된다.

Ⅳ. 유적의 성격과 납석제 유물의 역사적 가치

상주지역의 고고학적 조사는 복룡동 일원의 발굴조사 이전에는 대부분 산성이나 고분유적에 집중된 관계로 고대 상주의 지방도시적 면모를 밝혀내는 데 미흡한 점이 없지 않았다. 그런데 이제 복룡동 일원의 발굴조사를 통해 통일신라의 생활유적이 다수 확인되어 역사기록에 나타난 고대 지방도시인 상주의 고고학적 물질자료를 풍부하게 얻을 수 있게 되었다.

조사구역을 비롯해 인근지역 전체에 분포한 각종 건물지유적은 상주의 도시적 발전과 확장 등을 구체적으로 알려준다. 특히 복룡동 230유적에서 확인된 도로유구는 옛 상주읍성의 시가지 계획상의 동서 가로망의 방향과 일치하여 고대 지방도시 상주의 시가지 계획을 입증할 수 있는 귀중한 자료로 평가된다.

상주 복룡동 유적은 청동기시대 및 통일신라시대 이후 그 터를 이용하여 고려시대를 거쳐 조선시대까지 동일지역에 지속적으로 폐기와 건립이 반복적으로 진행되었다. 그런데 통일신라시대 이후의 유구는 확인되지만 초기철기 또는 원삼국시대의 유구는 확인되지 않았다. 이는 고대 沙伐國의 중심부는 이곳이 아니었음을 의미한다. 결국 복룡동 유적은 신문왕 7년 統一期에 들어와 새롭게 건설된, 사벌성(상주)의 핵심구역 속에 위치하며, 이로 인해 적심건물지와 우물, 다양한 기능의 수혈유구 등 생활유적만이 확인되었다.

또 통일신라시대에는 적심건물지군과 수혈건물지군이 구분된 공간을 점유하며 조성되고 있어 신분의 차이에 의한 공간분할도 엿볼 수 있다. 유적 내 농로 남쪽의 대 · 중 · 소형의 적심건물지가 위치한 곳은 일반 서민들과 함께 적심건물지내에서 거주할 수 있는 상위의 신분계층이 함께 생활하였던 곳으로 추정된다.

유적 내에서 출토된 통일신라시대 도기류는 인화문이 시문된 뚜껑편과 완 및 무문과 음각선문이 시문된 완 · 발 · 호류, 다치선문이 압인된 주름무늬병 등이 출토되었다. 인화문은 마제형종장연속문과 점렬문이 시문되었는데 점렬문이 대부분을 차지한다. 인화문에서 7세기 전반에 유행한 수적형문이 나타나지 않는 점과 9~10세기에 많이 나타나는 주름무늬병과 덧줄무늬병이 출토되었다는 점에서, 8세기에 취락이 조성되기 시작하여 10세기까지 유지된 것으로 파악된다.

한편 B6 Grid 수혈 1호에서 출토된 납석제 명문유물은 그 내용상 羅末麗初 시기의 유물로 추정되며, 특히 신라 지방호족의 의식세계를 이해하는데 큰 도움을 준다.

앞서 검토한 바와 같이 이 유물의 명문에는 "沙伐州姬"를 중심으로 그의 아들 "萬(?)韓公"과 딸들인 여러 명의 "-里娘"들이 기록되어 있다. 존칭인 公이나 娘은 일반적으로 진골귀족 출신의 남성과 여성에게 사용되었지만, 중심인물인 "沙伐州姬"는 그 명칭으로 볼 때 상주 지역 출신일 가능성이 보다 높기 때문에, "沙伐州姬"나 "萬(?)韓公"은 상주 지역의 상층 지방호족 출신이 아닌가 생각된다.

이와 관련하여 『三國遺事』 後百濟 甄萱條에 인용된 견훤 집안의 家乘으로 추정되는 「李磾家記」가 주목된다. 이에 의하면, 견훤의 조상은 신라 眞興王의 아들인 「仇輪公」이며, 그 후손인 角干 酌珍의 妻 「王咬巴里」가 아자개를 낳은 것으로 기록되어 있다. 결국 「李磾家記」는 당시 상주의 지방호족이 자신들의 혈통을 新羅 王系에 직접 잇거나, 仇輪 '公' 이나 王咬巴 '里' 처럼 중앙 진골귀족들에게 사용된 존칭이나 귀족 여성들의 作名 방식을 그대로 차용하는 형태로 자신들의 새로워진 신분적 위상을 표출하려 하였음을 알려준다. 이는 마치 신라하대 지방호족들이 중앙의 최고위인 「大等」을 在地官班으로 차용하였던 것과 같은 현상이라 할 수 있다. 필자는 상주 복룡동 출토 납석제 명문유물도 「李磾家記」와 함께 나말여초 시기에 상주 지역 지방호족 집안의 "人名 인플레이션"을 극명하게 보여주는 유물이 아닌가 생각하고 있다.

참/고/문/헌

영남문화재연구원, 2005, 「상주 복룡2지구 주택건설사업부지내 유적 문화재발굴조사 약보고서」.

영남문화재연구원, 2004, 「상주 복룡3지구 주택건설사업부지내 유적 문화재발굴조사 약보고서」.

영남문화재연구원, 2005, 「상주 복룡동 주택건설사업부지내 유적 문화재발굴조사 약보고서」.

영남문화재연구원, 2006, 「尙州 伏龍洞 397-5番地 遺跡」.

영남문화재연구원, 2006, 「상주 중앙로(제2철길)확장구간내유적 문화재발굴조사 약보고서」.

영남문화재연구원, 2008, 『상주 복룡동 256번지유적 Ⅰ~Ⅳ』.

尙州市 · 尙州産業大學校附設 · 尙州文化財研究所, 『古代沙伐國 關聯 文化遺蹟 地表調查 報告書』.

韓國文化財保護財團 · 韓國道路公社, 2002, 『尙州 佳庄里 古蹟群』.

경상북도 문화재연구원, 2006, 『尙州 屛風山城』.

慶尙北道七百年史編纂委員會 · 慶尙北道, 『慶尙道七百年史-第1卷 通史』.

박태우, 1987, 「統一新羅時代의 지방도시에 대한 연구」, 『백제연구』 18.

朴達錫, 2007, 「統一新羅時代 沙伐州의 里坊制 檢討」, 『大東考古-創刊號』.

毘盧寺 眞空大師普法塔碑片 발굴과 그 내용

노대환*

Ⅰ. 머리말

비로사는 경북 영주시 풍기읍 교촌리에 있는 사찰이다. 소백산의 주봉인 비로봉 중턱에 위치해 있는데 신라 문무왕 때 의상이 창건했다는 설도 있고 신라 신문왕 때 의상의 제자 진정이 지었다는 이야기도 있다. 비로사가 676년(신라 문무왕 16) 왕명에 따라 영주에 부석사를 창건한 바 있던 의상대사와 깊은 관련이 있음은 분명하다. 창건 이후 쇠락해 있던 것을 후삼국시기에 진공대사가 중건하여 규모가 제법 커졌던 것으로 보이는데 임진왜란 때 소실되어 거의 폐사가 되다시피 하였다. 최근에 들어서야 복원 작업이 진행되어 고찰의 면모를 회복하고 있는 중이다.

필자가 재직하고 있는 동양대학교 박물관에서는 2008년 5월부터 7월까지 2개월에 걸쳐 비로사 경내에 대한 발굴조사 작업을 진행하였다. 발굴조사는 영주시가 추진 중인 '비로사 정비조성사업' 의 일환으로 부지를 시굴조사하는 과정에서 건물지가 발견됨에 따라 유적의 성격을 확인하기 위해 실시된 것이었다. 그런데 발굴과정에서 결실된 상태로 있던 진공대사보법탑비의 비편을 수

* 동양대학교 박물관장.

습하는 성과를 거두었다.[1]

진공대사보법탑비는 비로사를 중건하는 데 큰 공을 세운 진공대사의 탑비로 비로사 경내에 남아 있으며 경상북도 유형문화재 제4호로 지정되어 있다. 진공대사보법탑비는 비문 내용 가운데 '其先降自聖漢 興於那勿' 부분이 신라시대 친족집단의 성격을 규명할 수 있는 자료로 인용되면서 일찍부터 주목된 바 있다.[2] 그런데 보법탑비는 비문 가운데 일부가 결실되어 그 전체적인 내용을 파악하는 데 한계가 있었다. 이번 발굴조사 과정에서 발견된 비편은 비의 서남쪽 모서리 부분이다. 크게 3부분으로 절단되어 있는 탑비 중 결실되어 있던 부분이다.(사진 1 · 사진 2)

이번에 수습된 탑편이 중요한 내용을 담고 있는 것은 아니지만 탑편 발견으로 비탑의 대체적인 내용은 파악할 수 있게 되었다는 점에 일단 의미를 둘 수 있다. 또 추후의 조사를 통해 떨어져 나간 나머지 잔편들을 찾게 될 수 있다는 기대를 갖게 된 것도 중요한 성과라고 할 수 있다. 잔편 가운데 새로운 내용이 담겨 있을 가능성도 배제할 수 없다. 본고에서는 탑편을 발견하게 된 과정과 탑편의 내용 등에 대해 간략하게 소개하고자 한다. 본고가 관련 연구자들에게 조금이나마 도움이 되고 나아가 비로사에 대한 관심을 제고시키는 계기가 되기를 바란다.

Ⅱ. 발굴조사 경위

앞서 언급한 것처럼 발굴조사는 영주시가 추진하는 '비로사 정비조성사업' 부지에 대한 시굴조사 과정에서 건물지가 발견됨에 따라 유적의 성격을 확인하기 위한 목적에서 실시하였다. 발굴조사 작업을 벌인 결과 조사지에서 상하로 중복된 건물지 2동이 드러났다.(사진 3) 하층 건물지는 화강암을 잘 치석하여 만든 방형과 원형의 초석이 사용되었는데 그 기법으로 보아 통일신라시대까지 소급시킬 수 있다. 확인된 기단 석렬은 1,780㎝ 내외이며, 초석 중심 간 거리는 310㎝로 건물은 정면 5칸 측면 2칸 규모였을 것으로 추정된다. 상층 건물지는 하층 건물이 제 기능을 잃은 후 어느 시점에 초석과 장대석을 재활용하여 축조한 것으로 보인다. 건물의 규모는 남북 기단 석렬은 520㎝, 동서 기단 석렬은 500㎝ 내외이며 확인되는 측면 1칸의 초석 중심 간 거리는 300㎝이다.

---

1) 금번 발굴의 개략적인 내용은 권순철 · 김현정, 「榮州 毘盧寺 樓閣新築敷地 발굴조사의 성과」, 『신라사학회』 13, 신라사학회, 2008 참조.

2) 前間恭作은 신라가 성립된 것은 내물시대로 그 이전은 촌읍 분립의 상태였으므로 시조 성한이라는 전설만이 있는 불분명한 시기였으며 김씨 세계도 내물 이전의 것은 전설적인 위작이라고 주장하면서 상기 자료를 인용하였다. 前間恭作, 「新羅の王名ど其の世次について」, 『東洋學報』 12-2. 한편 이러한 견해에 대해 김철준은 진공대사비 등에 나오는 세계는 김씨 세계인데 이를 근거로 박 · 석을 후세의 가작이라고 단정하는 것은 우스운 논리라고 반박하면서 '其先降自聖漢 興於那勿' 이라는 것은 그 전직계가 있기 때문에 그렇게 표현한 것이라고 주장하였다. 金哲埈, 『한국고대사회연구』, 지식산업사, 1975, 93~94쪽 · 168쪽 참조.

회색은 파손부가 존재하는 글자

19	18	17	16	15	14	13	12	11	10	9	8	7	6	5	4	3	2	1
			□															
塔	徃		流															
臨	於		北		流													
有	江		牗		禪	所	門	法	一									
截	滸		燃		伯	畏	人	堂	祇	會	啓	粗	禮	桃				
			糠		之	晶	等 追	春	昇	難		有	僧	李		寒	寧	誘
	傳		尤		宗	晶	切	秋	於	逢		因	稠	成		裘		屢
	印		愧		與	離	攀	八	成	頻	大	緣	而	蹊		待	薜	換
	西		摶		在	日	依	十	道	開	王	將	三	長		時	簡	星
	堂		螢		家	夙	不	有	寧	問	日	諮	顧	興		而	湍	霜
			之		弟	傳	勝	三	勞	法	蒙	付	方	二		授	離	亦
			學		子	正	感	僧	七	之	殿	囑	懽	年		來	此	□
	歸		東		太	覺	慕	臘	返	筵	上	以	隋	秋		牟	地	
	于		堂		丞	之	奉	六	獲	迴	從	此	帝	七		白	邐	
	東		析		金	心	遷	十	證	設	容	忽	東	月		粲		
	土		桂		敏	浩	神	有	涅	參	多	辤	巡	特		聞		

건물지를 조사하는 과정에서 나말여초 시기의 연화문수막새와 당초문암막새편이 여러 점 나왔으며 불상이나 기타 조각품의 받침으로 추정되는 청동으로 만든 동물조각상 1점도 출토되었다.[3](사진 4~사진 7)

진공대사 보법탑비는 발굴지의 표토를 제거하자마자 바로 출토되었으며 글자가 새겨진 면이 위를 향하고 있었다.(사진 8) 크기는 상하 길이 61㎝, 좌우 너비 57㎝, 두께 20.5㎝이며 15줄에 모두 182자가 새겨져 있다. 상층 건물의 축조와 같은 시기 혹은 그보다 늦은 시기에 옮겨진 것으로 보이는데 현재로서는 상층 건물지의 연대를 추정할 만한 단서가 부족하여 매장 시기를 짐작하기 힘들다. 본래의 탑비가 어떻게 세 부분으로 절단되었으며 그 가운데 한 부분이 왜 건물지에 매장되었는가는 매우 궁금한 문제이지만 답을 찾을 수 없다. 임진왜란 당시 사찰이 큰 피해를 입었음을 생각하면 탑비 역시 임진왜란 때 파손되었을 가능성이 크며 탑편을 보호하기 위해 후에 이를 건물지에 매장하였던 것이 아닐까 짐작해 볼 따름이다.

건물지에서 탑편이 발견됨에 따라 결실된 다른 작은 탑편들도 부근에 혹시 매장되어 있지 않을까 하여 주변 지역을 정밀하게 조사했지만 건물지에서는 찾을 수 없었다. 하지만 범위를 좀 더 확장하여 조사를 벌인다면 발견될 가능성도 충분히 있을 수 있다. 이번 탑편 발견을 계기로 비로사

3) 권순철 · 김현정, 앞 논문, 301쪽.

터에 대한 전면적인 조사가 이루어졌으면 하는 바람이다.

Ⅲ. 碑片의 판독과 해석

먼저 이번에 새롭게 출토된 비편의 글자를 판독하면 다음과 같다. 편의상 판을 구획하여 글자를 배열하였다.

이해를 돕기 위해 기존의 탑비 내용에 이번에 새로 발견된 탑편 부분을 보충하여 탑비의 내용을 해석하였다. 새로 발견된 부분은 밑줄로 표시하였으며, 비문의 앞부분은 생략하였다.[4]

(번역)

(결락) 대사의 諱는 ▨運이며, 속성은 김씨이고, 계림 사람이다. 그의 선조는 聖韓에서 시작하여 那勿 때에 크게 일어났다. 줄기와 가지가 百世에 이르는 동안 좋은 계책을 남겼다. 할아버지는 珊珍은 관직이 本國의 執事侍郎에 이르렀으며, 아버지 確宗은 여러 번 벼슬하여 本國의 司兵員外에 이르렀다. 함께 조상의 덕을 선양하면서 가문의 명예를 빛나게 하였다. 어머니 薛씨는 일찍이 (결락) 훌륭한 자식을 갖기를 기약하였다. 꿈에 麈尾를 보는 특별한 상서로움을 얻어 大中 9년(855, 문성왕 17) 4월 18일에 낳았다. 태어날 때부터 聖姿를 지녔고, 어렸을 적에도 전혀 장난을 치지 않았다. 8살에 아버지가 돌아가시자 애도하면서 누구를 의지하여 살 것인가 하고 슬피 피눈물을 흘렸는데, 그 슬픔을 이기지 못하여 절대로 鹽醬을 먹지 않았다. 학문에 뜻을 둘 나이에 이르자 책을 끼고 배움을 청하였는데, 다섯줄을 한 번에 읽어 내려가면서도 한 글자도 빠뜨리지 않았다. 甘羅가 벼슬을 했던 나이에 이미 그 명성이 고향에 널리 퍼졌고, 왕자 晉이 신선의 도리를 찾아 떠나려던 나이에는 서울까지 명성을 떨쳤다. 그러니 어찌 집을 떠나려는 생각을 하고 세속을 벗어나려는 마음을 품고 있다고 생각하였겠는가? 어머니에게 禪門에 의탁하게 해달라고 간곡히 부탁하였지만, 어머니는 아들의 간절한 정성을 끝내 막아 허락하지 않았다. 하지만 스님은 더욱 그 뜻을 굳혔으며, 어머니는 어릴 때 학업을 중단하는 것은 斷機

4) 발굴조사 지도위원이었던 경북대학교 이희준 · 주보돈 교수와 대구한의대학교 김세기 교수께서 글자 판독에 많은 도움을 주셨다. 대전대학교 이한상 교수 역시 탑편 판독 과정에 큰 도움을 주셨다. 친히 번역문을 보내준 목포대학교 최연식 교수께도 감사의 뜻을 전한다. 본 번역은 최연식 교수의 번역에 크게 의지했으며 그 밖에 배종도의 번역본(한국역사연구회, 『譯註 羅末麗初金石文(下)』, 혜안, 1996)과 李智冠의 번역본(『校勘譯註 歷代高僧碑文』 高麗編1, 伽山文庫, 1994)도 참조하였다.

와 같다고 설득하였으나 처음 마음먹었던 뜻을 바꾸지 않았다. (결락) 본래 싫어하여, 티끌을 벗어나 책을 짊어지고 靑藜杖을 짚고 길을 떠났다. 迦耶山으로 가서 많은 스님들을 친견한 후, 善融和尙에게 예배를 드리고 은사가 되어 달라고 간청하였다. 마음속에 품은 바를 말씀드리고 공손히 削髮染衣해 줄 것을 요청하니 화상은 조용히 그 청을 들어주었다. 그 후 咸通 15년(874, 경문왕 14)에 이르러 가야산 修道院에서 具足戒를 받았다.

(결락) 산에서 守夏하여 부지런히 정진하였으니 어찌 기름이 가득한 바리때를 넘치게 했으리오. 또한 바다에 뜨는 주머니도 망가뜨리지 않았다. 그윽이 四依의 보살들에 의지하여 경률론 三藏을 모두 공부하고자 발원하였다. 학업을 청할 때에는 침식을 전폐하였고, 글을 헤치면 淺深의 교리를 철저히 파헤쳤다. 선융화상이 이르되 "老僧은 대중을 떠나 고요히 지내고자 하여 교학의 공부는 그만두었다. 나는 가르칠 더 이상의 내용이 없다. 너희들은 (결락)"이라고 하였다. 갑자기 스승의 말씀을 듣고, 그 섭섭함에 어찌할 수 없었다. 부득이 巖穴을 하직하고 행각의 길을 떠났다. 우연히 어떤 禪廬에 이르러 잠깐 飛盖를 멈추고 자세히 살펴보니 어떤 禪衲이 安居하는 곳이었다. 서로 이야기를 나누는 동안에 서로 오래 전부터 알고 지내는 사이같이 되었다. 行止를 들으면서 깊이 안온함을 갖게 되었다. 이때에 (그 승려가) 북쪽의 雲岑을 가리키며 雪岳山이라 하고, "그 안에 해동 선조인 (결락) 대사가 있으니, 赤水에서 探珠하다가 西堂의 법인을 전해 받고 靑丘인 신라로 돌아와서 海東에 선을 전래하고 初祖가 되었다. 어찌 후생이 되어 선철의 뜻을 품지 않을 수 있겠는가?"라고 하였다. 그래서 嚴命을 받들고 陳田寺에 도착하여 기쁘게 직접 遺墟를 답사하고 그 영탑에 예배하며 스님의 자취를 추모하여 영원히 제자가 되겠다는 의식을 폈다. 마치 孔子가 가 저 (결락)을 스승삼아 仁과 德을 흠모하며, 孟軻가 顔子를 希冀하여 義를 소중히 여기고 마음으로 돌아간 것과 같다고 할 수 있다. 이것은 진리가 있으면 능히 알아서 스승 없이 스스로 깨닫는 것이다. 이에 道樹에 栖遲하고 禪林에 기거하였다. 이에 앞서서 鄕僧인 恒秀禪師가 일찍이 海西에 도달하여 江表지방으로 유학하여 西堂智藏에게 묻기를 "서당의 법이 만약 東夷로 흘러간다면 (결락) 아름다운 징조를 미리 예언하여 주실 수 있겠습니까?"하였다. 智藏이 "義가 쑥대밭을 파헤치면 불은 꽃에서 왕성하게 불타고, 靑丘에 대하여 그 運을 예언하면 萬叢이 스스로 피어나리라"라고 대답하였다. 이것은 나중에 聖文을 생각해 보면 스님의 이름을 드러낸 것이다. 백년 후에 이 네 구절이 널리 전하였으니, 마치 羽客이 서로 만나 丹丘의 글자를 알게 된 것과 같았으며 (결락) 한번 이르니 홀연히 한낮이라는 명문을 엿볼 수 있는 것과 같았다. (결락) 甁을 들고 삼 년 동안 육환장을 짚고 重玄의 언덕에서 숨어있는 깊은 뜻을 찾고 衆妙의 가운데에서 深奧함을 탐색하였

다. 남쪽으로 玉京(경주)에 이르러 어머니를 위로하고, 서쪽으로 金海를 찾아가서 招隱의 거처를 중수하였다. 이때에 찾아오는 사람이 구름과 같았고, 받아들인 대중은 바다와 같았다. 그들을 잘 가르치며 여러 해를 지냈다. 또한 (결락) 瑜伽의 義龍인 (결락) 두 뛰어난 大德이 지난날의 道風을 듣고, 깨우친 경지를 살펴보러 찾아왔다. 곧 마음 속의 간절한 생각을 이야기하고 함께 北面의 정성을 폈다. 이때 높이 하늘 끝을 우러러보고 멀리 땅의 바깥을 보니 王의 기운이 바로 북쪽에서 충천하고, 覇圖가 널리 東南에 떨쳤다. 그로 인해 '呂光(전진의 황제 符堅이 구마라집을 모시기 위해 파견했던 장수)을 보지 못하였으니 어찌 薛簡(측천무후가 혜능을 모시기 위하여 파견하였던 내시)을 만날 수 있겠는가. 빨리 이곳을 떠나야 하겠다' 하고 (결락) 官舍에서 머물렀다. 王能長 佐丞이 四事供養을 올리되 지극한 정성으로 공경하였다. 마침내 잠깐 위급한 길에서 벗어나 쉴 수 있는 곳에 들어섰다. 國父 崔善弼 대장군은 金湯과 같은 法城이요, 돌기둥과 같이 견고한 慈室이었는데, 경치가 좋은 靈境으로 초빙하여 주석하게 하고서 빈번히 시절이 바뀜에 따라 더울 때의 갈옷과 추울 때 가죽 옷을 때에 맞추어 주었다. 牟白粲이 듣고서 (결락) 달빛이 군영을 밝게 비추니, 전단나무와 같은 향기가 가득찼고, 구름이 궁궐에서 일어나니 담복향과 같이 좋은 향기가 가득하였다.

(결락) 대사가 멀리 南方으로부터 북쪽으로 오니, 小伯山寺를 중수하고 스님을 청하여 그 절에 안거하게 하였다. 급히 임금의 명을 받들어 그윽이 왕의 소박한 간청에 응하여 郁錦으로 옮겨 갔으니 비로소 襟懷에 부합되었다. 蓮扉를 열자마자 대중이 稻麻처럼 열을 이었고, 茅舍를 널리 여니 복숭아나무와 오얏나무 아래 길이 열리듯 찾아오는 사람이 많았다. 長興 2년 가을 7월(731)에 특별히 (결락) 바야흐로 임금이 수레를 돌려 장차 스님을 찾아뵙는 정성을 펴고자 하여 잠시 수레를 멈추고 공손히 절로 나아갔으니, 마치 黃帝가 崆峒山에 가서 廣成子에게 도를 물은 것과 같으며 또한 하늘에서 한가하게 노니는 듯 하였다. 경건하게 흰 눈썹을 올려다보며 법문 듣기를 바라니 진공대사가 "齊皇이 북방으로 幸次하여 僧稠 스님에게 예의를 표하였는데, 세 번 찾아본 끝에 비로소 즐거워하였고, 수나라 황제가 동쪽으로 순력하여 (결락) 비로소 즐거워하였습니다. 그들도 크게 부끄러워할 것이니 어찌 서로 비교할 수 있겠습니까?"라고 말씀하셨다. 淸泰 4년(937, 고려 태조 20) 봄 2월에 대중을 모아 놓고 이르되 "말이 京華에 이르는 것은 曹溪의 뜻에 어긋나는 것이므로 부끄럽고, 대궐에서 노니는 것은 실로 慧遠의 마음이 아니다. 그러나 老僧은 大王과 약간의 인연이 있어 가르침을 부촉한 것인데 갑자기 사양하는 것은 (결락) "라고 하였다. 이때 二敵(후백제와 신라)이 평정되고, 三韓은 태평성세가 되었다. 먼저 흉악한 무리를 없앤 책략을 경하하고는 다시 성인에게 하례하는 의례를 행하였다. 임금

께서 재차 스님을 찾아뵙고 또 다시 龍顔의 감회를 더욱 간절히 하였으며, 거듭 스님이 홀로 걸어가는 것을 보고 왕은 자주 찾아뵙지 못함을 애석하게 생각하였다. 대사가 대왕에게 아뢰기를 "어전에 오르는 것을 허락받아 조용히 많이 (결락) 산 속으로 매번 돌아가고자 하였다. 죽음이 가까웠음을 생각하고 하루 속히 자연으로 돌아가 岩谷에서 지낼 수 있게 하여 달라고 엎드려 빌었다 임금이 스님의 말씀에 대하여 마음 아프게 생각하고 여러 번 禪扉로 나아가서 거듭 문안을 하였다. 대사는 앞 길은 어려웠지만 후에 만나기 어려운 인연을 만난 것이다. 자주 법을 묻는 자리를 열고 크게 (결락)을 마련하였다. 學人들의 마음을 풀어주고 나서 옛 산으로 돌아갈 수 있었다. 이에 新舍를 수축하고 훌륭한 가르침으로 汲引한 후 모두 筌蹄를 버리게 하였다. 어느 날 學人이 묻되 "迦葉이란 어떤 분입니까?" 하니, 스님이 대답하되 "가섭이니라." 하고, 또 "석가는 어떤 분입니까?" 하니, 스님이 대답하되 "석가일 뿐이라" 고 하였다. 그런즉 1祇(12년)을 기다리지 않고서 成道에 이를 수 있으므로 굳이 일곱 차례 다시 거듭 태어나 수행하여 비로소 열반을 얻는 것이 아님을 안 것이다. (결락) 이미 曇鸞의 뜻을 따르지 아니하고 미리 壽域에 왕생할 것을 기약하여 惠遠의 뜻을 추종하였다. 그러므로 날마다 玄理를 이야기하여 법을 전수할 제자를 구하며 탄식하였다. 얼마 있다가 微病이 생겼는데 날로 점점 심해져서 天福 2년(937, 고려 태조 20) 9월 1일 法堂에서 입적하니 춘추는 80하고 3이요, 僧臘은 60하고 (결락) 햇빛은 참혹하고, 구름은 우울하였으며 강물은 마르고, 땅은 진동하며 산은 무너지는 듯하였다. 이때에 四方의 멀리 있는 사람들은 슬픔에 잠겼고, 가까운 지역에 사는 사람들은 식음을 전폐하였다. 임금께서도 갑자기 스님의 열반 소식을 들으시고 깊이 슬픔에 잠겼다. 특사를 보내 조문하는 한편, 장례에 필요한 資粮도 함께 보냈으니, 왕의 專人과 문상객들의 왕래가 岐路에 相接하였다. 문인들이 모시던 스승을 추모하니 사모하는 마음을 이길 수 없었다. 운구를 옮겨 (결락) 300여 보의 거리였다. 생각하니 우리 대사는 風篁 소리와 같이 시원한 소리를 내시고, 서리 맞은 계수나무와 같이 곧은 모습이셨다. 덕은 허공을 가득 채워 우러러봄에 高山과 같았고, 헤아리는 지혜는 지혜의 바다와 같이 깊었다. 四方으로 다니면서 교화하여 만물을 위하고 사람들을 이롭게 하였다. 불가사의한 경계에 머무르니 두려워하는 바가 밝은 태양과 같았다. 일찍이 正覺의 마음을 전하여 너른 (결락) 모든 群生들의 慈父가 되고 一切衆生의 導師가 되신 분이었다. 법을 전해 받은 弟子인 玄讓禪師와 行熙禪師 등 4백 여 인은 모두 髻珠를 얻고 함께 心印을 전해 받아서 마침내 法王의 제자가 되었고 영원히 禪伯의 종장이 되었다. 재가제자 大丞 金敏▨와 함께 (결락) 丹心은 金과 같고, 지극한 정성은 玉과 같았다. 바라는 바는 서로 보존하여 芳名을 후세에 전하여 사라지지 않게 하는 것이었다. 함께 의논하여 경사스러움을 미래에 무궁토록 보여 주고자 하였다. 이러한 이유로 외람되게 表章을 내리도록 天鑒에 주청하였다. (결락) 그리하여 왕은 시호를 眞空大師라 하고 塔名을 普法之塔이라 하였다. 그런데 어찌 丹詔로 下臣에게 명하여 빛나고 고상한 文章을 엮어 스님의 빛나는 행적을 천양토록 하라 하실 줄 생각하였겠는가? 彦撝는 士林의 한 잎사귀요 學海의 미미한 물결로 북쪽 창문에서 겨를 태웠으니 반딧불이를 잡아 공부한 사람에 크게 부끄럽고, 東堂에서 계수나무를 잘라 (결락) 그러므로 조잡하게 짧은 글을 지였다.

銘하여 가로되
(결락)
… 허공이다.
天人이 함께 덕화를 사모하고,
道俗이 모두 풍모를 흠모하였다.
大千의 세계 하나도 빠짐없이
모두가 그와 함께 契合하였네.
이로부터 한 잎의 꽃이 피었으니
그가 바로 曹溪를 선조로 하였다.
뛰어난 道義 스님은
江許로 가셨다가
西堂의 가르침을 전하여
동쪽으로 돌아오셨다.
(결락)
學者들은 모두 피로를 잊었다.
의사의 문 앞에는 환자가 많은 것처럼
道에 뜻을 둔 사람들이 가르침 받기를 기약한다.
宴坐에 들었다가
열반에 드셨다.
宰輔들이 訃音을 보고하여
탑을 크게 세웠다.

歲次 己亥
8월 15일 세우고,
崔煥規는 글자를 새기다.

Ⅲ. 塔碑를 통해 본 眞空大師의 행적

이번에 발견된 182자가 획기적인 내용을 담고 있는 것은 아니어서 아쉬움이 남지만 진공대사 보법탑비의 전체 내용을 이해하는 데는 도움을 준다. 비문을 통해 진공대사의 행적을 살펴보기로 한다.

진공대사의 성은 김씨이고 속명은 ▨運이다. 경주 출신으로 855년(신라 문성왕 17) 司兵員外를 지낸 아버지 確宗과 어머니 薛氏 사이에서 출생하였다. 조부 珊珎은 執事省의 차관직인 侍郎을 지냈다고 하는데 이로 보아 진공의 집안은 상당히 권세가 있었음을 짐작할 수 있다. 하지만 부친 확종이 일찍 세상을 떠나면서 가세가 크게 기울게 되었던 것으로 보인다. 대사는 의지할 바가 없게 되었음을 매우 슬퍼했다고 하는데 신라 하대의 상황에서 혼자 힘으로 출세하기는 쉽지 않은 일이었을 것이다. 그러한 처지를 의식했기 때문인지 진공은 어려서부터 학문에 정진하여 10대에 이미 그 명성이 경주에 자자하였음에도 불구하고 세상을 싫어하는 마음이 깊어져 승려가 되기로 결심하였다. 아들이 집안을 다시 일으켜주기를 기대했을 모친이 적극 만류하였지만 진공은 뜻을 굽히지 않고 결국 출가의 길을 택하였다.

진공은 가야산의 善融和尙에게 제자로 받아줄 것을 청하여 허락을 받아 승려가 되었다. 20세 되던 874년(신라 경문왕 14)에는 가야산 수도원에서 具足戒를 받았다. 가야산에서 불법에 정진하던 중 스승 선융화상이 여력이 없어 가르침을 그만두겠다며 제자들을 돌려보내자 진공도 절에서 나오게 되었다. 이후 일정한 거처 없이 떠돌아다니던 중 우연히 한 선사가 거처하는 오두막을 찾게 되었는데 진공은 그 선사에게 깊은 감명을 받았다. 이후 迦智山派를 열었던 道義대사의 유풍을 찾아 설악 陳田寺를 찾아 가는 되는데 우연히 만난 선사에게 도의대사에 관한 이야기를 들었던 것으로 짐작된다. 진전사에 도착한 대사는 도의대사의 부도에 참배하면서 마음으로 영원한 제자가 될 것을 다짐하였다.

이후 진공은 3년 동안 진리를 탐구하기 위해 이곳 저곳을 돌아다니다가 김해에 은거하였다. 진공이 김해에 머물자 많은 이들이 진공에게 몰려들었는데 진공은 이들을 모두 받아들였다. 당시 진공을 찾았던 이들 가운데 한 사람이 國父 崔善弼 대장군이다. 최선필은 신라 載巖城의 장군으로 있다가 930년(고려 태조 13) 정월 왕건에게 귀순하였던 인물이다. 최선필은 왕건이 신라와 우호관계를 맺을 수 있도록 도움을 주는 등 많은 공을 세워 왕건의 큰 신임을 받고 있었다.[5] 최선필은 진공이 승려로 큰 영향력을 행사하고 있던 것을 주목하여 진공에게 접근하였던 것으로 보인다. 왕건에게 진공을 소개하였던 이도 최선필이었던 것으로 생각된다.

930년대는 왕건이 본격적으로 승려 포섭책을 벌이던 시기이다. 왕건은 930년 나주를 정벌하여

5) 『高麗史』 卷1, 世家 1, 太祖 13년

서남해 일대에 세력을 뻗친 후 승려들을 본격적으로 포섭하기 시작하였다. 당시 중국에 유학한 승려들이 대부분 왕건의 도움을 받으며 귀국하였기 때문에 유학승들과 왕건은 자연스럽게 연결되었다. 왕건은 각 지방의 호족들과 연결되어 있던 이들 승려들을 매개로 각 지방 호족세력들에게 접근하여 그들을 포섭해 나갔다.[6)]

승려 포섭책을 취하고 있던 왕건에게 진공도 가치 있는 존재였다. 왕건은 진공을 직접 방문한 후 소백산사를 개수해놓고 그곳에 머물기를 거듭 간청하였다. 김해에 있던 진공을 비로사에 거처하도록 간청한 이유는 아마도 비로사가 위치한 죽령의 전략적 중요성 때문이 아니었을까 짐작된다. 죽령은 영남지방에서 북쪽으로 진출하는 주요한 길목 가운데 하나로 고개를 넘은 후에 단양의 남한강 뱃길을 이용할 수 있다는 장점이 있어 일찍부터 교통로로 많이 이용되어 온 곳이었다. 또 죽령을 장악할 경우 남쪽으로는 경상도 지역은 물론 강원도 지역으로의 진출도 용이해진다. 이 때문에 삼국시대에는 고구려와 신라가 죽령을 차지하기 위해 치열한 각축전을 벌인 바 있다.

후삼국시대에도 죽령의 중요성은 변함이 없었다. 왕건은 930년을 전후하여 경상도 지역에서 후백제군과 치열한 전투를 벌이고 있었다. 전투는 928년경부터 본격화되었는데 당시 왕건은 후백제군의 공세에 밀려 크게 고전을 면치 못하고 있었다. 정월에 왕건측의 金相이 합천에서 후백제의 興宗에게 패하여 전사하고 5월에는 강주가 후백제의 습격을 받아 함락되는 등 왕건은 연이어 패배를 당하였다.[7)] 8월에는 견훤측 장군 官昕이 烏於谷에 주둔하는 바람에 죽령길이 막힌 일도 있었다.[8)] 죽령길이 막혔던 경험을 통해 왕건은 죽령의 지정학적 중요성을 절감하게 되었던 것으로 보인다. 이후 태조는 전열을 가다듬은 후 930년 정월에 직접 군사를 이끌고 안동으로 내려가 견훤과 결전을 벌여 승리하면서 경상도 지역을 장악하게 되었다.[9)] 어렵게 경상도를 장악한 왕건으로서는 경상도 지역의 지배를 안정화시킬 대책이 필요했을 것인데 비로사를 진공대사에게 맡긴 것도 그러한 필요 때문이었던 것으로 추측된다. 선종 사원에는 승려뿐만 아니라 상인이나 유망 농민까지 몰려드는 등 많은 문도가 거처하고 있었으므로 인근 지역을 안정화시키는 데 중요한 역할을 할 수 있었을 것이다.[10)]

왕건이 비로사에 큰 관심을 보였던 데는 영주와 신라 왕실과의 특별한 관계도 적지 않은 영향을 미쳤던 것으로 보인다. 영주는 본래 신라 왕실에서 매우 중요하게 생각하던 지역이었다. 『삼국

---

6) 金杜珍, 「王建의 僧侶結合과 그 意圖」, 『한국학논총』 4, 국민대학교, 1981

7) 朴漢卨, 「고려의 건국과 호족」, 『한국사』12, 국사편찬위원회, 1993, 63쪽.

8) 『高麗史』 卷1, 世家 1, 太祖 11년 8월

9) 朴漢卨, 앞 논문, 64쪽.

10) 선종 산문은 규모도 대단히 컸으며 지방 세력들의 후원을 받아 막대한 토지를 소유하고 있었다.(金杜珍, 「불교의 변화」, 『한국사』 11, 국사편찬위원회, 1993, 193~194쪽) 거주 인원 또한 상당하여 實相山門의 경우 洪陟의 문도가 1,000여 명이었고, 聖住山門은 郎慧의 제자가 2,000 여 명에 달하였다.(崔柄憲, 「新羅下代 禪宗九山派의 成立」, 『韓國史研究』 7, 1972, 111~112쪽)

사기』에는 신라의 炤知王이 碧花라는 처녀에 반해 여러 차례 영주를 방문했다는 기사가 나오는데[11] 설화로 윤색되기는 했지만 이 기사는 신라 왕실에서 영주를 중시했음을 보여준다. 궁예가 부석사를 찾았을 때 신라왕의 초상화가 걸려 있는 것을 보고 흥분하여 초상화를 칼로 찢은 일이 있으며, 비로사에는 敬順王의 사적비가 있었다고 한다.[12] 이 역시 신라 왕실과 밀접한 관련이 있었음을 짐작케 한다. 신라 왕실이 이처럼 영주를 중요시 한 것은 신라 김씨 왕실의 발상지가 바로 영주였기 때문이라는 주장이 주목된다. 김씨 시조의 탄생지는 경주가 아니라 영주이며 그 때문에 신라 왕실은 영주에 神宮을 설치하는 등 영주 지역을 매우 중시했다는 것이다.[13] 이처럼 신라 왕실과 특별한 인연이 있던 영주에 신라 귀족 출신 진공대사를 파견함으로써 지역민들의 인심을 수습하는 효과도 기대할 수 있었을 것이다.

진공대사도 정치적 후원자가 필요했던 듯 왕건의 뜻을 받아들여 비로사에 거처하게 되었는데 절을 다시 열자마자 사람들이 몰려들어 절을 넓혀야 할 정도였다. 왕건의 의도가 어느정도 적중한 셈이다. 왕건은 전쟁을 하러 가는 도중에 비로사를 방문할 정도로 진공대사에 각별한 애정을 보였다.[14] 진공대사 역시 왕건에게 글을 올려 자신의 뜻을 전하는 등 성심으로 대하였고 후삼국을 통일하자 왕건의 위업을 경하하는 의례를 행하기도 하였다. 한편 진공은 선승의 신분으로 왕건과 밀착되어 있던 것을 의식하였던 듯 문도들에게 처신이 올바르지 않았음을 자인하면서도 왕건과 인연이 있어 사양하지 못한 것이라고 자신의 입장을 합리화하기도 하였다. 후삼국이 통일된 후 진공은 불법을 닦는 데 전념하였으며 왕건은 그런 진공을 몇 차례에 걸쳐 방문하는 등 높이 대우하였다. 진공대사탑비는 후삼국시기 왕건과 승려의 밀접한 관계를 잘 보여준다.

V. 맺음말

'진공대사보법탑비' 는 나말여초 왕건과 승려의 연결 관계를 잘 보여주는 중요한 자료이다. 그동안 탑비의 일부분이 결실된 상태였는데 금번에 탑편이 발견됨으로써 전체적인 내용을 파악할 수 있게 되었다. 탑편 내용이 중요한 내용을 담고 있는 것은 아니지만 나말여초의 금석문이 절대 부족한 상황임을 생각하면 의미가 없다고 할 수는 없다. 단편적이기는 하나 931년 7월 왕건이 전

11) 『三國史記』 卷3, 炤知麻立干 22년조

12) 『輿地圖書』, 「慶尙道 豊基」.

13) 강종훈, 「신라 김씨 족단의 발상지로서의 영주」, 동양대학교 지역발전연구원 학술대회 '고구려 · 신라문화의 접점, 영주' 발표문, 2003.

14) 새로 발견된 탑편에는 왕건이 대사를 찾은 시점이 長興 2년(931, 고려 태조 14) 7월로 나온다. 931년 2월 왕건은 기병을 거느리고 경주를 방문하여 신라 왕실을 위문한 후 후백제에 대한 공세를 강화하는 것으로 알려져 있는데 7월 즈음에 후백제에 대한 공격이 있었음을 보여준다.

쟁을 수행하러 가는 길에 비로사를 방문했다는 기사는 왕건이 전략적으로 중요한 비로사를 관장하고 있던 진공에 대해 얼마나 각별히 신경을 썼는가를 보여주기도 한다.

이번에 탑편이 발견된 것을 계기로 비로사에 대한 좀 더 정밀한 조사가 필요하게 되었다. 조사과정에서 탑편의 나머지 부분을 찾을 수 있는 가능성도 있다. 비로사에 있던 것으로 알려진 경순왕 사적비가 묻혀 있을 가능성도 전혀 배제할 수는 없다. 아무쪼록 금번 발굴이 그동안 존재조차 잊혀져 왔던 비로사에 대한 관심을 환기시키는 전기가 되기를 기대한다.

사진 1. 새로 발굴된 탑비편의 원위치

사진 2. 탑편 확대 모습

사진 3. 건물지 노출 전경

사진 4. 청동장식 측면

사진 5. 청동장식 정면

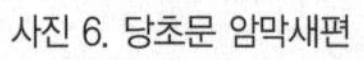
사진 6. 당초문 암막새편

사진 7. 연화문 수막새편

사진 8. 탑비편 출토모습

참/고/문/헌

『三國史記』

『高麗史』

『輿地圖書』

강종훈, 「신라 김씨 족단의 발상지로서의 영주」, 동양대학교 지역발전연구원 학술대회 '고구려 · 신라문화의 접점 영주' 발표문, 2003.

권순철 · 김현정, 「榮州 毘盧寺 樓閣新築敷地 발굴조사의 성과」, 『신라사학회』 13, 신라사학회, 2008.

金杜珍, 「王建의 僧侶結合과 그 意圖」, 『한국학논총』 4, 국민대학교, 1981.

金杜珍, 「불교의 변화」, 『한국사』11, 국사편찬위원회, 1993.

金哲埈, 『한국고대사회연구』, 지식산업사, 1975.

李智冠, 『校勘譯註 歷代高僧碑文』高麗編1, 伽山文庫, 1994 .

崔柄憲, 「新羅下代 禪宗九山派의 成立」, 『韓國史硏究』 7, 1972.

한국역사연구회, 『譯註 羅末麗初金石文(下)』, 혜안, 1996.

한국역사연구회, 『譯註 羅末麗初金石文(下)』, 혜안, 1996.

唐「故虢王妃扶餘氏墓志」考*

張蘊 · 汪幼軍**

2004년 봄 섬서성고고연구소(陝西省考古研究所)는 唐 獻陵(唐 高祖 李淵의 능)의 陪塚인 嗣虢王 李邕의 묘에 대해 구제발굴을 실시하였다. 묘에서는 모두 두 합(盒)의 墓志가 출토되었는데, 하나는 嗣虢王李邕墓誌銘이고, 다른 하나는 그의 王妃 扶餘氏의 墓誌銘이었다. 嗣虢王李邕墓誌銘에 대한 고찰과 해석은 이미 『唐研究』 10에 발표하였으므로 본고에서는 王妃扶餘氏墓誌를 중점적으로 소개 하고자 한다.

이 묘지는 원래 분묘 前室의 한가운데 夫君 李邕의 墓誌 뒤에 두어졌다. 하지만 이미 도굴 당하여 교란되어, 출토 시에는 도굴범들에 의하여 前室 서벽 쪽의 도굴 구멍에 메워진 흙더미 위에 옮겨져 있었다. 묘지뚜껑은 아래쪽 가장자리가 깨어지고 손상되었고, 지석도 깨어져 세 조각 나 있었다. 정리를 하고 복원해서 지석 조각들을 모아 합칠 수 있었지만, 깨어진 곳을 연결한 부분에 있던 글자들은 손상이 되어 일부 글자들은 결락이 되거나 자형(字形)이 모호해져 판독하기가 어렵게 되었다.

묘지의 뚜껑은 장방형의 盝頂 형태이고, 左 · 右의 길이가 74㎝, 上 · 下의 길이가 70㎝, 바닥 테

* 이 글은 『碑林集刊』 13(陝西省人民美術出版社, 2008년 4월)에 실린 논문을 번역한 것이다. 이 묘지는 백제유민과 관련된 중요한 자료이기 때문에 그에 대한 최초의 보고를 한국목간학회에서 신출토자료로 소개한다.

** 張蘊(陝西省考古研究所 研究員) / 汪幼軍(陝西省考古研究所 助理研究員)

두리부분의 두께는 2㎝이다. 묘지뚜껑의 두께는 13㎝, 상부의 깎여진 斜面의 길이가 16㎝이다. 깎여진 斜面의 위에서는 가는 선으로 파도모양의 말려있는 잎, 모란, 석류 등의 도안이 음각되어 있다. 녹정 부위는 左·右의 길이가 48㎝, 上·下 길이가 42㎝이고, 그 위에 篆書로 '唐故虢王妃扶餘誌銘'(3행9자)이라 음각되어 있다. 필적은 맑고 뚜렷하며 고졸하고 소박한 풍격을 보인다.

묘지석 역시 장방형으로, 左·右 길이가 74㎝, 上 ·下 길이가 70㎝, 두께가 9㎝이다. 표면은 잘 연마되어 빛이 나고 매끄럽다. 글자는 楷書를 음각해 총 30행으로, 행당 31자가 들어간다. 서체는 강건하고 시원하며 그 새김은 분명하고 힘이 있다. 사면의 가장 가장자리에는 파도모양의 말려있는 나뭇잎과 모란 문양이 음각되어 있다. 그러나 지하수에 침식되어 정면은 이미 심하게 얼룩이 졌고 도안도 분명치가 않다.

묘지명의 釋文은 아래와 같다.

唐皇再從州金紫光祿大夫故衛尉卿贈荊州大都督嗣虢王妃扶余氏墓誌銘並序：

朝議郎守中書舍人安定梁涉撰

太妃扶餘氏諱, 皇金紫光祿大夫, 故衛尉卿, 帶方郡王義慈曾孫；皇光祿大夫, 故太常卿, 襲帶方郡王隆之孫 ；皇朝請大夫, 故渭州刺史德璋之女也. 家本東方之貴世, 生南國之容, 對春林而紅樹非華, 升晝閣而初陽並照, 間出非常之秀挺, 生稀代之賢, 德合則不孤, 氣同而相感. 夫以異姓諸王之淑女, 而有維城磐石之宗臣風, 人所以好逑, 易象由其繫應. 非蘭芳玉潤, 禮備樂和, 豈可以宜君子之家, 配天人之室. 地靈挨茂, 齊大晉偶, 我所以言歸虢國王, 所以克正閨門, 王諱邕, 神堯皇帝之曾孫, 皇故司徒虢王鳳之孫, 皇故曹州刺史定襄公宏之子. 同九廟之繁秘兮, 五潢之慶流, 有朱虛之定計, 過河間之好古, 允所謂朝廷之羽儀, 國家之潘翰也. 其事業有如此者, 皆太妃起家而有之日. 開元中有制封爲王妃, 惟內之則, 實幫之媛, 以敬克修其饋祀, 以順能成其緝睦, 以正而秉於柔嘉, 以德岡聞其妬忌, 敬者禮之格, 順者義之和, 正者身之經, 德者行之□, □後能祭, 則致其福惠, 比洽於親言, 不出於闈閾, 教以周於中外. 王所以樂得其賢□, 妃故能長守其富貴也. 外受方伯, 入爲公卿, 廿年間並享天祿. 宜其淮南得道, 王母登仙, 還丹不成, 爲藥所誤, 先王遺世已久, 太妃持門而不失訓, 五子而並良, 繼一賢而嗣位, 十九年有制册爲太妃, 複以子也. 嗚呼, 川無停水, 歲則閱人, 流者非向持之波, 來者亦遠行之客, 自古皆往, 其能長生! 以廿六年八月九日薨於崇賢之王第, 春秋□九, 其年戊寅建子之月既望歸祔于先王之塋禮也. 惟王先太妃而薨, 備詳於前志, 及太妃之同穴也, 古重載於玆. 有子五人 ：長日太子家令虢王巨, 賢而樂善, 孝以傳國 ；次日太子典設舍承昭 ；又次日太子通事舍人承曦；又次日左金吾兵曹承 晙；季日太子典設郎承晊 等, 士林之秀, 公挨之華, 自執親之喪, 而水漿不入, 猶疑其往, 靡所實哀, 懼高陵深谷之遷, 謀地久天長之事, 以涉忝麟台之故吏, 又鵷掖之近臣, 謂登龍門者, 高見其家風, 入鳳池者常撰其綸翰, 碑存實錄, 敢不直書, 但且紀以歲時, 豈望懸諸日月, 銘曰：

東方君子兮, 異姓諸王, 克生淑女兮, 休有烈光, 於歸其誰兮, 惟虢之國, 其儀可象兮, 實內之則, 夫爲天人兮, 子亦天人, 妃又太妃兮, 夫子之인(因), 王既沒兮, 妃亦逝, 泉適開兮, 今複閉, 子子孫孫相繼世.

開元廿六年十一月十五日

묘지 내용은 주로 扶餘氏가족과 李氏가족의 일부 成員 및 그들의 職官과 歷史的 事件과 관계된 것이다. 그러므로 이러한 맥락을 중심으로 이하와 같이 분류하여 고증, 해석해 보았다.

Ⅰ. 扶餘氏의 부분 世系 및 官職

묘지에는 "太妃扶餘氏諱, 皇金紫光祿大夫, 故衛尉卿, 帶方郡王義慈曾孫；皇光祿大夫, 故太常卿, 襲帶方郡王隆之孫；皇朝請大夫, 故渭州刺史德璋之女也. 家本東方之貴世……"로 기록되어 있다. 첫 단락에는 간단하게 扶餘太妃의 가족 관계 및 본인의 가계를 소개하였다.

"扶餘"는 "夫餘"라고도 쓰고, 고대의 나라이름이다. 『중화성씨대전(中華姓氏大典)』에서 전하기를 "그 땅은 대략 오늘의 송화강(松花江) 유역에 있었고 훗날에 요(遼)나라에게 망하였다"고 한다. 나라 사람들은 다 국명으로 성씨를 하였다.

『後漢書』 권85에는 夫餘에 대해 전하기를 "夫餘國은 玄菟의 북쪽 千里 쯤에 있다. 남쪽은 高句驪와, 동쪽은 挹婁와, 서쪽은 鮮卑와 접해 있고, 북쪽에는 弱水가 있다. 국토의 면적은 사방 二千里이며, 본래 濊族의 땅이다(夫餘國, 在玄菟北千里. 南與高句驪, 東與挹婁, 西與鮮卑接, 北有弱水. 地方二千里, 本濊地也.)"라고 하였다. 그 지리적 위치는 오늘날의 黑龍江省 松花江 유역을 중심으로 하여, 遼寧省 昌圖縣 · 洮南縣 이북부터 吉林省 雙城縣 이남까지가 모두 그 지경에 해당된다.

또한 『北史』 권94에는 다음과 같은 부여 시조 설화가 전한다.

> 부여의 선조는 원래 흉노(匈奴) 색리국(索離國)에서 나왔다. 그 王이 出行 중에 侍女가 後[宮]에서 임신하였다. 王은 還宮하여 그녀를 죽이려고 하였다. 侍女가 말하길 앞서 하늘에서 큰 달걀만한 기운이 내려오는 것을 보았는데, [거기에] 感應되어 임신하였습니다다고 하였다. 王이 그 侍女를 살려 주었다. 뒷날 아들을 낳으매 王이 그 아이를 돼지 우리에 버렸으나, 돼지가 입김으로 불어 주어 죽지 않았다. 뒤에 마구간에 옮겨 놓았으나 [말] 역시 그와 같이 하였다. 王은 [이를] 신령스럽게 여겨 그 아이를 기르도록 명하고, 이름을 東明이라 하였다. 장성하면서 활을 잘 쏘자, 王은

그의 용맹스러움을 꺼려 또 다시 죽이려고 하였다. 東明이 이에 도망하여 남쪽의 淹滯水에 다다라, 활로 물을 치니 물고기와 자라들이 모두 다리를 만들어 주었다. 東明은 그것을 딛고 물을 건너 夫餘에 이르러 王이 되었다. 東明의 후손에 仇台가 있으니, 매우 어질고 信義가 두터웠다. [그가] 처음으로 帶方의 옛 땅에 나라를 세웠다.(其王出行, 其侍兒於後妊娠, 王還, 欲殺之. 侍兒曰 : "前見天上有氣如大鷄子來降, 感, 故有娠." 王舍之. 後生男, 王置之豕牢, 豕以口氣嘘之, 不死 ; 後徙于馬闌, 亦如之. 王以爲神, 命養之, 名曰東明. 及長, 善射, 王忌其猛, 複欲殺之. 東明乃奔走, 南至淹滯水, 以弓擊水, 魚鱉皆爲橋, 東明乘之得度, 至夫余而王焉. 東明之後有仇台, 篤於仁信, 始立國于帶方故地.)

위의 사료에서 대방은 지금의 한반도에 위치한다. 『舊唐書』에 전하기를 "唐 高宗 顯慶 5년에 백제를 토평(討平)하여 그 지역에 帶方州를 설치하였다. 仇台가 나라를 세운 후에 漢의 遼東太守 公孫度는 딸을 [仇台에게] 시집보냈는데, 마침내 백제가 東夷 중에서 强國이 되었다. 당초에 百家가 건너 왔다(濟)고 해서 [나라 이름을] 百濟라고 불렀다"고 한다. 이를 통해 부여라는 성씨가 중국동북 송화강(松花江) 유역에서 유래하였음과 부여왕 東明의 후예가 帶方故地에 나라를 세운 것이 곧 백제였음 알 수 있다. 그래서 『唐書』에도 "百濟國도 본래는 扶餘의 別種이다(百濟國亦扶餘之別種)"라고 전하는 것이다.

백제국에 대한 기록은 『新 · 舊唐書』 모두에 있다. 『舊唐書』 권199에는 백제국에 대한 다음과 같은 기사가 전한다.

백제는 大海의 북쪽, 小海의 남쪽에 위치한다. 동북으로는 新羅에 이르고, 남쪽으로는 바다를 건너 倭國에 이르고, 북쪽으로는 바다를 건너 高句麗에 이른다. 그의 制度 賦稅 및 風俗과 物産은 대개 高句麗와 같다. 唐初, 武德4년(621)에 百濟王 扶餘璋이 使臣을 보내와 果下馬를 바쳤다. 武德 7년(624, 百濟 武王 25)에 또 大臣을 보내어 表文을 올리고 朝貢을 바쳤다. 高祖(618~626)는 그 정성을 가상히 여겨, 使臣을 보내어 帶方郡王 · 百濟王으로 책봉하였다. 이로부터 해마다 [使臣을] 보내어 朝貢을 바치니, 高祖는 수고로움을 위무하고 매우 厚待하였다. 이어서 高句麗가 길을 막고 中國과의 來往을 허락하지 않는다고 호소하므로, 詔書를 내려 朱子奢를 보내어 화해시켰다. 또 新羅와는 대대로 서로 원수가 되어 자주 서로 침공하였다. 貞觀 원년(627, 百濟 武王 28)에 唐 太宗이 百濟王 扶餘璋에게 璽書와 書信를 내렸고 扶餘璋을 新羅國王과 과거의 맺힌 감정은 따지지 말고 서로 잘 지내는 것을 위로하였다. 이에 璋이 使臣을 보내어 表文을 올려 사죄하였다. 비록 표면상으로는 命을 따른다고 하였지만, 실제에 있어서는 예나 마찬가지로 원수 사이였다. 貞觀 11년(637; 百濟 武

王 38)에 扶餘璋이 使臣을 보내와 朝會하고 鐵甲과 雕斧를 바치니, 太宗은 융숭하게 대접하고, 명주 3천段과 錦袍 등을 내렸다. 貞觀 15년(641; 百濟 義慈王 1)에 璋이 卒하니, 그의 아들 義慈가 使臣을 보내어 表文을 올려 슬픔을 알렸다. 太宗은 素服 차림으로 哭을 하고, 光祿大夫를 추증하였으며, 賻物 2백段을 내렸다.

부여장이 받은 관직 중 光祿大夫는 文散職이었다. 唐의 文散階에 관해서는 "凡文散階二十九 : 從一品曰開府儀同三司, 正二品曰特進, 從二品曰光祿大夫, 正三品曰金紫光祿大夫……"[1]란 기록이 있다. 위의 사료에서 扶餘璋에게 從二品光祿大夫를 추증하는 것은 唐 王朝가 異姓王을 중시하고 있음을 표현하고, 복속한 이에게 아주 높고 특별한 예우를 베푼 것이다.

扶餘璋 이후 唐은 또 使臣을 보내어 그의 아들 義慈를 柱國으로 冊命하고, 帶方郡王 百濟王에 봉하였다. 柱國은 당 관제에서 從二品의 勳官位이다. 이것은 신분과 지위의 象徵이었다. 帶方郡王 百濟王은 다 그 아버지의 것을 승습한 것이다. 『舊唐書』 권199는 계속하여 다음과 같이 전한다.

貞觀 16년(642; 義慈王 2)에 義慈가 군사를 일으켜 新羅의 40여城을 빼앗고 군대를 보내어 지키는 한편, 高句麗와 和親을 맺어 通好하고, 黨項城을 탈취하여 新羅의 入朝길을 끊고자 하였다. 이에 新羅가 使臣을 보내어 위급함을 알리고 구원을 청하니, 太宗은 司農丞 相里玄奬에게 詔書를 보내어 禍福으로 兩蕃을 설득하였다. 太宗이 친히 高句麗를 정벌하자, 百濟는 두마음을 품고, 그 기회를 틈타 新羅의 10城을 습격하여 빼앗았다. 貞觀 22년(648; 義慈王 8)에 또 십여城을 빼앗고, 수년 동안 마침내 朝貢이 끊어지고 말았다. 高宗이 帝位를 이어 받자, 永徽 2년(651; 義慈王 11)에 비로소 또 使臣을 보내어 朝貢을 바쳤다. 永徽 6년(655; 義慈王 15)에 新羅王 金春秋가 또 表文을 올려, 百濟가 高句麗 및 靺鞨과 함께 北界를 침공하여 벌써 30여 城이 함락되었다고 하였다. 顯慶 5년(660; 義慈王 20)에 左衛大將軍 蘇定方에게 명하여 군사를 이끌고 가서 치게 하니, 그 나라를 크게 깨뜨렸다. 義慈 및 太子 隆 · 小王 孝演과 僞將 58명 등을 사로잡아 京師에 보내왔다. 高宗은 이들을 꾸짖기만 하고 용서하였다. 이때에 와서 그 땅에 熊津 · 馬韓 · 東明 등 5都督府를 두었다. 그리고 右衛郎將 王文度를 熊津都督으로 삼아 군대를 거느리고 鎭撫하게 하였다. 義慈는 어버이를 섬김에 孝行으로서 함이 널리 알려지고, 형제 사이에 우애가 돈독하여, 당시 사람들이 '海東의 曾子 · 閔子' 라고 불렀다. 京師에 와서 며칠 만에 죽었다. 金紫光祿大夫 衛尉卿으로 추증하고, 특별히 舊臣의 赴哭을 허락하였다. 孫皓 · 陳叔寶의 묘 옆에 장

1) 『新唐書』 권46.

사하고 아울러 碑도 세워 주었다.

위 사료의 말미에 보이는 金紫光祿大夫는 正三品文散官이고 이에 대해서는 이미 앞서 언급하였다. 衛尉卿은 衛尉寺의 長官이고 從三品이었다.『舊唐書』권44에 전하기를 "卿之職, 掌邦國器械文物之事, 總武庫, 武器, 守宮三署之官屬. 少卿爲之貳. 凡天下兵器入京師者, 皆籍其名數而藏之. 凡大祭祀大朝會, 則供其羽儀節鉞金鼓帷帟茵席之屬."라고 하였다. 그러나 당시 扶餘義慈는 이미 사망한 후이므로, 그에게 三品의 높은 관직을 준 것은 그저 당 朝廷이 위로를 표하고 명예를 준 것에 불과하다.

龍朔 원년(661) 백제의 옛 무리들이 반역하여, 동으로 倭國에 使臣을 보내어 王子 扶餘豊을 맞아다 王으로 세웠다. 2년에 당은 水陸兩軍을 보내어 반군과 周留城에서 결전하였다. 百濟의 모든 城이 다시 귀순하였다. 당 고종은 詔書를 내려 劉仁軌에게 군사를 거느리고 鎭守하게 하였다. 그리고 扶餘隆에게 熊津都督을 除授하여 본국으로 돌려보내어, 新羅와 和親을 맺고 남은 무리들을 불러 모으게 하였다. 그 후에 鎭守하던 唐軍이 돌아갔기 때문에 隆은 新羅를 두려워하여 곧 京師로 돌아왔다.

儀鳳 2년(677; 新羅 文武王 17)에 隆에게 光祿大夫 太常員外卿 兼 熊津都督 帶方郡王을 除授하여 本蕃에 돌아가 남은 무리들을 安輯케 하였다. 이 중 光祿大夫는 從二品文散官이다. 太常員外卿은『唐書』百官志에 관련 기록이 없지만 人物列傳에는 언급되어 있다. 扶餘隆묘지에는 扶餘隆이 光祿大夫 太常卿이고 帶方郡王을 계승하였다고 되어 있다. 따라서 太常員外卿은 바로 太常卿 즉 太常寺長官이라는 것을 알 수 있었다. 태상시에 대해『舊唐書』권44에는 "古曰秩宗, 秦曰奉常, 漢高改爲太常, 梁加"寺"字, 後代因之. 卿一員, 正三品. ……太常卿之職, 掌邦國禮樂, 郊廟, 社稷之事, 以八署分而理之……總其官屬, 行其政令. 少卿爲之貳. 凡國有大禮, 則贊相禮儀."라 전한다.

帶方郡王은 선조로부터 승습한 爵位였다. 다만 당시 백제는 본토에서 세력을 잃고 점차 신라에 의해 점령되었다. 扶餘隆은 감히 故國에 돌아가지 못하였고 급사했다. 그의 손자 扶餘敬이 則天武后 때에 帶方郡王에 책봉되어 衛尉卿을 除授받았다. 衛尉卿은 從三品官이고 앞에서 살펴보았다. 扶餘敬은 비록 異姓王에 봉해져 從三品官을 받았지만『唐書』열전에는 전하지 않고 그 부친의 이름 또한 분명치 않다. 이후 백제 부여씨의 후예들은 中原지역에서 정착해 故國에 돌아가지 못하였다. 그리고 고국은 신라 및 渤海에 분점되어, 마침내 백제의 종통은 끊기고 말았다.

扶餘璋은 묘지명이 없다. 하지만 그에 관해서 扶餘義慈와 扶餘隆의 묘지명에 모두 기록이 있다. 文獻과 대조해 보면 그의 이름 · 관직 등이 모두 같아서 참으로 '東方之貴世'라 일컬을 만하다. 따라서『唐書』에서 말하는 帶方郡王 百濟王 扶餘義慈와 帶方郡王 太常卿 扶餘隆이 바로 扶餘太妃의 증조부와 조부이라는 것은 의문의 여지가 없다.

그녀의 아버지 扶餘德璋은『唐書』에는 기록이 없고 (太妃)묘지에 이르기를 "皇朝請大夫, 故渭州刺史"라고 하였다.『唐書』는 朝請大夫가 從五品上 文散職[2]임을 밝히고 있다. 渭州刺史는 實職이며, 『唐書』에는 다음과 같이 전한다.

> 渭州下 隋隴西郡. 武德元年, 置渭州. ……戶一千九百八十九, 口九千二十八.……在京師西一千一百五十三里, 至東都二千里.[3]

여기서 '渭州下'는 위주가 규모 상 下州에 속한다는 것이다. 당제에서 州는 戶數에 따라 주를 상 · 중 · 하로 나누고 그에 따라 자사의 品秩이 달랐는데, 다음과 같은 관련 기록이 있다.

> 戶滿四萬以上爲上州, 刺史一員, 從三品.…… 戶滿二萬戶已上, 爲中州, 刺史一員, 正四品上.…… 戶不滿二萬, 爲下州也, 刺史一員, 正四品下.[4]

따라서 渭州刺史는 正四品下에 해당됨을 알 수 있다. 刺史라는 관직에 대해 『新唐書』 권7에는 "自秦變古, 王制亡, 始郡縣天下. 下更漢, 晉, 分裂爲南, 北. 至隋滅陳, 天下始合爲一, 乃改州爲郡, 依漢制置太守, 以司隸, 刺史相統治, ……唐興, 高祖改郡爲州, 太守爲刺史"라고 전한다. 刺史는 州의 최고의 행정장관으로, 그의 職務에 대해 『舊唐書』는 "掌清肅邦畿, 考核官吏, 宣佈德化, 撫和齊人, 勸課農桑, 敦敷五教. 每歲一巡屬縣, 觀風俗, 問百年, 錄囚徒, 恤鰥寡, 閱丁口, 務知百姓之疾苦."라 밝히고 있다. 이를 통해 唐 王朝가 德化를 重視하고 백성에게 관심 가지기 등 地方官吏의 수준에 대한 요구가 매우 엄격했음을 알 수 있다.

부여태비의 이름에 대해서는 알 수가 없다. 태비의 증조부와 조부는 모두 異姓王으로 봉해져 三品 高官이 되었다. 아버지 덕장 역시 四品官에 올랐다. 드높은 가문과 고귀한 왕족 혈통은 태비로 하여금 현명한 덕이 빼어나고 향기롭고 아름다운 사람이 되게 하였다. 그래서 마땅히 군자의 집안으로 종실과도 어울릴 수 있게 되었으니, 異姓諸王의 딸로서 嗣虢王 李邕과 혼인해 後妻가 되었다.

그녀가 출가한 시기에 대해서는 묘지에 기록이 없다. 그런데 李邕의 前妻는 唐 中宗(705~710)의 韋皇后의 여동생으로, 唐隆 원년(710)에 唐 玄宗이 韋后의 亂을 평정할 때 李邕은 스스로 아내의 머리를 잘라 조정에 올렸다. 그 이후에 부여씨를 아내로 맞았다. 그러므로 태비가 혼인한 시기는 710년 혹은 그 이후임을 알 수가 있다. 開元26년(738)에 태비가 죽었고, 그 당시 나이는 마흔 아홉이었는데, 이를 역산하면 710년에 태비의 나이가 21세 정도였음이 나온다. 嗣虢王 李邕에게 시집간 후에도 현숙하고 어진 덕이 있어 왕의 사랑을 깊이 받았고, 開元 年間에 왕비로 봉해졌다. 開元

---

2) 『舊唐書』 권42
3) 『舊唐書』 권40
4) 『舊唐書』 권44

15년(727) 李邕이 病死했을 때 태비의 나이는 서른여덟이었고, 슬하에 다섯 명 자식들이 있었는데 모두 아직 어렸다.

묘지명에 따르면 왕비는 '持門而不失訓, 五子而並良'하여, 장자인 李巨가 虢王位를 계승하였다. 그는 사람됨이 어질고 효성스러우면서도 과단성이 있고 지혜와 재질이 뛰어났다. 그래서 開元19년(731)에 唐 王朝는 그의 모친을 태비로 봉했다. 7년 뒤 태비가 죽자, 부군의 무덤 곁에 묻었다. 그녀의 일생은 묘지명에 써 있듯이 현숙함과 어진 덕으로 인해 오랫동안 부귀를 지키고 하늘이 주신 복록을 실컷 누렸다고 할 수 있다.

묘지에 보이는 당대의 백제 왕실 부여씨 인물들을 『新·舊唐書』의 기록과 종합해 당나라 초기부터 武則天 시기까지의 가계도를 그려보면 다음과 같다.

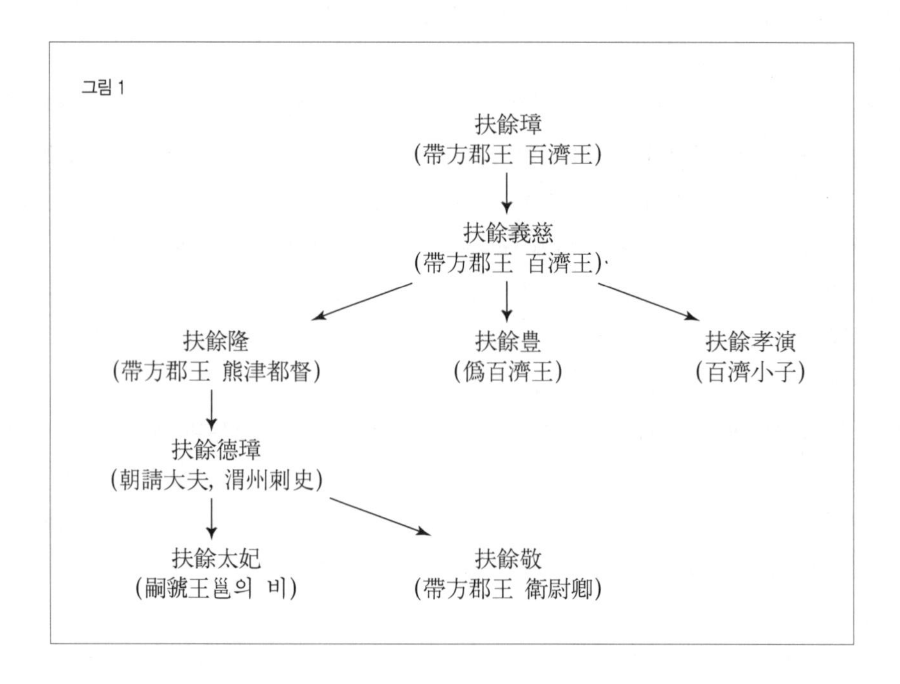

Ⅱ. 嗣虢王 李邕의 世系 및 官職

부여 태비가 시집간 嗣虢王 李邕은 당나라 皇室 직계의 자손이다. 묘지에는 "王諱邕, 神堯皇帝之曾孫, 皇故司徒虢王鳳之孫, 皇故曹州刺史定襄公宏之子."라고 기록되어 있다. 神堯 황제는 당나라 개국 황제인 高祖 李淵을 가리킨다. 사서에 이연에 대해서 "武德九年, 崩于太安宮之垂拱前殿, 年七十。群臣上謚曰大武皇帝, 廟號高祖. 十月庚寅, 葬於獻陵. 高宗上元元年八月, 改上尊號曰神堯皇帝"로 기록되어 있다.[5] 필자가 볼 때 『舊唐書』의 '大武皇帝'는 오기이고, 정확한 謚號는 '太武皇帝'이

다. 자세한 설명은 「嗣虢王李邕墓誌考釋」을 참조 바란다.

虢王은 李淵의 15째 아들인데 貞觀 10년(636)에 虢王으로 봉해졌고 上元 元年에 죽었다. 죽고 나서 司徒, 揚州大都督에 추증되고, 莊이라는 諡號가 주어졌다. 司徒는 三公에 속하는 지위로 正一品이었으며, 揚州大都督 역시 從二品의 고위직이었다. 하지만 死者에겐 그저 높은 신분과 영화를 드러내 주는 명예일 뿐이었다.

아들인 平陽郡王 翼이 그 관작을 계승하여 光州刺史까지 올랐다. 광주는 淮南道에 속하고 中州였고, 그 刺史는 正四品上이었다. 그는 永隆2년에 죽었다. 그 아들인 寓가 작위를 승습했으나, 則天武后 때에 작위를 잃게 되었다.

神龍 초기에 鳳의 嫡孫인 邕을 虢王으로 봉했다. 李邕은 비록 황족 출신이지만 인생은 매우 험난했다. 유년기엔 집안의 어른들이 李武의 모반사건에 연루되며 멸문지화를 당해 홀로 강남에서 떠돌아야 하였다. 邕은 中宗이 복위한 후에야 조정으로 들어가 벼슬을 받고, 中宗과 韋皇后의 총애와 신임을 얻었다. 이후 지위가 從二品의 고관인 秘書監에 이르렀으나, 韋后의 亂 후에 삭탈관직 된다. 훗날 睿宗의 景雲2년(711)에 虢王의 작위가 회복되고 다시 조정에 사환하게 된다. 그리고 開元15년(727)에 사망하였다. 그가 죽은 후에 조정은 위로와 애도의 뜻을 표하기 위해 從二品 荊州大都督을 추증하였다.

邕의 아버지는 襄郡公 宏인데 『舊唐書』 권46에 "鳳第三子定襄郡公宏, 則天初爲曹州刺史"로 기록되어 있다. 『新唐書』 권70에는 "定襄公, 宣州刺史宏"이라 기재되어 있다. 李宏이 봉해진 定襄公은 兩書 모두 같으나, 어느 州의 刺史가 되었는지는 『新 · 舊唐書』의 기록에 차이가 있다. 그런데 李邕 및 부여태비 묘지에는 모두 그의 아버지가 曹州刺史였다고 기록되어 있었는데, 『舊唐書』의 기록과 일치한다. 그런데 李邕 부부의 묘지와 『唐書』가 전하는 定襄郡公 宏에 대한 기록은 매우 소략하다. 그리고 定襄郡公 宏이 역임한 관직도 刺史 하나밖에 없다. 이로써 추측해 본다면 李宏의 생애가 매우 짧았거나 李武의 모반에 관련되어 죽었을 수도 있다. 李邕의 묘지명에도 이를 암시한 구문이 있다. 이 정치사건에 의해 李邕의 가문은 망하고 가족들도 잃었다. 그러므로 이처럼 사환 기간이 짧고, 정치배경이 복잡하며 민감한 사건에 연관돼 있는 인물에 대해서는 史書의 기록에 착오가 있을 수 있음을 이해해야 한다. 당대의 묘지명이 출토되었다면 당연히 그것으로 기준을 삼아야 한다. 그러므로 曹州刺史가 李宏이 생전에 역임한 관직일 것이다. 『舊唐書』 권30에는 "曹州上 隋濟陰郡. 武德四年, 改爲曹州, 天寶元年, 改曹州爲濟陰郡, 乾元元年, 複爲曹州. 舊領縣五, 戶九千二百四十四, 口五萬四千九百八十一. 天寶領縣六, 戶十萬三百五十二, 口七十一萬六千八百四十八. 在京師東北一千四百五十三裏, 至東都東北六百五十七裏"라고 기록되어 있다. 上州刺史는 從三品이라는 것은 위에서 이미 언급했다.

---

5) 『舊唐書』 권1

李邕은 다섯 명 자식이 있었다. 이는 다음과 같이 부여 태비 묘지에 뚜렷하게 기록되어 있다.

"長曰太子家令虢王巨, 賢而樂善, 孝以傳國 ; 次曰太子典設郎承昭 ; 又次曰太子通事舍人承曦 ; 又次曰左金吾兵曹承 ; 季曰太子典設郎承."

장남인 李巨는 당시 太子家令직에 있으며 太子家令寺를 주관하였는데, 품계는 從四品이었다(家令掌太子飮膳, 倉儲, 庫藏之政令, 總食官, 典倉, 司藏三署之官屬). 李巨에 대해서 『舊唐書』 권112에는 다음과 같이 기록되어 있다.

李巨, 曾祖父虢王鳳, 高祖之第十四子也. 鳳孫邕, 嗣虢王, 巨卽邕之第二子也. 剛銳果決, 頗涉獵書史, 好屬文. 開元中爲嗣虢王. 天寶五載, 出爲西河太守. 皇太子杜良娣之妹婿柳勣陷詔獄, 巨母扶余氏, 吉溫嫡母之妹也, 溫爲京兆士曹, 推勣之黨, 以徐征等往來巨家, 資給之, 由是坐貶義陽郡司馬. 六載, 禦史中丞楊愼矜爲李林甫, 王鉷構陷得罪, 其黨史敬忠亦伏法. 以巨與敬忠相識, 坐解官, 于南賓郡安置. 又起爲夷陵郡太守.

安祿山의 난 시기에 玄宗이 장수들을 뽑을 때 張垍가 이르기를 이거가 기사에 능하고 지략이 뛰어나다고 추천하였으므로 이거를 陳留譙郡太守 攝御史大夫 河南節度使에 제수하였다. 그리고 肅宗 至德2년(757)에 太子少傅가 되었다. 10월에 당 官軍 서경(장안)을 되찾자 이거는 留守 겸 御史大夫로 임명되었다. 至德3년에는 太子少師로 승급하여 河南尹을 겸하고 東京留守로 제수되었다. 그러나 후에 무고를 받아 受賂 혐의로 遂州刺史로 좌천되었다. 그 후 梓州刺史 段子璋이 난을 일으켜 遂州를 지날 때 이거를 살해하였다.

그의 아들 則之는 宗室로서 관직에 오르고 학문을 좋아하였다. 貞元 2년에 睦王府長史에서 左金吾衛大將軍으로 승급되었다. 그 후에 다시 昭州司馬 로 좌천되었다.

李巨傳에 보이는 "曾祖父虢王鳳, 高祖之第十四子"라는 기록은 틀린 것이고, 실은 고조의 제15자였다. 그리고 巨가 邕의 둘째 아들이란 말도 묘지와 맞지 않는데, 마땅히 묘지를 따라야 한다. 이거는 開元 연간에 嗣虢王을 승습한 후에 天寶5년에 西河太守에 제수되었다. 西河郡은 바로 汾州이다. 『唐書』에는 "汾州上 隋西河郡. 武德元年, 以西河郡爲浩州. 三年, 改浩州爲汾州. 天寶元年, 改爲西河郡. 乾元元年, 複爲汾州"라 기록되어 있다.[6] 오늘날 山西省에 위치한다. 上州 刺史는 從三品이다. 당 현종 天寶 初에 州를 郡으로 바꾸고, 자사 역시 태수로 고쳤다. 따라서 西河太守는 바로 汾州刺史로서 三品官이었다. 그 후에 사촌형인 吉溫의 사건에 연루되어 義陽郡 司馬로 좌천되었

6) 『舊唐書』 권39

다. 義陽郡에 대해 『舊唐書』 권40에는 "申州中 隋義陽郡. 武德四年, 置申州, 天寶元年, 改爲義陽郡. 乾元元年伏, 複爲申州."라 기록 되어 있다. 오늘날 河南省 경내에 위치한다. 義陽郡은 中州에 속하며, 6품의 司馬 1인을 두었다. 司馬의 직무에 대해서는 "掌貳府州之事, 以綱紀衆務, 通判列曹. 歲終則更入奏計"로 기록하고 있다.[7] 그 후에 다시 史敬忠 사건에 연루되어 면직 당했다. 이를 통해 이거의 관직 생활 역시 그의 아버지처럼 순탄치 않았음을 알 수 있다.

그가 다시 기용될 때는 夷陵太守로 임명되었다. 이릉은 곧 硤州이다. 『舊唐書』 권39에는 "硤州下 隋夷陵郡. 武德四年, 置硤州, 領夷陵, 夷道, 遠安三縣. 天寶元年, 改爲夷陵郡. 乾元元年, 複爲硤州. 舊領縣五, 戶四千三百, 口一萬七千一百二十七. 天寶, 戶八千九十八, 口四萬五千六十六. 在京師東南一千八百八十八裏, 至東都一千六百四十六裏."라 기록되어 있다. 그곳은 山南東道에 속하고 오늘날 湖北省 일대에 위치한다. 下州刺史는 正四品下의 관직이다.

安史의 난은 이거가 다시 重臣이 되는 轉機였다. 이때부터 玄宗의 신임을 얻었고 陳留譙郡太守攝御史大夫, 河南節度使 등의 직책도 역임했다. 『舊唐書』 38에는 "汴州上 天寶元年, 改汴州爲陳留郡. 乾元元年, 複爲汴州"라 기록되어 있다. 그러므로 陳留郡 太守는 從三品이다. 御史大夫는 御史臺의 우두머리이고 正三品이었다. 秦漢制에서 御史大夫, 副丞相은 모두 三公에 해당하는 관직이었다. 그런데 「武德令」에 의해 從三品으로 바뀌었다.[8] 그리고 武宗 會昌2년에는 正三品으로 승급되었다(掌邦國刑憲, 肅正朝廷).[9] 節度使는 『舊唐書』 권44에 "受命之日, 賜之旌節, 謂之節度使, 得以專制軍事. 行則建節符, 樹六纛. 外任之重, 無比焉"라 전한다. 따라서 河南節度使는 河南일대의 軍事事務를 관장하는 직책이다. 당시에 마침 安祿山이 반란을 일으켜 河南의 軍務는 경사의 存亡과 직결되었으므로, 그 중요성은 가히 짐작할 만하다. 그러나 절도사의 품계와 봉록에 대해서는 기록이 없다. 아마 조정이 상황과 사안에 따라 둔 직책이라 정식 규정이 없었던 것 같다.

肅宗이 즉위한 후에 이거는 太子少傅, 留守 겸 御史大夫에 임명되고, 太子少師 겸 河南尹, 東京留守 등이 더 해져 당 조정의 주목을 받았다. 太子少傅는 정2품관이다. 留守는 西京留守로서 東京留守와 성격이 같았다. 하지만 『唐書』 및 기타 문헌에 그것의 품계 · 기능에 대한 기록이 없다. 太子少師는 太子府 三少의 하나였고 教諭를 주관하는 것이다. 품계는 정2품이다. 겸직한 河南尹은 종3품으로, 河南府의 事務를 관장하였다. 이거는 숙종대에도 정2품의 고관으로 중용되었다.

그는 후에 受賂 혐의를 받아 遂州刺史로 좌천되었다. 遂州에 대해서 『舊唐書』 권41에는 "遂州中 隋遂寧郡. 武德元年, 改爲遂州, 天寶元年, 改爲遂寧郡. 乾元元年, 複爲遂州."로 전한다. 遂州는 당대에 劍南道에 속하고 오늘날 四川省 경내에 위치한다. 中州의 자사는 정4품이었다. 이거는 이 자리에 있을 때 段子璋한테 죽임을 당하고 만다.

---

7) 『舊唐書』 권44
8) 『舊唐書』 권44
9) 『舊唐書』 권44

李巨傳 뒤에는 그의 아들 則之의 전기가 붙어 있다. 그가 역임한 최고관은 정3품무관직인 左金吾衛大將軍이었다. 『舊唐書』 권44은 그 직책에 대해 "掌宮中及京城晝夜巡警之法, 以執御非違."라고 소개하고 있다. 그는 후에 직무에 소홀하였음을 이유로 昭州司馬로 좌천된다. 昭州는 당대에 嶺南道에 속했고, 隋代의 始安郡 平樂縣이다. 武德 4년에 樂州가 설치되었고, 貞觀 8년에 昭州로 고쳤으며 天寶 원년에 平樂郡으로 개명하였으나, 乾元 원년에 다시 昭州라 하였다. 속현이 셋이고 戶는 4,918, 人口는 12,691이었다. 唐制에 의하면 인구가 2만인 안 되면 바로 下州가 되었다. 그 속관인 司馬는 정6품의 관직이다. 구체적으로 어떠한 사건이 그의 관직이 3품이나 강등되는 치명적인 결과에 이르도록 하였는지에 대해서는 『唐書』에 어떠한 해석도 없다.

태비의 次男 承昭는 東宮에 속한 典設局의 관직인 太子殿設郎을 역임했다. 典設局에는 殿設郎 넷을 두었는데 종6품이었다. 그의 직무에 대해 『舊唐書』 권44에 "掌湯沐, 灑掃, 鋪陳之事. 凡大祭祀, 太子助祭, 則于正殿東設幄坐"로 전한다. 『新唐書』 世系表에는 承昭가 李邕의 아래 차남의 자리에 위치하고 있다. 이승소는 묘지명에서도 보이지만, 이옹의 자식 중에서 史書에 기재된 또 하나의 인물이다. 그의 명성이나 관직은 이거만 못 하였지만, 中唐 시기의 우수한 관료이자 훌륭한 인재로 평가받았다. 묘지에 보이는 관직은 태비가 세상을 떠나기 이전에 역임한 관직이었다. 태비는 21세에 李邕에게 시집가고 49세에 세상을 떠났다. 그때까지 그녀의 자식들 중 장자도 아직 27세를 넘기지 못 했을 것이므로, 승소의 나이는 약 25세 정도로 갓 仕宦하였을 것이다. 『新唐書』에 따르면 승소는 幽國公 昭義軍節度使 檢校 吏部尙書까지 오른다. 幽國公은 『新唐書』에만 등장하고, 昭義軍節度使에 대해서는 양 당서 모두에 기재되어 있다. 『新唐書』 권6에는 "甲子, 昭義軍節度使李承昭及田承嗣戰于淸水, 敗之."라 전하고 있고, 『舊唐書』 권151에는 "李承昭爲昭義軍節度使"라 기록되어 있다. 그리고 『新唐書』 世系表에서도 확인되듯 이승소는 묘지명에 나오는 李邕의 차남, 昭義軍節度使를 역임한 자임에 틀림없다.

節度使는 당 玄宗 天寶 연간에 생긴 관직이다. 이에 대해서는 앞에서 이미 설명한 바가 있고, 그 직무에 『舊唐書』 44에는 "受命之日, 賜之旌節, 謂之節度使, 得以專制軍事."라고 하였다. 숙종 至德 연간 이후 당군은 본격적으로 安祿山과 싸우며 자사들은 모두 軍務를 관장하며 각자의 지역을 진수하였다. 특히 전략상 요충지에는 대부분 節度使가 설치되었다. 昭義軍節度使에 대해 『舊唐書』 38에는 "昭義軍節度使. 治潞州, 領潞, 澤, 邢, 洺, 磁五州."라 전한다.

檢校吏部尙書직은 『新唐書』 世系表에만 나와 있고 다른 곳에는 기록이 없다. 吏部尙書는 정3품 관직으로 관리의 선발과 고과, 상훈, 책봉 등에 대한 政令을 관장하였다.

만약 이승소가 확실히 幽國公 昭義軍節度使 檢校吏部尙書라면 작위도 있고 정3품의 관직도 있으므로 당시 상례에 의하면 唐書에 입전되어 있어야 한다. 그러나 이승소의 전기는 없고, 다른 인물 혹은 사건에 대해 진술할 때 그의 이름이나 관직이 언급되는 정도이다. 그리고 그가 역임한 관직 중 昭義軍節度使만 兩 唐書에 몇 번 보이고 있다. 따라서 이승소의 관직 생활과 경력에 대해서는 여전히 많은 의문점이 남아 있어 가일층 면밀한 검토를 요한다.

셋째 아들 李承曦는 太子通事舍人으로, 역시 東宮官이며 품계는 正7品下였다. 넷째 아들 李承晙은 左金吾兵曹로, 左金吾衛의 속한 正8品下 武官이었다. 그 직무는 소속군의 병조사무를 분장하는 것이다. 다섯째 아들 李承嘻은 묘지명에 의하면 太子典設郎으로, 둘째 형인 承昭와 같은 正6品직에 있었다. 필자가 보기에 당시 승질의 아직 나이 어려서 약 20세였을 것으로 추측된다. 그런데 벌써 6품관이었다면 형과 동일한 품계에 배수된 것이어서 비현실적이다 생각된다. 그러므로 이것은 찬자의 오기로 보는 것이 옳다. 承曦, 承晙, 承晊은 모두 사서에 기록이 없으므로 묘지가 사서의 부족한 부분을 보충해 주었다.

지금 묘지명과 문헌사료의 기록을 비교 대조하여 初唐부터 中唐까지 李邕家族의 봉작승계를 복원해 보면 아래와 같다.

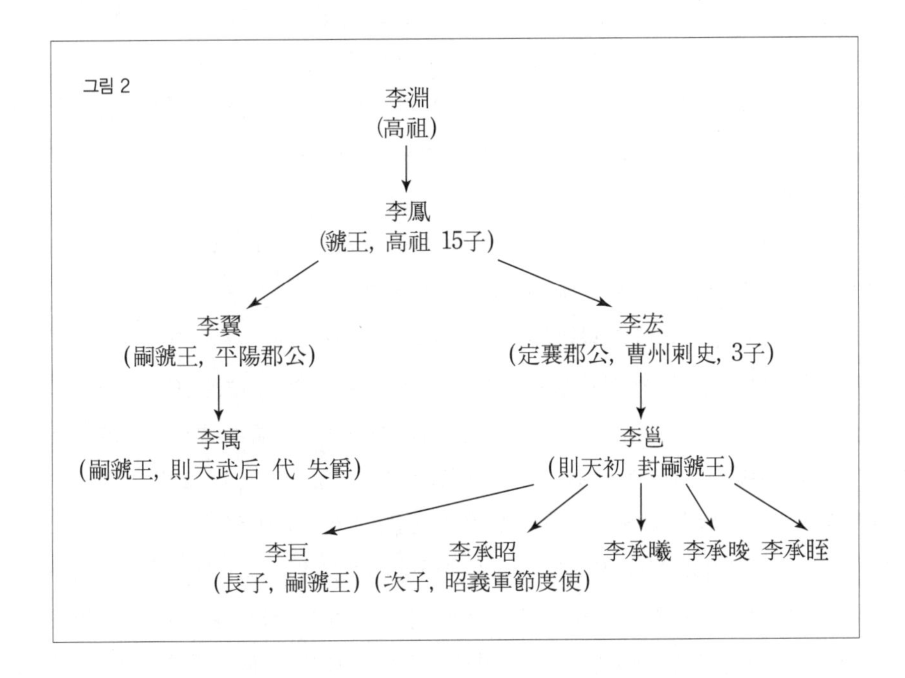

Ⅲ. 묘지명에 언급된 기타의 인물과 지명

부여태비묘지의 찬자는 朝議郎 守中書舍人 安定粱이다. 사서에는 안정량의 전기가 없다. 朝議郎은 『唐書』 百官志에 의하면 正6品上의 文散官으로 실직이 아니었다. 그리고 中書舍人 앞에 붙은 '守' 에 대해 『辭源』에서 이르기를 "官階低而所署官高叫守, 官階高而所署官低叫行."라 하였다. 그러므로 안정량은 조의랑이라는 낮은 품계의 문산계를 갖고 중서사인이라는 높은 관직을 담당한 것이다. 중서사인은 실직으로 품계는 正5品上이다. 晋代에 中書에 사인이 설치되었다. 당대의 중서사인의 직무에 대해 『舊唐書』 권43에는 "掌侍奉進奏, 參議表章. 凡册命大臣于朝, 則使持節讀册命之. 凡將帥有功及有大賓客, 皆使勞問之. 凡察天下冤滯, 與給事中及御史三司鞫其事. 凡百司奏義, 文武考課, 皆預裁焉."라 전하고 있다. 중서사인은 비록 품계가 높지는 않았지만 황제의 近臣이 될 수가 있었다. 또한 중서사인은 관리를 考課를 담당하고 우선 결제권이 있어서 요직 중 하나로 인식되었다.

묘지명에는 嗣虢王 李邕을 찬양하여 이르기를 "王, 漢之慶流, 有朱虛之定計, 過河間之好古."라 하였다. 이 문구는 前漢의 유명한 두 종실 제후들을 들어 李邕의 충성과 지략, 결단력, 능력 등을 비유한 것이다. 朱虛는 전한 초기의 朱虛侯 劉章으로 그는 呂氏가 정권을 농단할 때 시기적절하게 형인 齊王에게 알려 여씨를 토벌할 병사를 일으키게 하였다. 그리고 周勃, 陳平 등과 내응하여 단숨에 여씨 세력을 섬멸함으로써 文帝를 옹립하는데 공을 세웠다. 그래서 그는 한의 사직과 유씨의 천하를 보위했다는 영예를 얻었다. 河間은 전한 景帝대의 河間獻王 劉德을 지칭하는 것이다. 그는 매우 박학다식하고 다재다능하였다. 특히 음악에 조예가 깊어 『樂語』, 『樂元語』라는 두 권의 책 편찬하였다. 묘지의 찬자는 그 두 사람을 들어 李邕을 비유함으로써 그의 인품과 才德에 대해 높이 평가한 것이다.

묘지는 부여태비가 '崇賢之王第' 에서 죽었다고 전한다. 『增訂唐兩京城坊考』의 長安城圖를 보면 嗣虢王 李邕의 저택은 장안성 서남부에 있음을 알 수 있다. 서성벽 남쪽 끝에 있는 延平門으로 들어가 동에서 서로 난 작은 거리를 따라가면 그 좌측의 세 번째 坊에 그의 저택이 위치하였다. 혹은 남성벽 서쪽의 安化門으로 들어가서 북쪽으로 난 길의 여섯 번째 坊(崇賢坊)이 바로 그의 저택이었다. 李邕의 사저에 대해 『唐兩京城坊考』에는 "崇賢坊西南隅, 秘書監, 嗣虢王李邕宅."라고 전하고, 李邕의 묘지에는 "開元十五年七月八日薨於東都嘉善里之私第."라 전하고 있다. 이를 통해 볼 때 嗣虢王李邕은 長安과 洛陽 모두에 저택을 소유하고 있었음을 알 수가 있다.

부여태비 묘지의 분석을 통해 우리는 중국동북지방 少數民族국가의 문화와 唐왕조 시기의 한반도 국가인 백제, 신라, 고구려 등의 지리적 분포, 정권의 성쇠, 상호관계에 대한 새로운 일면을 이해할 수 있었다. 이는 분명 새로운 시각과 연구 영역의 확대에도 좋은 영향을 미칠 것이라 사료된다.

[번역 : 劉占鳳(경북대 대학원 사학과 박사과정)]

역/주

〈張家山漢簡 二年律令 譯注에 부쳐〉

국내의 중국고대사 연구자들은 특히 秦漢시대 연구자를 중심으로 2005년 말부터 〈簡牘研究會〉(가칭)를 조직하고 매달 한 번씩 강독회를 개최해 왔다. 강독회에서는 그동안 里耶秦簡, 張家山漢簡, 額濟納漢簡, 敦煌懸泉置漢簡를 포함한 秦漢시대의 간독을 다루어 왔는데, 간독의 내용은 물론 간독의 형식, 서체, 개별 글자의 문자학적 고증 등 다양한 문제를 논의하고 있다. 특히 張家山漢簡 二年律令이 갖는 자료적 가치에 주목하여, 이미 발표된 국외의 역주본, 연구논문을 바탕으로 새로운 국문 역주를 준비 중이다. 이 역주는 국내 연구자의 입장에서 그동안의 국외 연구를 종합한다는 의미 외에 한국 목간 및 역사를 연구하는 국내 연구자에게 정보를 제공하는 의미도 갖는다. 본 『목간과 문자』 학술지에서는 앞으로 이 二年律令의 역주를 계속 게재할 예정이다. 역주는 기본적으로 율령 별로 나누어 작성되지만, 먼저 완성된 순서대로 게재할 예정이다.[편집자]

張家山漢簡〈二年律令〉行書律(264簡-277簡) *

金慶浩**

【說明】

張家山漢簡〈二年律令〉「行書律」은 문서전달에 관한 법률로서 문헌사료에는 그 구체적인 내용이 서술되어 있지 않다. 단지『秦簡』「行書律」에 문서의 전달규정 및 문서를 담당 관리가 주고 받는 사무규정의 두 조항만이 보일 뿐이다. 이에 반해 〈이년율령〉「행서률」은 郵의 설치기준, 郵內의 12室 구조, 郵人에 대한 토지와 택지의 지급과 力役이나 세금면제조항, 전달규칙과 두 종류의 문서전달방식 등을 주요 내용으로 하고 있다. 장가산한간 〈이년율령〉「행서율」이 비록 부분적인 조항의 내용일지라도 각지에서 출토된 관련 있는 간독 및 문헌자료의 기재 내용을 종합하여 분석을 하면 한대 문서행정제도의 대체적인 윤곽뿐만 아니라 한층 발전된 심도있는 연구의 기초를 제공할 것이다.

【原文】十里置一郵[1]. 南郡江水以南至索(?)南水[2], 廿里一郵. 264(C183)

【譯文】10리 마다 하나의 郵를 설치한다. 南郡의 江水이남에서 索南水에 이르기까지는 20리 마다 하나의 郵를 설치한다.

【注釋】

[1] 郵의 설치에 관한 규정으로 설치의 기준이 일정하지 않음을 알 수 있다. 예를 들면 1)『史記』권55「留侯世家」와『後漢書』「百官志 · 五」에서는 "五里一郵 郵人居閒 相去二里半"라 하여 "5里1郵"를 원칙으로 하고 있지만 이년율령의 관련 조항에서는 "10里1郵" 및 "20里1郵"(264간)와 "30里1

* 이 논문(역주)은 2007년 정부(교육과학기술부)의 재원으로 한국학술진흥재단의 지원을 받아 수행된 연구임(KRF-2007-361-AL0014).
본 역주의 저본은『張家山漢墓竹簡(247號墓)』(文物出版社, 2001)로 하였다. 따라서 석문도 이를 근거로 하였음을 밝혀둔다.
** 成均館大學校 동아시아학술원 인문한국사업단 연구교수

郵"(266간 : "北地, 上, 隴西, 卅里一郵")를 원칙으로 하고 있다. 특히 「이년율령」의 264간과 266간의 내용을 비교 · 검토하여 보면 "10里1郵"가 郵의 설치의 일반적 기준이고 지형적 위치 등을 고려하여 郵의 설치 간격을 유동적으로 조정한 듯하다.

[2] "南郡" : 『史記』 권5 「秦本紀」("大良造白起攻楚, 取郢爲南郡, 楚王走.")나 『漢書』 권28 「地理志 · 上」("南郡, 秦置, 高制元年更爲臨江郡, 五年復故.")에 보인다. 또한 『睡虎地秦墓竹簡』(睡虎地秦墓竹簡整理小組, 文物出版社, 1978 이하 『秦簡』) 語書("卄年四月丙戌朔丁亥, 南郡守騰謂縣, 道嗇夫…….")와 編年記("十九年, □□□□南郡備敬(警)")에서도 확인할 수 있다.

"索(?)南水" : 이년율령 정리소조와 彭浩 씨는 『水經注 · 沅水』의 관련 기사에 근거하여 漸水의 별칭이라고 인식한다. 아울러 최근 발굴 정리된 『里耶秦簡』J1 [16] 52에는 "索"의 위치와 관련하여 "鄢到鎖百八十四里, 鎖到江陵二百四十里, 江陵到孱陵百十里, 孱陵到索二百九十五里, 索到臨索沅六十里, 臨沅到遷陵九百索一十里. □□千四百卌里"라고 보인다. 한편, 『二年律令與奏讞書』(彭浩 · 陳偉 · 工藤元南 主編, 上海古籍出版社, 2007, p.198)에서는 "索(?)南水"에 대하여 적외선 판독에 근거하여 다음과 같이 석독하고 있다. 즉 "索"은 "索"으로 읽어야 하며, 정리소조가 석독한 "水"는 역시 적외선 판독에 근거하여 "界"로 읽어야 한다. 따라서 "索南水"는 "索南界" 즉 索縣의 남쪽 경계라고 석독해야 한다고 보았다("索縣"은 『漢書』 「地理志」에 의하면 武陵郡에 속한다.)

【關聯資料】

[1] "郵"와 관련하여 이년율령에는 행서율외에도 津關令(491간) "塞郵 · 門亭行書者得以符出入. · 制曰: 可."에 보인다. 또한 『秦簡』의 田律("……近縣令輕足行其書 遠縣令郵行之 盡八月□□之")과 語書("……以次傳別書江陵布 以郵行")에서도 확인할 수 있다. 또한 『敦煌懸泉置漢簡釋粹』(胡平生 · 張德芳 編撰, 上海古籍出版社, 2001, 이하 『懸泉漢簡』)114[……八月己丑日蚤(早)食時, □相郵人青□付□土郵人……(A)……十月丙子(B) 87—89C:33]와 116[入西書八, 郵行.……永平十五年三月九日人定時, 縣(懸)泉郵孫仲受石麻郵牛羌. ⅥF13C①:5]에서도 보인다.

[2] 『水經注 · 沅水』, "沅水又東入龍陽縣, 有澹水出漢壽縣西陽山, 南流東折, 逕其縣南, 縣治索城, 卽索縣之故城也……亦曰漸水也."

【原文】 一郵十二室[1]. 長安廣郵廿四室, 敬(警)事郵十八室[2]. 有物故, 去, 輒代者[3]有其田宅. 有息, 戶勿減[4]. 令郵人行制書, 急265(C192)書[5], 復勿令爲它事. 畏害及近邊不可置郵者, 令門亭卒, 捕盜行之. 北地, 上, 隴西, 卅里一郵; 地險陜不可置郵者, 266(C188) 得進退就便處. 郵各具席, 設井磨. 吏有縣官事而無僕者, 郵爲炊; 有僕者, 叚(假)器, 皆給水漿. 267(C189)

【譯文】 1郵마다 12室을 설치한다. (그런데) 長安의 廣郵에는 24실을 두고 敬(警)事郵에는 18실을

둔다. 죽거나 다른 곳으로 가 버리면 매번 교대하는 자에게는 그 지역의 田宅을 지급한다. 戶가 증가하여도 室을 감소하지 않는다. 郵人이 制書와 急書를 전달할 때에는 요역을 면제시켜 다른 일에 종사케 하지 말라. 위험한 지역이나 변경에 가까운 지역으로 郵를 설치할 수 없는 곳에서는 門亭卒과 捕盜에게 시킨다. 北地, 上, 隴西지역에서는 30리 마다 1郵를 설치한다. 지형이 험준하고 협소하여 郵를 설치할 수 없는 곳에는 출입이 편리한 지역에 설치할 수 있다. 郵는 각각 자리(席)를 갖추고 우물과 맷돌을 설치한다. 관리가 縣官에서 일이 있는데 下僕이 없으면 郵는 (관리를) 위하여 밥을 지어야 한다. 下僕이 있으면 기물(취사도구)을 빌려주고 모든 사람에게 水漿을 지급해야 한다.

【注釋】

[1] "一郵十二室" : 室의 성격에 대해서 대체로 두 가지의 견해가 있다. 먼저 "戶"로 이해하는 견해이다. 彭浩 씨는 각지에 전송해야 하는 문서의 양이 일정하지 않기 때문에 郵戶의 수 역시 일치하지 않는다는 견해를 제출하고 있다.(「讀張家山漢簡〈行書律〉」, 『文物』 2002-9) 于振波 씨 역시 "戶"로 파악하고 있다. 于振波 씨는 『尹灣漢簡』에 기록된 전한 후기 東海郡의 郵驛機構의 정황에 근거하여 행서률에 보이는 "一郵十二室"은 "一郵十二戶, 戶出一人"으로 보아야 한다고 주장한다.(「里耶秦簡中的「除郵人」簡」, 『湖南大學學報』(社會科學版)2003-3) 그렇지만 『秦簡』 封診式(관련자료①)과 『史記』 「商君列傳」(관련자료②), 그리고 이년율령 戶律(337~339간, 관련자료③)의 기사에 근거하면 "室"은 "家屋"을 지칭하는 것이 더 타당한 듯하다. 더욱이 『尹灣漢簡』YM6D1正(관련자료④)의 기사 가운데 "郵卌四人四百八如前"의 기사를 東海郡 34郵에 408人의 郵人이 거주하고 1郵 마다 郵人 12人(室로서 12室)으로 구성되어 있다고 본다면 본 조항의 규정과 일치한다. 또한 『二年律令與奏讞書』의 적외선 판독에 근거한 석독에 의하면 "一郵"의 "郵"아래에 중문부호가 있어 "一郵郵十二室"로 석독해야 한다고 한다.

[2] 郵는 3가지의 성격으로 구분됨을 알 수 있다. 즉 郵, 大郵(廣郵), 敬(警)事郵이다. 이러한 郵의 규모에 대해서 李均明 씨는 敦煌懸泉置遺蹟에 보이는 塢 내부의 서쪽과 북쪽에 다른 시기의 가옥(3組12間)은 후한이후 「置」가 이미 「郵」로 바뀐 정황을 반영한 것으로 규모는 행서률에 보이는 郵와 비슷하다. 따라서 행서율에 기록되어 있는 長安 廣郵는 수도에 설치한 것이고 警事郵는 전략적으로 민감한 지역에 설치한 것이기 때문에 일반 규모의 郵보다 크다고 하였다.(「張家山漢簡〈行書律〉考」, 『中國古代法律文獻研究』 제2집, 2004, 中國政法大學出版社) 또한 彭浩 씨에 견해에 의하면 "敬(警)事郵"는 긴급한 군정 보고의 전달을 담당하는 郵이다. 왜냐하면 이러한 문서는 시한이 매우 엄격하기 때문에 전송자는 반드시 가장 빠른 속도로 전달해야 하기 때문이다. 따라서 "奔命書"라고도 불린다.(『漢書』, 「丙吉傳」 관련자료①; 이년율령 置吏律213간 관련자료② 참조) 『墨子』 『號令』에서도 "卒有警事, 中軍疾擊鼓者三, 城上道路, 里中巷街, 皆無得行"처럼 警事와 관련한 기사를 엿볼 수 있다.

[3] 郵人의 사망이나 결원의 보충에 대해서는『里耶秦簡』J1⑧157, “成里典啓陵郵人缺, 除士五成里給匄·成, 成爲典, 匄爲郵人”에서 그 예를 찾아볼 수 있다.

[4] 有息, 戶勿減 : 정리소조는『漢書』「五行志」의 師古注 “息, 謂蕃滋也”를 인용하여 息을 인구의 증가로 해석하였다. 이와 관련한 專修大學『二年律令』研究班의 견해는 다음과 같다. 이년율령에는 호를 독립시키는(“爲戶”) 규정과 신청하면 호의 독립을 인정하는 규정이 있다. 예를 들면 戶律의 受田規定(313간, 관련자료①)과 受宅規定(316간, 관련자료②)이 있다. 그리고 爲戶된 자의 同室에서의 同居도 戶律(337간) “孫爲戶, 與大父母居”에서 확인된다. 따라서 “有息, 戶勿減”이란, 同室內에서 1戶 형태가 자식의 증가나 爲戶 등에 의하여 증가하여 室內에 2호 이상이 거주하여도 인정한다. 그러나 室內에서 증가한 호가 같은 郵內의 별실에 들어가 거주하는 것은 금지한다. 1郵12室(즉 12세대)의 구성의 존속을 추구하는 것으로 이해하고 있다. 그리고 戶가 증가하여도 1室에 제공하는 田과 宅地는 동일하다.(「張家山漢簡『二年律令』譯註(六)—田律·□市律·行書律」,『專修史學』40號, 2006) 이와 더불어 息戶에는 置後律(385간, 관련자료③)에 보이는 상속에 의한 增戶도 고려할 수 있을 듯하다. 그러나 이 조문은 석독하는데 여전히 부자연스럽다. 일반적인 석독은 “교대하는 자가 田宅이 있고 자식이 있으면 감소하지 말라” 정도이다. 이에 대한 석독은 좀더 신중함이 필요한 듯하다.

[5] 制書, 急書 : 制書에 대해서 정리소조는『漢書』「高后紀」師古注 “天子之言一日制書 二日詔書. 制書者 謂爲制度之命也.”를 인용하였다. 急書에 대해서는『秦簡』「秦律十八種」行書, “行命書及書署急字 輒行之. 不急者 日畢 勿敢留. 留者以律論之. 行書”와 전술한 置吏律 213간과 후술할 행서률 272간, “書不急, 擅以郵行, 罰金二兩”에 “急”이라 서명된 속달문서의 전달과 관련한 규정이 있다.

【關聯資料】

[1]

① 封守 鄉某爰書: 以某縣丞某書, 封有鞫者某里士五(伍)甲家室, 妻, 子, 臣妾, 衣器, 畜產. ·甲室, 人: 一宇二內, 各有戶, 內室皆瓦蓋, 木大具, 門桑十木. ·妻曰某, 亡, 不會封.

② 秦自雍徙都之. 而令民父子兄弟同室內息者爲禁.

③ 民大父母·父母·子·孫·同產·同產子, 欲相分予奴婢·馬牛羊·它財物者, 皆許之, 輒爲定籍. 孫爲戶, 與大父母居, 養之不善, 令孫且外居, 令大父母居其室, 食其田, 使其奴婢, 勿貿賣. 孫死, 其母而代爲戶, 令毋敢遂(逐)夫父母及入贅, 及道外取其子財.

④ 鄉百七十□百六里二千五百卅四正二千五百卅二人 亭六百八十八卒二千九百七十二人 郵卅四人四百八如前

[2]

① 此駁吏邊郡人, 習 知邊索發犇(奔)命警備事, 嘗出, 適見驛騎持赤白囊, 邊郡發犇(奔)命書來至

② 郡守二千石官・縣道官言邊變事急者, 及吏遷徙・新爲官・屬尉・佐以上毋乘馬者, 皆得爲駕傳

[4]

① 它子男欲爲戶, 以爲其□田予之. 其已前爲戶而毋田宅, 田宅不盈, 得以盈. 宅不比, 不得

② 公乘廿宅, 公大夫九宅, 官大夫七宅, 大夫五宅, 不更四宅, 簪褭三宅, 上造二宅, 公士一宅半宅, 公卒・士五(伍)・庶人一宅, 司寇・隱官半宅. 欲爲戶者, 許之

③ □□□□長(?)次子, □(似爲畀字)之其財, 與中分. 其共爲也, 及息. 婢御其主而有子, 主死, 免其婢爲庶人

【原文】復蜀, 巴, 漢(?)中[1], 下辨, 故道及雞劍給中五郵[2], 郵人勿令繇(徭)戍, 毋事其戶[3], 毋租其田一頃[4], 勿令出租, 芻稾[5], 268(C190)

【譯文】蜀, 巴, 漢(?)中, 下辨, 故道 및 雞劍에 속한 5郵의 郵人을 復除하여 요역과 군역을 부과하지 않으며 戶에게도 노역을 부과하지 않는다. 田 1頃의 조세를 납부하지 않으며 租나 芻稿를 내지 않는다.

【注釋】

[1] 漢(?)中 : 정리소조가 판독할 때에는 "漢"에 대해서 확신을 하지 못하였는데, 『二年律令與奏讞書』에서는 적외선 판독에 근거하여 "漢"자라고 확증하고 있다.

[2] 下辨, 故道 : 정리소조는 道의 명칭으로서 武都郡에 위치한다고 하였다.(在武都郡) 한편 정리소조는 秩律(459간)의 "武都道……下辨……"에 대해서는 한초에 隴西郡에 속한다고 석독하고 있다. 이에 대해 장가산한간연독반은 다음과 같이 해석하고 있다. "한초에는 武都郡이 설치되지 않았다. 무도군은 武帝 元鼎6년(111 B.C.)에 설치되었다.(『漢書』, 「地理志・下」 "武都郡, 武帝元鼎六年置.") 周振鶴은 故道縣은 秦領북쪽에 위치하여 蜀으로 들어가는 故道를 통제하였기 때문에 아마도 秦代에는 內史에 속하였으며, 項羽가 18제후왕을 封할 때에는 雍王 章邯에 속하였다. "下辨" 역시 촉에서 나오는 다른 길로서 이로부터 북쪽으로 나와 隴西西縣에 이른 후 동쪽으로 돌면 역시 雍과 斄지역으로 통한다. 下辨은 진대에는 隴西에 속하였으며, 역시 장한의 소속현이다. 한초에는 진의 제도를 계승하였다. 武帝 元鼎6년, 隴西는 남부의 무도도와 하변도 일대를 나누어서 무도군이 되었다고 보고 있다."(『西漢政區地理』(周振鶴, 人民出版社, 1987→ 이상, 「張家山漢簡〈二年律令〉校讀記」, 『簡帛研究2002, 2003』, 廣西師範出版社, 2005.) 그렇다면 長安과 巴・蜀 지역의 문서 전달 路程 즉 '長安--故道--蜀' 혹은 '長安--漢中--巴'로 연결되는 가능성도 배제할 수 없을 듯하다.

雞劍中五戶：雞劍는 정확한 지명은 모르지만 고유의 지명일 것이다. 五郵는 雞劍에 속한 5개의 郵를 지칭하는 것으로 생각한다.

[3] 毋事其戶：『漢書』「高帝紀·下」"故大夫以上賜爵各一級 其七大夫以上 皆令食邑. 非七大夫以下 皆復其身及戶, 勿事."에 인용된 應劭曰, "不輸戶賦也", 如淳曰, "勿事, 不役使也", 師古曰, "復其身及一戶之內皆不傜賦."기사와 본 조항의 "郵人勿令繇(傜)戍"의 내용처럼 郵人은 傜와 戍이 면제되고 있기 때문에 "毋事其戶"는 郵人의 同戶者(郵人의 戶에서 爲戶가 된 동거자도 포함될 가능성도 있다)에 대한 力役(요역과 병역)을 면제한다는 의미이다.(『專修史學』 40, 2006)

[4] 毋租其田一頃：1頃은 100畝로서 당시 서인에게 주어진 표준 田地이다.(『漢書』「食貨志·上」"今一夫挾五口 治田百畝") 이러한 기준은 戶律의 受田規定인 "公卒, 士(五)伍, 庶人各一頃(312간)"으로부터도 알 수 있다. 따라서 "毋租其田一頃"이란, 田一頃의 田租를 면제하는 의미이다. 田租免除의 예는 戶律(317간) "卿以上所自田戶田, 不租, 不出頃芻槀"에서도 확인할 수 있다. 그런데 "毋**租**其田一頃"을 郵人의 田1頃 租라고 본다면 다음 구절에 보이는 "勿令出**租**, 芻槀"의 "租"와 중복이 되어 田租를 면제한다는 의미가 중복 서술이 되는 문제점을 드러내게 된다. 이에 대해 專修史學『二年律令』硏究會에서는 "毋租其田一頃"의 문구 가운데 '其'에 주목하여 '其'란 郵人과 同戶者 내지는 爲戶로서 대체로 郵人의 호와 동거하고 있는 자에 대한 田1頃의 田을 限度하는 田租免除가 아닌가 하는 견해를 제출하였다.(『專修史學』 40, 2006) 아울러 상기한 「戶律」(312簡), "公卒, 士(五)伍, 庶人各一頃"에서 알 수 있듯이 田1頃의 급여 대상자는 無爵者인데, 그렇다면 郵人의 신분은 無爵인지에 대한 논의는 좀더 신중한 접근이 필요하다.

[5] 陳偉 씨는 268간에 대해 새로운 석독의 견해를 제출하였다. "復蜀, 巴, 漢(?)中, 下辨, 故道及雞劍中五郵郵人, 勿繇(傜)戍, 毋事. 其戶毋租其田一頃, 勿令出租, 芻槀"라고 석독하여 郵人의 傜戍과 劍役事를 면제하고 郵人의 家는 每戶 1頃의 田賦를 면제한다는 의미라는 견해를 제출하였다.(『二年律令與奏讞書』, 上海古籍出版社, 2007)

【原文】發致[1]及有傳送[2] 諸有期會[3]而失期, 乏事[4], 罰金二兩. 非乏事也, 及書已具, 留弗行[5], 行書而留過旬[6], 皆269(F179)[7]盈[8] 一日罰金二兩. 270(C193)

【譯文】문서를 발급 및 전달할 때에 대체로 규정된 기일내에 한 곳에 모아야 하는데 정해진 기일을 지키지 못하여 공무가 지장을 초래한 경우에는 벌금 2량에 해당한다. 공무의 처리에는 지장을 초래하지 않았을 때, 문서가 이미 준비되어 있는데도 체류시켜 발송하지 않았을 때, 문서를 발송하였어도 체류기간이 10일을 초과한 경우에는 모두……(역자 : 벌금 ○○에 해당한다.) 1일마다 벌금 2량을 부과한다.

【注釋】

[1] 致 : 『二年律令與奏讞書』에서는 도판과 적외선 판독에 근거하여 "徵 '으로 석독하였다. 따라서 "發徵"은 『秦簡』「秦律18種 · 徭律」"御中發徵 乏弗行 貲二甲"의 기사에 근거하여 '發致' 를 '徵發' 로서 해석하였다. 한편 "致"와 관련한 이년율령의 조문과 의미는 대체로 다음과 같다. 盜律(74~75간, 관련자료①)에서는 關을 통과할 때 사용하는 문서, 置吏律(219~220간, 관련자료②)에서는 上申하기 위한 문서, 奏讞書(1 · 1, 관련자료③)에서도 문서의 의미로 사용되고 있다. 따라서 정리소가 석문한 "發致" 역시 "문서를 발급하다"라고 해석할 수 있다. 이처럼 "致"의 의미를 문서로서도 볼 수 있는데 裘錫圭 씨는 "致"의 이름으로 된 문서를 그 성격에 따라 세 종류로 분류하였다. 1) 물건을 보낼 때 사용하는 문서, 2) 물건을 영수할 때 사용하는 문서, 3) 關所를 출입할 때 사용하는 문서이다.(「漢簡零拾」, 『文史』 제12輯, 中華書局, 1981, 참조)

[2] 傳送 : 본래는 물품을 전송하는 의미이다.(均輸律225, 관련자료①) 본 조항이 행서율임을 고려하면 "문서를 전달하다" 라고 해석해야 한다.

[3] 期會 : 정리소조에서는 규정시간내에 모으는 것으로 해석하였다. 그러나 京都大學 三國時代出土文字資料研究班(『江陵張家山漢墓出土「二年律令」譯注稿(2), 『東方學報』 77, 2005)나 전수사학 이년율령 연구반에서는 期日로 해석하였다. 본고에서는 이를 따른다. 아울러 居延漢簡에도 期會와 관련한 규정을 볼 수 있다.[『居延漢簡釋文合校』(謝桂華 · 李均明 · 朱國炤, 文物出版社, 1987, 이하 『居延漢簡』]42 · 20A, "謂甲渠候官: 寫移書到, 會五月旦, 勿失期, 如律令."

[4] 失期, 乏事 : "失期"는 居延漢簡에서도 확인할 수 있다. 『居延漢簡』123 · 55, "郵書失期前檄召候長敞詣官對狀") 즉, 기일내에 맞추지 못했다는 의미이다. 또한 "乏事"란 정리소조에 의하면 "廢"라고 주석하고 있다. 이와 관련하여 『秦簡』「法律答問」의 기사(관련자료①) 에서 알 수 있듯이 기간내에는 맞추었지만 직무가 결과적으로는 잘 되지 못한 것을 의미한다.

[5] 書已具, 留弗行 : "具"에 대해서 정리소조는 "備"로 주석하고 있다. "已具"의 용례는 興律(396~397간, 관련자료①)에서 확인할 수 있다. 또한 『秦簡』 行書律의 기사(관련자료②)에 의하면 急書가 아니더라도 1일을 체류하여도 처벌의 대상이 되고 있음을 알 수 있다. 아울러 이 간의 내용은 二年律令 행서률 273간과 밀접한 관련이 맺고 있다. 이에 대해서는 후술한다.

[6] 行書而留過旬 : 이와 관련하여 奏讞書12(60간) " · 河東守讞 : 郵人官大夫內留書八日, 詐更其徼書辟(避)留, 疑罪. · 廷報 : 內當以爲僞書論"의 내용에서도 문서의 체류가 문제시되고 있음을 알 수 있다.

[7] 皆 : "皆(269簡)"와 "盈(270簡)"의 연결이 자연스럽지 못하다. 왜냐하면 '乏事' 와 '非乏事' 의 형량이 모순된다. 양자의 경우 모두 형벌이 罰金2兩이라는 사실은 논리적으로 맞지 않는다. 따라서 269간 뒤에는 마땅히 "罰金○兩"이라는 내용이 생략되었을 것이다. 이런 까닭에 269간과 270간은 별개의 간이며, 더욱이 간 배열위치가 269간(F179)과 270간(C193)으로 떨어져 있음을 볼 때 두 간은 정리소조처럼 붙여서 한 조의 내용으로 보는 것은 다소 무리가 있다.

[8] "盈" : 二年律令의 제정 시기를 呂后2年으로 파악하는 것이 일반적인 견해이지만, "盈"의 해석과 관련하여 惠帝元年(195 B.C.) 전에 제정되었다고 이해하는 견해도 있다.(曹旅寧, 「張家山247號墓漢律製作時代新考」, 『出土文獻硏究』(제6집), 2004, pp.119~124) 曹旅寧 씨는 장가산247호한묘 한률죽간의 29조항에 보이는 "盈"자와 "盈"은 惠帝의 이름으로 避諱하지 않은 점에 주목하였다. 또한 張家山漢簡의 내용 가운데 曆譜에 묘주가 惠帝元年 病免한 기록, 奏讞書의 내용 가운데 紀年이 가장 늦은 것이 한 高祖11年(196 B.C.) 및 "二年律令"이라는 篇題 등을 종합하면 張家山247號漢墓 漢律竹簡이 고조2년에 제정되었을 가능성을 배제할 수 없으며, 당연히 고조2년에 제정된 율령에 기초하여 重刊되었을 가능성 역시 존재한다. 그러나 제정 시간은 반드시 惠帝元年 이전이라는 견해이다.

【關聯資料】

[1]

① 盜出財物于邊關徼, 及吏部主智(知)而出者, 皆與盜同法; 弗智(知), 罰金四兩, 使者所以出, 必有符致, 毋符致, 吏智(知)而出之, 亦與盜瀸同法.

② 縣道官有請而當爲律令者, 各請屬所二千石官, 二千石官上相國・御史, 相國・御史案致, 當請, 請之, 毋得徑請. 徑請者者, 罰金四兩.

③ 十一年八月甲申朔己丑, 夷道汵介嘉敢(讞)之. 六月戊子發弩九詣男子毋憂告, 爲都尉屯, 已受致書

[2]

① 船車有輸・傳送出津關

[4]

① 可(何)謂『逋事』及『乏繇(傜)』律所謂者, 當繇(傜), 吏, 典已令之, 即亡弗會, 爲『逋事』; 已閱及敦(屯)車食若行到繇(傜)所乃亡, 皆爲『乏繇(傜)』

[5]

① 縣道官所治死罪及過失・戲而殺人, 獄已具, 勿庸論, 上獄屬所二千石官. 二千石官令毋害都吏復案, 問(聞)二千石官, 二千石官丞謹掾, 當論, 乃告縣道官以從事. 徹侯邑上在所郡守

② 行命書及書署急者, 輒行之; 不急者, 日觱(畢), 勿敢留. 留者以律論之

【原文】 □□□[1]不以次[2], 罰金各四兩, 更以次行之[3]. 271(C194)

【譯文】 (문서를 전달할 때에) 정해진 순서대로 전달하지 않은 경우에는 벌금이 각각 4량이며 다시 정해진 순서에 따라 문서를 전해야 한다.

【注釋】

[1] □□□ : 정리소조의 석문은 3자가 불분명하지만, 경도대학 연구반의 석문에 의하면 공백부분이 긴 것이라고 판단하고 있다.

[2] 不以次 : 정리소조는 규정된 순서에 따라서 문서를 전달하는 의미로 해석하여 그 근거로서 『秦簡』「秦律十八種」 語書(관련자료①)의 기사를 인용하고 있다. 또한 경도대학 연구반에서는 『敦煌漢簡』 "廣武寫傳至步昌陵胡以次行"(D1809)의 내용을 인용함과 동시에 『敦煌漢簡』과 『居延漢簡』에는 「以次燧行」, 「以亭次行」과 같은 표현에서 알 수 있듯이 燧에서 燧로, 亭에서 亭으로 릴레이식으로 문서가 전달됨을 알 수 있기 때문에 본 조항은 그 순서를 지키지 않았던 경우의 처벌규정이라고 해석하고 있다.

[3] 更以次行之 : 『居延漢簡』 「502 · 9A」(관련자료①)과 『居延新簡』(文物出版社, 1990) 「E.P.T 51;14」(관련자료②) 등에 보이는 대량의 문서전달 기록인 '郵書刺' 및 '郵書課' 에서 알 수 있듯이, 郵書는 엄격하게 정해진 순서에 따라서 전달하기 때문에 책임의 소재가 분명하다. 따라서 본 조항은 『居延漢簡』의 내용과 일치한다고 보고 있다.(李均明, 「張家山漢簡〈行書律〉考」, 『中國古代法律文獻硏究』 제2집, 2004, 中國政法大學出版社)

【關聯資料】

[2]

① 今且令人案行之, 擧劾不從令者, 致以律, 論及令, 丞. 有(又)且課縣官, 獨多犯令而令, 丞弗得者, 以令, 丞聞. 以次傳; 別書江陵布, 以郵行

[3]

① "十二月三日北書七封. 其四封皆張掖太守章. 詔書一封皆十一月丙午起. 詔書一封十一月甲辰起, 一封十一月戊戌起, 皆詣居延都尉府. 二封河東太守章, 皆詣居延都尉, 一封十月甲子起, 一十月丁卯起. 一封府君章, 詣肩水. 十二月乙卯日入時, 卒憲受不今卒恭, 夜昏時 沙頭卒忠付騂北卒護"

② "南書一封居延都尉章. 詣 張掖太守府.(以上爲第一欄) 三月庚午日出三分呑遠卒賜受不侵卒受王, 食時五分誠北卒朐……"

【原文】 書不急[1], 擅以郵行[2], 罰金二兩. 272(C殘11, C237)

【譯文】 문서의 내용이 긴급하지 않음에도 임의대로 郵로서 전달하면 벌금 2량이다.

【注釋】

[1] 書不急 : 行書律265~266간의 조항처럼 制書나 急書를 전달하는 것이 郵와 郵人의 직무임을

알 수 있다. 또한 郵를 이용할 수 있는 문서에는 行書律276간의 조항처럼 제한이 있음을 알 수 있다. 『秦簡』「秦律十八種」 "行命書及書署急字 輒行之. 不急者 日畢 勿敢留. 留者以律論之. 行書"의 조항은 본 조항과 관련있는 규정이다. 또한 "書不急"의 해석은 1)긴급을 요하지 않는 문서, 2) 문서의 급함을 의미하는 "急"이라고 쓰여 있지 않은 문서로서 해석할 수 있다. 어느 경우이던 간에 急書를 의미하고 있다.

[2] 以郵行 : 271간에서 인용한 『秦簡』「秦律十八種」 語書 및 『居延新簡』 "甲渠鄣候以郵行□…(下略)"(EPF22:151A) 등에서 확인할 수 있다. 이와 관련하여 徐樂堯 씨는 "以郵行"의 문서는 거연과 같은 변경지역에서는 일반적으로 驛馬나 傳馬로서 전달한다. 즉 「馬遞曰置, 步遞曰郵」의 견해로서 변경과 내군의 정황에 따라 각각 그 차이와 차별이 존재한다고 보고 있다.(「居延漢簡所見的邊亭」, 『漢簡研究文集』, 甘肅人民出版社, 1984) 彭浩 씨는 郵로 전달하는 문서는 制書, 急書와 500리를 초과하는 문서로서 비교적 중요한 문서로 인식한다.(「讀張家山漢簡〈行書律〉」, 『文物』 2002-9), 또한 『秦簡』「秦律十八種」 田律의 "近縣令輕足行其書, 遠縣令郵行之"에서도 알 수 있듯이 "以郵行"의 문서 전달 거리는 비교적 먼 곳임을 알 수 있다.(『二年律令與奏讞書』, 2007)

【原文】郵人[1]行書, 一日一夜行二百里[2]. 不中程[3]半日笞五十, 過半日至盈一日笞百, 過一日, 罰金二兩. 郵吏居界過書[4], 273(C236)弗過而留之, 半日以上, 罰金一兩. 書不當以郵行者, 爲送告縣道[5], 以次傳行之[6]. 諸行書而毀封者[7], 皆罰金274(C235)一兩[4]. 書以縣次傳, 及以郵行, 而封毀, □縣□劾印[8], 更封而署其送徼(檄)[9]曰..封毀, 更以某縣令若丞印封. 275(C234)

【譯文】郵人이 문서를 전달할 때는 하루 낮밤에 2백리를 전달한다. 문서 전달 시 규정된 시간보다 반나절 늦으면 笞 50이다. 반나절을 초과하고 하루까지면 笞100이다. 1일을 초과하면 벌금 2량이다. 郵의 관리가 (郵의) 담당구역에서 문서가 통과할 경우 문서가 통과하지 않고 문서의 체류시간이 반나절 이상이면 郵의 관리를 벌금 1량에 처한다. 郵로서 전달해야 하는 것이 아닌 문서가 縣, 道에서 郵로 보내진 경우는 이 문서를 縣, 道로 반송하고 나서 그 내용을 縣, 道에 보고하고 절차에 따라 (다른 수단으로) 전달해야 한다. 대체로 문서를 전달하는 데 封泥를 훼손한 경우에는 모두 벌금 1량에 해당한다. 문서를 縣에서 縣으로 순차대로 전달할 때 및 郵에서 전달할 때 封泥가 훼손되었으면 …현에서 … 인장을 조사하고 다시 封하여 송부하는 檄에 "封泥가 훼손되었기 때문에 다시 某 縣令 또는 丞의 印으로 봉하였다"라고 기록한다.

【注釋】

[1] 郵人 : 269간 주석[6]에서 인용한 奏讞書(12) 60간에는 爵이 官大夫인 郵人이 보이며, 『懸泉漢簡』114 "……八月己丑日蚤(早)食時, □相郵人靑□付□士郵人"에서도 郵人 2명의 존재를 확인할 수

있다. 또한 265간 주석[3]에서 인용한 郵人의 결원 및 보충에 대해서는 『里耶秦簡』J1⑧157간의 내용에서 확인할 수 있다.

[2] 본 조항은 1일 동안의 문서전달과 관련한 규정으로서 『居延新簡』에는 "官去府七十里 書一日一夜當行百六十里"(EPS4, T2:8A)라고 보인다. 그렇다면 본 조항에 보이는 1日200里와 『居延新簡』에 보이는 1日160里의 차이는 어디에서 기인한 것인지 고려해 보아야 할 것이다. 전한 초기와 중기의 시기적인 차이인지 아니면 서북지역과 남쪽 지역의 지리적 혹은 지형적 조건에 따른 차이인지 등을 신중히 고려해야 할 것이다.

[3] 行 : 도판에 의하면 "二百里" 아래에 "行"자가 있음을 확인할 수 있다. 정리소조에서는 이를 누락하였다.

"不中程" : 程은 『秦簡』「秦律十八種」 工律에 의하면 "爲計, 不同程者毋同其出", 『效律』 "計脫實. 及出實多於律程"에 보이는 것처럼 규정의 의미이다. 또한 『漢書』「高帝紀 · 上」 2년 2월 詔의 "欲省賦甚. 今獻未有程, 吏或多賦以爲獻, 而諸侯王尤多, 民疾之."의 師古 注에 는 "程, 法式也"로 해석하고 있다. 따라서 본 조항의 程은 郵人이 문서전달하는 속도를 규정한 것으로 정리소조는 "不中程"을 규정에 적합하지 않는 것으로 해석하였다. 이와 관련하여 문서전달을 규정하는 용어로 『居延漢簡』에는 中程 : 규정 시간 내에 문서전달의 임무를 완수, 界中 : 문서의 전달거리, 當行 : 법정 전달 소요 시간, 定行: 실제 소요 시간, 過程 : 규정 시한의 초과 등의 내용이 보인다(관련자료①). 또한 『居延新簡』 "不中程百里, 罰金半兩. 過百里至二百里一兩. 過二百里二兩. 不中程車一里, 奪吏主者勞各一日. 二里奪令□各一日"(EPS · T2 : 8B) 의 기사에 의하면 규정외의 경우와 형량의 차이가 기록되어 있다.

[4] 郵吏 : 郵吏의 성격에 대해서 「二年律令」의 기사에서는 확인할 수 없다. 단 『尹灣漢簡』 YM6D2正 「東海郡吏員簿」에 의하면 "郵佐 二人"이라는 기사가 보인다. 또한 상기 인용한 265간 주석[1]의 東海郡에는 "亭660, 卒2,972人, 郵34, 人408"이라는 기사에 의하면 1郵12卒이다. 그러나 『尹灣漢簡』의 기사로서 郵吏의 성격을 이해하기에는 일정한 한계가 있다. 이 역시 전한 초기와 중후기의 시대적 차이가 있기 때문에 일률적으로 적용하기가 곤란하다. 그렇지만 『里耶秦簡』 J1⑧154 背面 "郵人得行"의 관련기사에서 알 수 있듯이 郵吏의 성격은 縣에서 縣으로와 같은 행정단위로의 이동을 담당한 자이며 郵의 관리, 郵人의 감독과 같은 직무를 담당하였을 것이다. 즉 郵吏는 관할 내에서 문서의 전달을 책임맡고 있었을 것이다.

"郵吏居界過書"는 具律(104~106간, 관련자료①)에 의하면 縣 · 道의 책임자가 그 관할하는 범위 내에 있다는 것은 직무에 관한 책임을 맡는 하나의 요인이 되고 있다. 따라서 "郵吏居界過書"는 郵吏가 직무상 책임을 맡는 장소에 있는 것을 나타내고 이를 전제로서 만약 문서의 지체함이 있다면 처벌받는다는 것이다.

[5] 爲送告縣道 : 二年律令 津關令(504~505간, 관련기사①)에도 이와 동일한 "爲書告津關" 이란 기사가 보인다. 본 조항의 "爲送告縣道"는 津關令의 "爲書告津關"와 같은 내용으로서 郵를 이용할

수 없는 문서가 縣道로부터 郵에 전달된 경우, 郵는 縣道로 반송한다는 내용을 보고한다는 의미이다.(『專修史學』 40, 2006)

[6] 以次傳行 : 傳은 정리소조에 의하면 驛傳으로 해석하고 있다. 于振波 씨에 의하면 단지 하나의 문서가 순서에 의거하여 전달되어야 할 여러 곳의 지역이 필요하거나 여러 지역으로 인하여 문서전달의 노정을 나누어야 할 때, 비로서 "以次傳行"을 시행한다고 보고 있다. 만약 문서가 簽發과 接收의 두 곳에만 관련이 있거나 거리가 비교적 가깝기 때문에 노정을 나누어 전달하는 것이 필요하지 않을 때에는 "以次傳行"은 필요하지 않다.(「里耶秦簡中的「除郵人」簡」, 『湖南大學學報』(社會科學版) 2003-3期) 이와 관련하여 『居延漢簡』(273 · 29A), "廣田以次傳行至望遠燧之"라고 보인다.

[7] 毁封 : 二年律令 賊律(16간)에 "毁封, 以它完封印印之, 耐爲隷臣妾."라고 처벌 규정이 보인다. 아울러 居延漢簡(505 · 13A), "南書二封 二封章破詣櫱得"의 封章破도 毁封의 예이다. 李均明 씨의 견해에 의하면, 居延漢簡 내용을 통해서 郵件 封緘의 정황을 알 수 있다. 개개의 봉함은 모두 3행의 문자가 세로로 쓰여져 있다. 가운데 행은 문서를 수신하는 자의 서명 또는 전달방식을 기입하는데 문서를 보내는 쪽에서 기입한다. 좌우 양측은 문서를 수신한 기록으로서 우측은 전달된 문서의 印文(발신자)이 기입되어 있고, 좌측은 문서의 전달시간 및 전달자를 기입한다. 우측에 일반적으로 「印破」라고 서명된 것은 봉니의 파손으로 인하여 인문을 식별할 방법이 없음을 의미한다. 즉 본 조항에서 지칭한 "封毁"이다. 따라서 "封毁"는 문서전달의 책임이 있는 소재 현에서 반드시 별도의 봉니로 덧붙이고 본 縣令 혹은 丞의 인장으로서 다시 蓋印하는 것이다. 居延漢簡에서는 이를 「旁封」(관련자료①)이라고 한다.(「張家山漢簡〈行書律〉考」, 『中國古代法律文獻硏究』 제2집, 2004, 中國政法大學出版社)

[8] □縣□劾印 : 정리소조는 "劾"을 "核"으로 석독하여 검사의 의미로 해석한다. 張家山漢簡研讀班은 "□縣□劾"의 첫 글자는 아마도 "過"라고 석독하였으며, 세 번째 글자는 "所"가 아닌가 석독하였다.(「張家山漢簡〈二年律令〉校讀記」, 『簡帛硏究2002 · 2003』, 2005) 이에 대해 鄔文玲 씨는 "輒"라고 석독하였다.(「張家山漢簡〈二年律令〉釋文補釋」『簡帛硏究2004』, 廣西師範出版社, 2006). 또한 적외선 촬영에 근거하여 첫 글자는 "過 '라고 판독하였으며, 이는 『秦簡』「秦律雜抄」에는 "軍人買(賣)稟稟所及過縣"라고 보인다. 아울러 세 번째 글자는 "輒"으로 판독하였다.(『二年律令與奏讞書』, 2007)

"劾印"의 예는 居延漢簡(113 · 18, 관련자료①)에도 보인다.

[9] 檄 : 정리소조에서는 『漢書』「高帝紀 · 下」師古注의 "檄者, 以木簡爲書, 長尺二寸"이라고 설명하고 있다. 彭浩 씨의 견해에 따르면 檄을 발송하는 것은 기록문서를 전송하는 과정외에도 郵人 및 郵吏의 공로와 처벌을 심사하는 근거이기도 하다.(「讀張家山漢簡〈行書律〉」,『文物』 2002-9)

【關聯資料】

[3]

① 卄五里檄**當行**二時五分(4:23), 界中八十里書**定行**九時 **留遲**一時解何?(133:23), 界中八十里書**定行**十時 留遲二時解何?(231:2)

[4]

① 事當治論者, 其令 · 長 · 丞或行鄕官視它事, 不存, 及病, 而非出縣道界也, 及諸道官令 · 長 · 丞行離官有它事, 而皆其官之事也, 及病, 非之官在所縣道界也, 其守丞及令 · 長若眞丞存者所獨斷治論有不當者, 令眞令 · 長 · 丞不存及病者皆共坐之, 如身斷治論及存者知罪.

[5]

① □ · 相國上中大夫書, 請中大夫謁者 · 郎中 · 執盾 · 執戟家在關外者, 得私置馬關中. 有縣官致上中大夫 · 郎中, 中大夫 · 郎中爲書告津關, 來, 復傳, 津關謹閱出入.

[7]

① 北書五封, 一封遣杜陵左尉印, 詣居延, 封破, □□毋旁封. 記到, 各推辟(居延漢簡, 505 · 39), 丁丑到, 留遲, 封破, 毋旁封. 記到 各追辟(居延新簡 EPT59 · 504)

[8]

① 二千石□賦見爲劾印章曰 廣德內史章小府/千石□賦見爲劾印章曰 □內丞書佐十人/凡各百石其一人護工

【原文】諸獄辟書[1]五百里以上, 及郡縣官相付受財物當校計者書[2],皆以郵行. 276(F126)

【譯文】대개 재판문서를 5백리 이상 전달하거나 군현의 관리가 재물을 서로 주고받아 대조 확인해야 하는 문서는 모두 郵로서 전달해야 한다.

【注釋】

[1] 壁書 : 정리소조는『文選』「詣蔣公奏記」의 李善 注 "辟, 猶召也"를 인용하여 소환장이라고 해석하고 있다. 그러나 具律(93~94간, 관련자료①)에는 재판과 관련한 행위로서 "辟"을 해석하고 있다. 또한 이 조항에 보이는 "診" · "報" · "辟"을 "조사", "조사한 결과의 보고", "죄에 대한 심리"라고 해석한 내용을 참고하여도 본 조항의 "辟書"는 재판관련 문서로 해석하는 것이 타당한 듯하다. 더욱이『秦簡』「秦律十八種」"行傳書, 受書, 必書其起及到日月夙莫(暮), 以輒相報也. 書有亡者, 亟告官. 隸臣妾老弱及不可誠仁者勿令. 書廷辟有日報, 宜到不來者, 追之"도 이러한 의미를 나타난 것이다. 이외에도 어려운 사건의 奏讞文書나 再審申請의 재판문서 등은 반드시 縣廷에서 郡守로 보고가 올라가고, 이 가운데의 몇몇 문서는 다시 중앙정부의 관련기관으로 보고가 된다. 이러한

문서들은 모두 본 조항의 "諸獄辟書"에 포함된다.(彭浩, 「讀張家山漢簡〈行書律〉」, 『文物』 2002-9 ; 『二年律令與奏讞書』, 2007 참고)

[2] 居延新簡(관련자료①)의 용례에 따르면 "相付受"란, 재물이나 문서를 주고받는 것으로 양측의 기록을 대조하여 조사하는 것을 의미한다. 이러한 문서는 郵를 이용하여 전달하다는 의미이다. 彭浩 씨의 견해에 의하면, "郡縣官相付受財物當校計者書"의 문서는 대체로 군현의 관리가 재물관리의 보고심사와 상계문서로서 縣→郡→相國 · 御史 혹은 內史의 순차에 따라서 상급기관에 보고하는 것으로 대다수는 郡에서 國都인 長安에 이르는 노정이 5백리를 초월하기 때문에 반드시 郵로서 전달하는 것이다.(「讀張家山漢簡〈行書律〉」, 『文物』 2002-9)

【關聯資料】

[1]

① "鞠(鞫)獄故縱 · 不直 · 及診 · 報 · 辟故弗窮審者, 死罪, 斬左止(趾)爲城旦, 它各以其罪論之. 其當□(繫)城旦舂, 作官府償日者, 罰稅金八兩; 不盈歲者, 罰金四兩"

[2]

① 『居延新簡』, "付受相與校計同月出入, 毋令繆如律令"(EPT65 · 23A), "建武四年□□壬子朔壬申守張掖□曠丞崇謂城倉居延甲渠卅井殄北言吏當食者先得三月食調給有書爲調如牒書到 付受與校計同月出入, 毋令繆如律令"(EPF22:462A)

【原文】 ■ 行書律277[1](F125)

【譯文】 ■ 행서률

【注釋】

[1] 張家山漢簡 〈二年律令〉行書律은 문서전달에 관한 법률로서 史書에는 상세한 기술이 없다. 다만 『晋書』 권30 「刑法志」에 "秦代에는 廏置 · 乘傳 · 副車 · 食厨가 설치되었다. 漢初에는 秦의 이러한 제도를 고치지 않고 계승하였다. 그러나 후에는 비용이 커지자 점점 생략하게 되어 後漢代에는 단지 騎置만을 설치하고 車馬는 설치하지 않았으나 律에는 여전히 '乘傳' 조문이 남아 있었기 때문에 그것은 가공의 제도에 지나지 않는다. 따라서 『廏律』을 폐지하고 그 가운데 사용할 수 있고 科條에 부합한 것을 뽑아서 『郵驛令』으로 한다."라고 기록되어 있어 역시 『行書律』에 대한 기록은 보이지 않는다. 비록 장가산한간 〈이년율령〉 「행서율」이 부분적인 조항의 내용일지라도 그 주요 내용을 정리하면 다음과 같다. 郵의 설치간격(264간), 郵에 배치된 인원과 대우 및 郵의 배치에 관한 특별 규정, 그리고 設備에 관련한 규정(265~267간), 秦嶺 以南의 諸郡 · 道의 우인에게

요역의 면제를 인정한 규정(268간), 문서의 발급이나 전달의 경우, 기한이 정해진 공무에서 기일이 늦은 경우의 처벌 규정(269~270간), 문서전달의 절차(순서)를 지키지 않았을 경우의 처벌 규정(271간), 郵人에 의한 문서전달시 규정시간보다 늦었을 경우의 처벌규정(273~275간), 郵를 이용하여 전달할 수 있는 문서에 대한 규정(276간) 등의 조항을 규정하고 있다.

참/고/문/헌

睡虎地秦墓竹簡整理小組, 『睡虎地秦墓竹簡』, 文物出版社, 1978.

彭浩 · 陳偉 · 工藤元南 主編, 『二年律令與奏讞書』, 上海古籍出版社, 2007.

胡平生 · 張德芳 編撰, 『敦煌懸泉置漢簡釋粹』, 上海古籍出版社, 2001.

謝桂華 · 李均明 · 朱國炤 主編, 『居延漢簡釋文合校』, 文物出版社, 1987.

京都大學, 「三國時代出土文字資料研究班」, 『江陵張家山漢墓出土「二年律令」譯注稿(2), 『東方學報』 77, 2005.

湖南省文物考古研究所 編, 『里耶發掘報告』, 岳麓書院, 2007.

彭浩, 「讀張家山漢簡〈行書律〉」, 『文物』 2002-9.

于振波, 「里耶秦簡中的「除郵人」簡」, 『湖南大學學報』 (社會科學版) 2003-3.

李均明, 「張家山漢簡〈行書律〉考」, 『中國古代法律文獻研究』 第2輯, 2004.

「張家山漢簡『二年律令』譯註(六)—田律 · □市律 · 行書律」, 『專修史學』 40號, 2006.

張家山漢簡研讀班, 「張家山漢簡〈二年律令〉校讀記」, 『簡帛研究2002, 2003』, 廣西師範出版社, 2005.

裘錫圭, 「漢簡零拾」, 『文史』 第12輯, 中華書局, 1981.

曹旅寧, 「張家山247號墓漢律製作時代新考」, 『出土文獻研究』(第6輯), 2004.

徐樂堯, 「居延漢簡所見的邊亭」, 『漢簡研究文集』, 甘肅人民出版社, 1984.

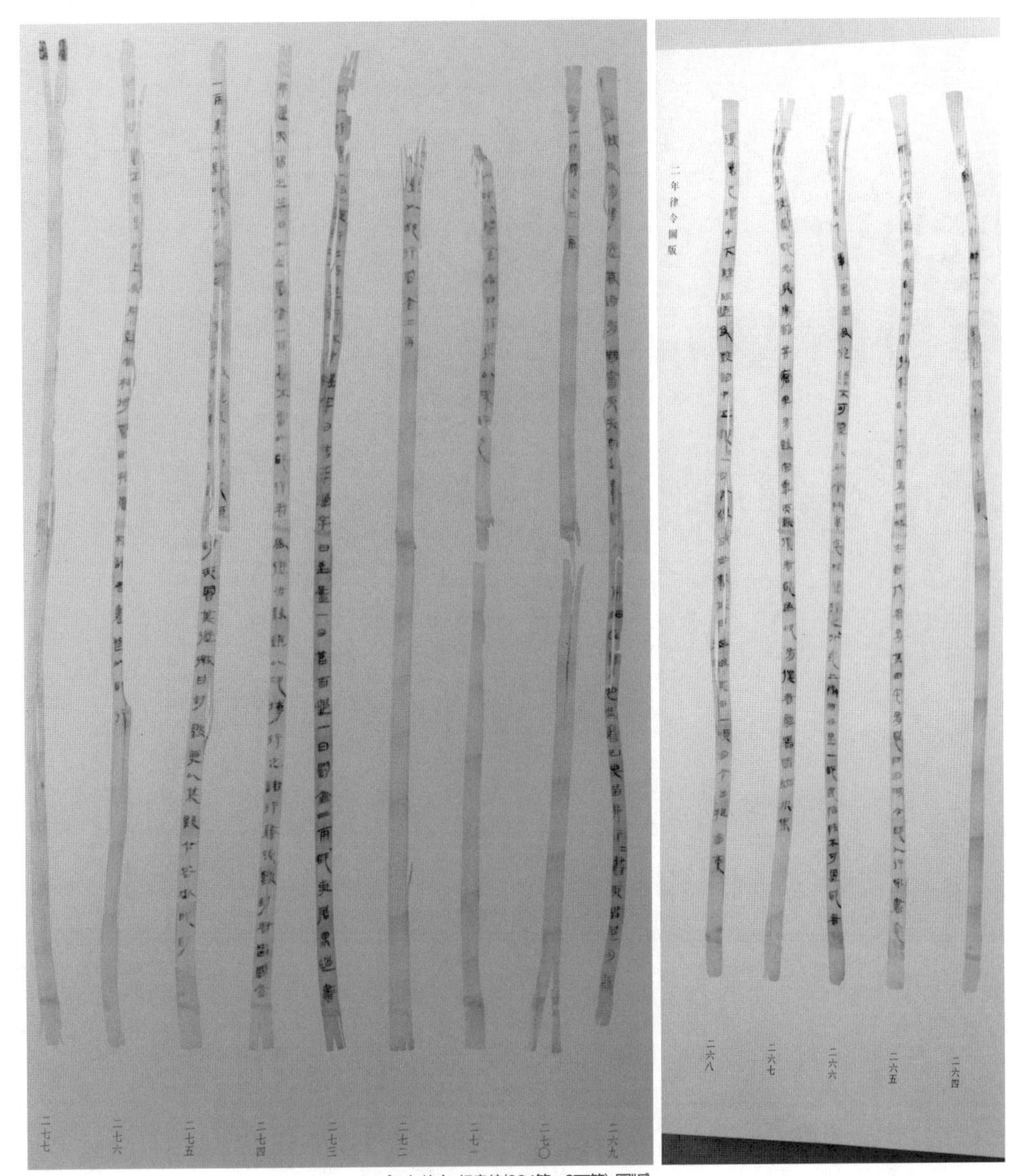

《二年律令 行書律(264簡~277簡) 圖版》

논/평

윤선태 著 《목간이 들려주는 백제 이야기》(주류성, 2007년)에 대하여

논 평

윤선태 箸《목간이 들려주는 백제 이야기》(주류성, 2007년)에 대하여

橋本 繁(하시모토 시게루) *

Ⅰ. 내용 소개

이 책은 〈백제문화개발연구원 역사문고 시리즈〉 제28권으로 간행되었다. 목차는 다음과 같다.

머리말
목간 이해의 기초
  1. 목간의 사료적 특성
  2. 목간의 탄생과 전파
  3. 목간과 학제간(學際間) 연구
한국고대목간의 출토현황과 종류
  1. 한국고대목간의 출토현황
  2. 한국고대목간문화의 추이
  3. 한국고대목간의 형태별 분류

* 日本學術振興財團 特別研究員.

본문은 6장으로 구성되어 있는데 크게 두 부분으로 나눌 수 있다.

하나는 〈목간 이해의 기초〉와 〈한국고대목간의 출토현황과 종류〉이며 목간에 대한 총론(總論)이다. 또 하나는 나머지 4장이고 백제목간에 관한 내용이다. 이 후반부에서도 〈백제목간의 발굴 의의(意義)와 특징〉은 백제목간의 사료적 가치나 출토 현황 등 전체적인 소개이고, 나머지 3장이 목간을 통해 본 백제의 모습을 다룬 내용이자 본서의 제일 핵심적인 부분이다.

이 책은 지금까지 저자가 발표해 온 학술 논문을 바탕으로 하고 있다. 관련되는 논문을 목간에 관한 것만 제시하면 다음과 같다.

「한국고대목간의 출토현황과 전망」, 『한국의 고대목간』, 국립창원문화재연구소, 2004
「한국고대목간의 형태와 분류」, 『역사와 현실』 65, 2007
「百濟 泗沘都城과 '嵎夷'－木簡으로 본 泗沘都城의 안과 밖」, 『東亞考古論叢』 2, 2006
「百濟의 文書行政과 木簡」, 『한국고대사연구』 48, 2007
「扶餘 陵山里 出土 百濟 木簡의 再檢討」, 『東國史學』 40, 2004

본서는 일반인을 대상으로 하는 한국목간의 책으로는 처음이라는 연구사적 의미가 크다.

한국목간에 대한 연구가 본격적으로 진행된 것은 10년에 불과하다. 그만큼 그 동안 한국목간에 관한 책은 몇 권 안 된다. 출토문자자료의 일부라는 의미로는 2002년 가을의 특별전도록인 국립부여박물관 《백제의 문자》와 국립경주박물관 《문자로 본 신라》 등이 있었다. 하지만 목간만 다룬 책으로는 2004년에 나온 국립창원문화재연구소 《한국의 고대목간》이 처음일 것이다.

그런데 위의 책들은 다 사진을 주로 한 자료집이다. 한국목간 연구서로서 처음으로 발간된 것은 이용현 《한국목간기초연구》(신서원, 2006년12월)이다. 이 책은 박사논문을 기초로 하고 있으며 개별 학술 논문이나 보고서에 실린 글을 정리한 것이다. 그리고, 일본 와세다대학교 조선문화연구소 편 《韓国出土木簡の世界》(雄山閣, 2007)도 있는데 이 책은 동연구소가 2004년부터 개최해 온 심포지엄에서 발표된 보고를 중심으로 묶은 논문집이다. 지금까지 간행된 한국목간에 관한 책들이 연구자를 대상으로 했었다.

또한 지금까지의 한국목간 연구는 신라목간을 중심으로 이뤄졌다. 특히 성산산성 목간에 대해 많이 연구되어 왔다. 그 이유는 출토 점수가 많기 때문이라는 것도 있지만 신라 금석문에 대한 한국고대사 학계의 연구 축적이 있었기 때문일 것이다. 실제로 성산산성 목간에 관심을 가지고 집중적으로 연구한 사람은 6세기 신라 비석 연구에 종사해 온 연구자들이다.

이에 비해 백제 목간에 대한 연구는 매우 부족한 편이다. 그 이유는 저자도 본서에서 지적하듯이 출토된 점수가 적고, 정식 보고서도 아직 거의 출간되지 않은 연구 환경에 있을 것이다. 또 하나의 이유는 백제 문헌 사료는 말할 것도 없고, 출토문자자료도 많지 않기 때문일 것이다. 그런 연구 상황 속에서 본서처럼 일반인들을 대상으로 한 개설서가 발간된 것은 의미가 크다.

이하의 서평에서는 주로 한국목간 연구의 방법론적인 측면에서 논하고자 한다. 평자의 능력부족으로 백제사의 관점에서 본서를 평가하기가 어렵다는 이유도 있지만, 상술했듯이 본격적인 연구가 시작된지 10년도 안 되어 아직 초창기에 있는 한국목간연구인 만큼 기초적인 연구방법을 다짐하는 것도 의미가 있다고 믿기 때문이다.

Ⅱ. 책의 특징

이 책의 특징을 한마디로 하려면 동아시아사적인 관점에서 백제 목간을 바라보는 연구라고 할 수 있다.

거기에는 두 가지 의미가 있다. 하나는 개별 백제 목간을 해석하기 위해 중국이나 일본의 목간이나 사료를 참조하는 것이다. 출토 점수가 적은 한국 목간을 연구하기 위해서는 그런 비교연구가 불가결하다. 또 한 가지는, 그렇게 해석한 백제 목간을 고대 중국이나 일본의 역사와 비교하여 동아시아사에서 백제목간이 가지는 위상을 검토하는 것이다.

1. 목간의 해석

먼저 목간을 해석하기 위해 중국이나 일본사의 지식을 활용하는 연구방법에 대해 살펴보겠다.

그 예로 능산리에서 출토된 "지약아식미기(支藥兒食米記)" 사면목간(四面木簡)에 대한 검토를 들 수 있다.(135~136쪽)

저자는 이 사면목간이 내용상 제1~2면과 제3면, 제4면으로 나누어진다고 먼저 지적하고 제1~2면의 내용은 "「지약아식미기(支藥兒食米記)」로 명명(命名)해도 좋을 백제 어느 관청의 장부가 분명하다"고 한다. 백제 목간 중에는 이런 표제(表題)를 쓰는 경우가 이 목간 이외에도 확인된다. 2008년 봄에 부여 쌍북리에서 출토된 「무인년유월중좌관대식기(戊寅年六月中佐官貸食記)」도 그 예이다. 백제에서는 장부 첫머리에 「~기(記)」라는 표제를 쓰는 것이 일반적이었던 것 같다.

이 "지약아식미기"라는 표제 중의 "지약아(支藥兒)"를 해석하기가 쉽지 않다. 참조할 만한 자료가 백제 자료에는 물론 신라, 고구려 자료에도 보이지 않기 때문이다. 그래서 저자는 일본고대의 『연희식(延喜式)』을 참조한다. 『연희식』은 10세기 초에 편찬된 율령의 시행세칙(施行細則)이며 미세한 것까지 규정하고 있다. 『연희식』에는 국가의 잡무를 담당하는 최말단의 사역인의 명칭까지 나오는데 거기에 "상약소아(嘗藥小兒)", "객작아(客作兒)", "조주아(造酒兒)" 라는 관직명이 보이는 것을 찾아냈다. 저자는 능산리 사면 목간의 "지약아"의 "아(兒)"도 이 고대일본의 "아"의 사용법과 공통되는 것으로 보고 지약아를 "약재를 지급하는 일을 담당했던 사역인"이라는 뜻으로 추정했다.

타당한 결론으로 생각되며[1] 고대일본의 사료를 통해 한국목간의 내용을 추정하는 것이 유효한 방법인 것이 확인된다. 목간에 나오는 내용이 일상적인 문서행정인 만큼 관직이 낮은 사람들이 주로 사용했을 것이다. 그런데 『삼국사기』나 『삼국유사』에 나오는 관직명은 극히 한정되어 있다. 고대일본이 율령이나 문서행정을 받아들이는데 있어서 백제나 신라의 영향을 많이 받았고, 한국에 비해 풍부하게 사료가 남아있기 때문에 일본 사료를 참조하는 것이 앞으로도 시도되어야 할 연구방법일 것이다.

2. 사료 평가

위에서는 목간 해석에 일본 목간이나 사료를 참조하는 저자의 방법이 적당한 것이라고 말했다. 본서는 그런 해석에 그치지 않고 그 사료를 통해 고대 동아시아사를 바라보려고 하고 있다.

그 대표적인 예가 궁남지 목간의 해석이다.

---

1) 평자는 지약아(支藥兒)의 아(兒) 부분의 해석에는 이견이 없지만, 지약(支藥)부분에는 다른 해석이 가능하다고 생각한다. 저자는 "약재를 지급하는 일을 담당했던 사역인"으로 해석했지만, 지(支)를 동사로 보고 관직명은 약아(藥兒)만으로 보는 것이 어떨까 싶다. 즉, 전체를 "약아(藥兒)에게 식미(食米)를 지급하는(支) 장부(記)"로 해석하는 것이다. 목간 해석에 큰 차이는 없으나 하나의 가능성으로 제기해 둔다.

「정중제(丁中制)와 백제 율령의 계보」(172~180쪽)에서 궁남지 315번 목간에 착목한다. 이 목간에 정(丁), 중구(中口), 소구(小口)라는 표현이 있다. 연령등급체계(年齡等級體系)는 중국에서도 시대별로 변화해 가고, 일본에서도 8세기초의 대보령(大寶令)을 계기로 미농국호적(美濃國戶籍)양식에서 서해도호적(西海道戶籍)양식으로 바뀐다. 이런 연령등급체계의 변화는 아래와 같은 두 가지 전파 경로가 있었다고 지적한다.

북위(北魏)→고구려→신라→고대일본
서위(西魏)→북주(北周)→수당(隋唐)

백제는 궁남지 목간의 표기를 통해 정중제를 받아드렸다는 것을 알 수 있어, 후자의 경로와 어느 시점에서 연결되었다고 추정하였다. 그리고 "고대동아시아세계에는 중국문화가 전파, 수용되는 과정에 고구려와 백제를 축으로 하는 서로 다른 별개의 네트워크가 존재하고 있었다."고 지적한다(180쪽). 이는 박사논문에서 신라촌락문서를 분석하였고, 동아시아의 율령제도에 관심을 꾸준히 가져 온 저자로서 가능했던 시각일 것이다. 그리고 위와 같이 목간에 나오는 단 하나의 문자, 하나의 문구를 가지고서도 동아시아에서의 중국문화의 전파라는 큰 과제를 논할 수 있다는 것을 보여 줬다.

목간을 비롯한 출토문자자료는 편찬자로 인한 사료 개편이 없기 때문에 그 당시의 용어, 표현이 그대로 남아 있는 점이 장점이다. 그리고, 그 것을 연구하기 위해서는 중국이나 일본의 문헌사료, 출토문자자료, 고문서 등과의 비교가 필요하다. 저자는 그런 연구방법을 충분히 활용하고 있어서 평자도 많은 가르침을 받았다.

Ⅲ. 목간 연구 방법에 대하여

다음에 위와 같은 특징을 가진 본서 내용에 대하여 논해야 하는데, 평가라고 할 만한 것을 할 수 없고 저자와 같이 목간을 가지고 연구하는 사람으로서 몇 가지 의문점만을 제시하고 싶다. 물론 의문점이라고 해도 매우 한정된 부분이며 배우는 점이 훨씬 더 많았던 것은 말할 것도 없다.

본서를 읽으면서 아쉬움을 느낀 점은, 목간 표시법이나 표면 관찰, 묵흔의 유무 등 아주 자세한 것에 충분히 신경을 쓰지 못 했던 것이다. 본서가 가지는 연구사적인 의의를 생각할 때 더욱 그러하다. 또한 목간 하나하나는 매우 미세한 자료이기 때문에 가설이나 비약(飛躍)이 불가피하다. 하지만, 목간의 내용을 추정하는데 있어서는 어디까지가 확실한 사실인지를 신중하게 검토할 필요가 있고, 그 확실한 증거를 가지고 논리를 전개해 나가야 할 것이다. 그런데 본서에서는 때때로 목간을 해석하는데 신중하지 못 하고, 여러 가지로 해석할 가능성의 폭이 있으면서도 하나의 가능성만을 가지고 추론을 거듭하는 경우가 보였다.

1. 목간 분류안에 대하여

먼저 목간 연구의 제일 기초가 되는 목간 정보를 제시하는 방법에 대하여 논하겠다. 비교를 위하여 일본 목간학회에서 사용하고 있는 방법을 보기 위해서 예를 들고 싶다. 다음에 제시한 것은 평성궁에서 출토된 1호 목간이다[2].

・「寺請　小豆一斗　醤一□〔斗カ〕五升 大床所　酢　末醤等」

・「右四種物竹波命婦御所　　三月六日　」

259×(19)×4 011

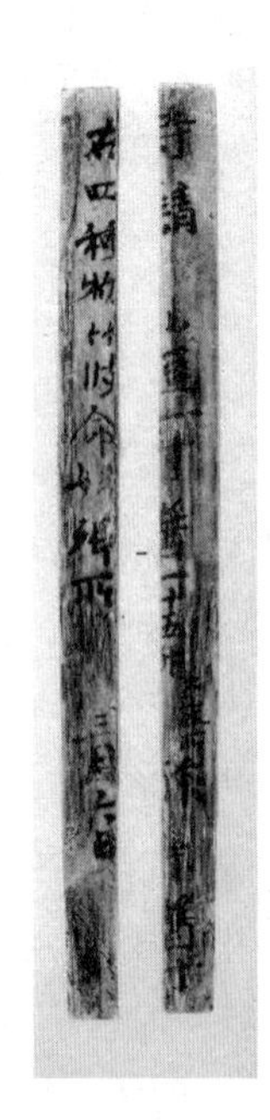

판독문 왼쪽에 있는 숫자는 크기와 형태번호이다. 이 것을 보면 목간의 형태를 어느 정도 알 수 있다.

본서에서는 크기를 제시한 목간도 있고 없는 것도 있다. 크기를 제시하는 것이 목간의 형태를 알기 위해서 필요할 것이다. 본서에서도 지적하듯이 목간의 크기에도 의미가 있기 때문이다. 또한 크기를 제시하는 방법에 관해 한마디 더 하면, 일본에서는 파손이 없는 경우 그대로 제시하고, 파손된 경우에는 괄호를 쓴다. 위 평성궁 1호목간의 경우 위아래는 파손이 없기 때문에 길이를 "259"처럼 그대로 쓰고, 좌측이 파손되어 있기 때문에 폭을 "(19)"로 쓴다. 그래서 파손이 있는지 없는지를 크기만 보면 바로 알 수 있다. 한국학계에서는 이런 표현법이 아직 확립되지 않았지만 하루빨리 확정할 필요가 있다.

다음으로 형태별 분류에 관해서 살펴보겠다. 위 평성궁 목간 판독문의 제일 마지막에 있는 "011"이 목간의 형식번호(型式番號)이다. 011번은 "장방형의 재(材)"를 의미한다.

한국 목간 분류에 관해서 지금까지 논의가 거의 진행되지 못 했다. 저자가 이 책을 통해 형태별 그리고 용도별 분류안을 제시한 것은 큰 의의가 있다. 여기서는 74~86쪽 "한국고대목간의 형태별 분류"에서 제시한 형태별 분류안에 대해서만 거론하겠다. 저자의 분류안은 다음과 같다.

1. 편철간(編綴簡)
2. 단독간(單獨簡)
   2-1. 세장형목간(細長型木簡)

---

2) 판독문은 奈良國立文化財硏究所,『平城宮發掘調査出土木簡概報(35)』, 2000년10월에 실린『平城宮木簡一』補訂을 따랐다.

2-2. 다면목간(多面木簡)

2-3. 원주형목간(圓柱形木簡)

2-4. 방형목간(方形木簡)

2-5. 부찰형목간(附札形木簡)

2-6. 기타형식목간(其他形式木簡)

3. 목간부스러기(木簡削屑)

한국목간에는 한국목간 독자적인 분류가 필요한 것은 당연하다. 중국이나 일본에서 사용하고 있는 분류방법을 채용해서 한국목간을 분류하는 것도 가능하지만, 한국목간의 특징을 제대로 표현할 수 없다. 일본목간에는 많이 있어도 한국 목간에는 하나도 없는 형태가 있고, 그 반대로 일본목간에는 거의 없는데 한국목간에는 많은 형태도 있기 때문이다.

예를 들면 일본 목간 "015형식"은 단책형(短册形)이면서 측면에 구멍을 뚫은 것이다. 이 형식은 일본에서 많은 출토예가 있어 주로 근무평정(勤務評定)을 정리하는 목간으로 사용된다. 그런데 한국에서는 지금까지 한 점도 보고된 예가 없다. 그리고 반대로 일본에 거의 없는 것으로는 다면목간과 원주형목간이 있다. 일본에서 출토된 다면목간의 예는 10점도 안 된다. 일본목간이 수십만 점 출토되어 있는 것을 생각하면 아주 특별한 형태라는 것을 알 수 있다. 그래서 이런 고(觚)형식의 목간은 065형식 즉 "용도미상(用途未詳) 목제품에 묵서가 있는 것"으로 분류된다. 그런데 한국목간의 경우 250점의 묵서목간 중 25점 이상 즉 10%이상이 다면목간이기 때문에 (71쪽) 하나의 형태로 분류해야 할 것이다.

한국목간 독자의 형태분류가 시급히 정립될 필요가 있다. 그래서 저자가 나름대로 형태별 분류안을 제시한 것은 의미가 있지만, 몇가지 문제점이 있다.

먼저 어떤 목적으로 이 분류안을 만들었는지 분명하지 않다. 분류는 여러 가지 시각으로 할 수 있는데 어느 분류가 옳다고 할 수는 없고 목적에 맞춰서 만드는 것이다. 그리고 형태 분류의 목적 중의 하나는 목간 형태를 알 수 있게 하기 위해서일 것이다. 논문을 쓸 때 목간의 사진을 다 실을 수 있으면 좋겠지만, 실질적으로 어려운 일이다. 그래서 형식번호를 보면 어느 정도 목간의 형태를 알 수 있어야 한다.

본서의 형태분류안의 "2-5. 부찰형목간(附札形木簡)"을 가지고 검토해 보자.

먼저 "부찰형"이라는 명칭에 대해서는 절입부(切込部)[3]가 있는 것이 반드시 부찰로 사용된 것이 아니라는 문제가 있다. 그 반대로 세장형목간에도 부찰로 사용된 것이 있다. 그래서 부찰형목간이라는 명칭은 적절하지 않다고 생각된다. 또한, 본서에도 "안압지에서 출토된 신라의 부찰형

3) 목간의 좌우를 V자형으로 파는 것의 표현도 학계에서 일정하지 않다. 저자는 "결입부"라고 하여 이용현은 "파임형"이라고 하였다. 일본에서는 키리코미(切込)라고 한다. 이런 용어들도 앞으로 통일해야 할 것이다.

목간 중에는 단면 삼각형으로 삼면에 걸쳐 묵서가 있는 특이한 〈다면부찰형목간(183번)〉이나, 여러 행을 기록할 수 있는 〈원주형부찰형목간(229번)〉도 있다"고 했다. 이들 목간을 형태로 분류하면 각각 "2-2. 다면목간"과 "2-3. 원주형목간"으로 해야 옳지, 부찰로 사용되었다는 용도를 가지고 부찰형으로 분류해 버리면 혼란스럽다.

그리고 단순히 "부찰형목간"이라고만 부를 경우 의미가 있는 형태의 차이를 사상(捨象)해 버리는 염려가 있다. 일본 목간학회 형식번호는 아래와 같이 4개로 나누어져 있는데 이것이 하나같이 부찰형목간으로만 표현되면 형태의 차이를 의식할 수 없게 된다. 물론 저자도 "앞으로 여러 종류의 형식들이 출토될 수 있다고 생각된다. 따라서 부찰형목간은 그 하위에 별도에 형식분류체계를 만들 필요가 있다(82쪽)"로 지적하고 있기는 한다.

031형식 장방형의 재(材)의 양단 좌우에 절입(切込)이 있는 것
032형식 장방형의 재 한쪽 좌우에 절입이 있는 것
033형식 장방형의 재 한쪽 좌우에 절입이 있고 다른 쪽을 뾰족하게 만든 것
039형식 장방형의 재 한쪽 좌우에 절입이 있는데 다른 쪽이 파손이나 부식 때문에 불명한 것

일본의 방법을 그대로 한국목간 분류에 사용하는 게 좋다는 것은 아니다. 한국목간에는 아래쪽에 절입부가 있는 것과 위쪽에 있는 것이 있다. 일본식으로 한쪽 좌우에 결입이 있는 것이라고만 정의하면 위에 있는지 아래에 있는지를 구분할 수 없다. 한국목간의 분류에서는 위에 있는 것, 아래에 있는 것, 양단에 있는 것을 구분해야 할 것이다.

한국목간 출토점수는 아직 400점도 안 되지만 그래도 어느 정도 다양한 형태의 목간이 출토되어 있다. 그래서 실제로 출토되어 있는 목간을 중심으로 정리해서 귀납적(歸納的)으로 분류안을 만들 필요가 있을 것이다.

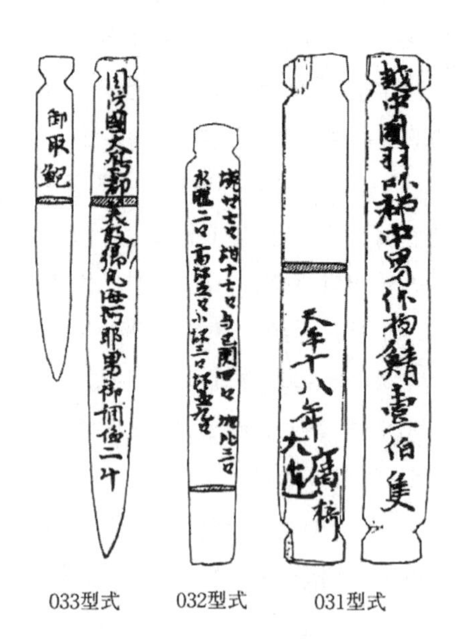
033型式 032型式 031型式

2. 판독문 표시방법

본서만이 아니지만 목간 판독문을 제시할 때 본문과 같이 가로쓰기로 한다. 평자가 가로쓰기에 익숙해서 그럴지도 모르겠지만, 판독문과 목간 사진을 대조할 때 불편함을 느낀다. 판독문은 되도록 목간의 상태를 재현하는 것이 좋다. 위 평성궁 1호목간도 그렇듯이 목간의 글자 크기가 다르

면 판독문의 글자 크기도 달리 표현하는 것이 바람직하다. 본문이 가로쓰기이기 때문에 판독문만을 세로쓰기로 삽입하는 것이 편집상의 어려움도 있을 것이나 위에서 제시한 것처럼 불가능하지는 않다. 평자는 안압지 목간의 판독문을 제시할 때 그런 시도를 해 본 적도 있다.[4)]

목간 연구에 있어서 제일 중요하고 모든 연구의 기본이 되는 것은 역시 판독문이다. 목간의 형태나 출토상황 그리고 폐기방법 등도 당시 목간이 어떻게 사용되었는지를 알기 위해 없어서는 안 되는 정보이다. 하지만, 목간이 "문자가 있는 목제품"이라고 정의되듯이(53쪽), 문자 내용이 제일 중요하다. 판독문의 작성은 목간 연구의 제일 기초이기도 하고, 또 한편으로는 형태나 출토상황 등을 통해서 그 목간에 대해 이해해야 정확하게 판독할 수 있는 것이기도 한다. 즉 판독문의 작성은 목간 연구의 첫걸음이기도 하고 결론이기도 하는 셈이다. 그래서 판독문을 작성할 때에는 글자 하나하나가 중요한 것은 말할 필요도 없고 묵흔이 있는데 판독할 수 없을 경우 글씨가 몇 자 있는지 정확하게 표현하도록 주의해야 한다.

판독문과 관련해서 먼저 거론하고 싶은 것은 작은 문제이지만 묵흔 유무의 판단에 관해서이다.

능산리 313호목간(147쪽)은 절입부가 있고 앞면에 "자기사(子基寺)"라는 글씨가 있는데 뒷면에 대하여 본문에서 "묵흔이 있는 것 같지만, 판독은 불가능한 상태"라고 했다. 그리고 우이(嵎夷)라는 표기가 있는 관북리 286호(206쪽) 목간도 뒷면에 '묵서가 있으나 판독불능'이라고 했다.

뒷면에도 글씨가 있는 경우 앞면만으로 목간 내용이 끝나지 않는다는 것이 된다. 그래서 뒷면 글자가 해석을 결정적으로 좌우할 수도 있다. 묵흔이 정말로 글자인지 아닌지는 중요한 문제이고, 적외선 사진만으로는 결정하기 어렵기 때문에 실물조사를 통해서 뒷면을 확인할 필요가 있었다고 생각한다.

또한 능산리 305호(148~149쪽)에 대하여 "기존에는 이면의 '혜휘(惠暉)'와 '前' 사이에 한 글자가 더 있는 것으로 판독하였으나, 『고대목간』의 적외선사진으로 볼 때, 묵흔은 있으나 글자의 획으로 느껴져 혹 오자(誤字)를 서도(書刀)로 깎아낸 부분이 아닌가 생각된다."고 하였다. 하지만 서도로 깎았으면 목간 표면에 그 흔적이 남아 있을 것이다. 칼라사진을 봐도 묵흔이 있는 것을 확인할 수 있고 서도로 깎았다고 생각하기 어려운 것 같다.

3. 판독문에 대하여

본서에서 제시된 판독문에 대하여 몇 가지 의문을 가진 부분이 있었다.

1) 능산리 295호(121쪽)

제1면의 묵서된 글자를 "도양입입입(道禓立立立)"으로 판독하였다. 양(禓)은 "도로의 제사"나

4) 하시모토 시게루, 「雁鴨池 木簡 判讀文의 再檢討」, 『新羅文物硏究』 창간호, 2007.

"도로의 신"을 의미하기 때문에 제1면은 "도신인 양이 일어섰다"는 의미가 된다. 그런데 "양(禓)" 자로 판독한 글자는 "연(緣)"자로 보는 것이 타당하다고 생각된다. 그 경우 "길가에 세운다."라는 의미가 되어 이 목간의 게시방법을 지정한 것으로 해석된다. 또한 세 번 거듭되는 "입(立)"자를 저자는 남근이 섰다고 이해했다. 하단부에 있는 구멍을 받침대나 어딘가에 세울 때, 나무목과 같은 고정 장치를 꽂아 넣기 위한 것으로 추측한 것이다. 하지만 이 목간을 어딘가에 꽂아서 귀두 부분을 위로 하여 세웠다면 굳이 구멍을 뚫을 필요가 있었다고 생각되지 않는다. 목간을 게시했을 때 구멍이 있는 부분을 위로 하고 어딘가에 걸었다고 생각해야 잘 이해된다. 이러한 판독문과 해석의 구체적인 차이는 본호(本號)에 실린 히라카와 미나미의 논문 《도조신신앙의 원류》를 참조 바란다.

2) 관북리 285호(167쪽)

"목간 서사문화는 기원전 1세기경 한반도의 남단에서도 확인되며, 늦어도 7세기 말경에는 일본 열도로 전파된다. 한국의 고대목간은 목간의 최초 사용시기로도 알 수 있지만, 중국 한대(漢代)의 간독문화(簡牘文化)에 직접적인 영향을 받았다. 그러나 일본에서는 목간 사용연대가 종이가 보급되어 지목(紙木) 병용되었던 시기였기 때문에, 서사재료의 형태와 용도, 그리고 기능에 있어 중국, 한국과는 큰 차이가 난다. 일본의 고대목간은 한국의 8세기 이후 목간들과 형태나 용도가 유사하다."(33쪽)고 지적했다.

한국의 고대목간이 한대의 간독문화에 직접적인 영향을 받았다고 점과, 일본목간과 큰 차이가 난다는 점은 의문이다.

먼저 "한국의 고대목간"이라는 표현인데, 평자도 이 글에서 지금까지 "한국목간"이라고 써 왔지만 이는 어디까지나 대한민국에서(혹은 한반도에서) 출토된 목간이라는 의미로 사용한 것이며 "한국목간"이라는 실체가 있다고 생각하지 않는다. 고구려, 백제, 신라에서 서로 목간문화, 문자문화의 전개에 특색이 있었을 것이고, 각국의 중앙과 지방, 계층에 따라서도 차이가 있었을 것이다. 그것을 다 무시하고 "한국의 고대목간은 한대의 간독문화에 직접적인 영향을 받았다"고 하는 것은 일국사적인 시각으로 보는 것 같이 느껴진다.

고구려의 경우 한의 영향을 직접 받았다는 것은 충분히 상정할 수 있다. 다만, 고구려 목간이 지금까지 한 점도 출토되지 않았다. 그래서 한대 간독문화의 직접적인 영향이 있는지 없는지는 백제나 신라 목간을 검토해야 한다. 저자가 그 대표적인 예로 든 것이 관북리 285호 목간이다. 먼저 저자의 판독문을 제시한다.

· 中方向□ 十
×
□

· 二月十一月兵与記 ×

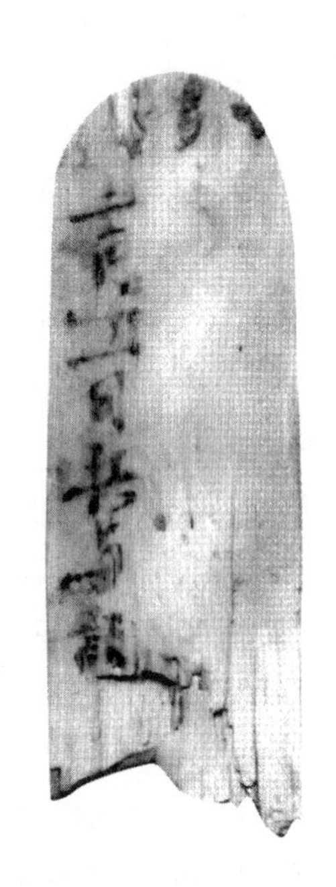

'병여기(兵与記)'는 '병기(兵器)의 분여(分与)에 관한 기록부(장부)'라는 의미이고, '이월십일월(二月十一月)'은 2월에서 11월에 이르는 기간 동안의 '병여기' 장부를 모두 정리해 놓았다는 뜻이라고 하여 "형태나 묵서내용 등 모든 면에서 중국 한대의 표지용(標識用) 꼬리표목간에 부합된다."(168쪽). 그리고 형태가 중국 한대의 편철목간의 표지(標識)로 사용된 갈(楬)과 비슷하다고 해서 '병여기' 장부의 표지로 사용된 꼬리표목간이라고 평가하였다. 이 표지가 종이두루마리에 사용됐을 것이라고 생각하여 "백제가 최종 보관용은 물론 중간단계의 정리용 장부들까지도 종이두루마리 형태로 제작해 사용하였음을 알려준다."(172쪽) "중방향(中方向)" 아래 세자 첫 글씨를 십(十)자로 해석하여 다음 글자가 일(一)이나 이(二)이면 장부를 최종 정리한 월·일을 기록한 것일 수도 있다고 지적하였다.

먼저 "중방향" 아래 첫 글자는 십(十)자일 가능성보다는 어떤 글자의 일부분일 가능성이 크다고 생각된다.

더 큰 문제는 전면의 "이월십일월(二月十一月)"라는 판독이다. 이 글자는 "이월십일일(二月十一日)"로 판독해야 할 것이다[5]. 본서처럼 1월과 12월의 문서를 제외하고 2월부터 11월까지의 서류만을 묶는다는 것은, 한대 간독 등에 그런 사례가 있으면 몰라도, 이해하기 힘든 일이다. 그리고 저자가 둘 다 월(月)자로 판독한 두 번째 글자와 다섯 번째 글자를 비교하면 비슷하기는 하나 형태가 다른 것을 알 수 있다. 특히 가운데 부분을 보면 두 번째 글자는 을(乙)처럼 보이는데 비해 다섯 번째 글자는 "ㄱ"처럼 보인다. 그래서 전자가 월(月), 후자가 일(日)자인 것은 확실하다.

그러면 이 목간이 표지용 목간이 아닐 경우 어떤 내용으로 생각할 수 있을까. 하나의 가능성을 제시하자면 "병" 즉 병기 자체에 붙인 하찰일 가능성이 있다. 정창원(正倉院)에는 화살에 매달린 채 남아 있는 목간이 있다[6].

아무튼 목간의 "병(兵)"이 병기를 뜻한다는 해석은 온당할 것이니, 목간이 출토된 유적 주변에 병기를 분여하는 중앙관청이 존재했다는 추측이 가능하다. 이 정도만으로도 유적의 성격을 추구

5) 지금까지 이용현, 「목간」, 『백제의 문화와 생활』, 충청남도 역사문화연구원, 2007, 267~268쪽도 그렇게 판독했다.
6) 狩野久, 『日本の美術160　木簡』, 至文堂(東京), 1979, 80쪽.

하는데 매우 중요한 실마리를 제공한다. 이런 정보야말로 목간만이 가지는 의의라고 할 수 있다.

4. 해석의 대하여

앞에서는 판독문에 대한 의문을 제시해 봤다. 다음으로 목간을 해석하는데 있어서 비약으로 생각되는 것을 검토해 보고 싶다.

능산리 309호 목간에 대한 저자의 판독문을 제시한다(132쪽).

· × □七□□死 ×
· × □再拜□ ×

이 판독문을 가지고 "사(死)", "재배(再拜)" 등의 묵서내용만으로도 '"죽은 자(死者)"를 위한 의례와 관련된 목간' 이며 백제 도제(道祭)의 의례절차를 기록한 홀기(笏記)나, "죽은 자"의 부정(不淨)을 경외(京外)로 내모는 대불의식(大祓儀式)과 관련된 목간이라고 추측하였다. 그런데, 상하가 파손되어 있어 문맥을 알 수 없는 단편적인 내용만을 가지고 그렇게 구체적인 용도를 추측하는 것은 무리라고 생각된다. 능산리에서 비슷한 기재내용을 가진 목간이 이밖에도 출토되었다면 그런 추측도 가능하겠지만, 증거가 없는 상태에서 억측을 할 필요가 있을지 의문이다.

다음에 능산리 299호 목간에 대한 해석도 무리한 억측으로 느낀다(150~152쪽). 저자는 인명으로 생각되는 "三貴", "至丈" 등이 나열된 이 목간을 능사에서 행해진 위령제(慰靈祭)와 관련된 위패(位牌)였을 가능성이 있다고 추측했다. 그런 추측의 근거로, "목간의 폭이 넓다", "상단 좌우의 모를 죽인 규두(圭頭) 형태를 하고 있다", "뒷면에 을(乙)과 같은 형태의 반복적인 부호가 전면에 채웠다"는 세 가지를 지적했다. 그런데 폭이나 규두는 부적이나 주부가 아니어도 충분히 가능성이 있다. 뒷면의 묵흔도 특별한 의미가 있는 것인지는 알 수 없다. 구체적인 사용법을 추측하는 것은 어렵지만, 나열되어 있는 것이 인명인 것은 확실할 것이므로, 역역동원(力役動員)이나 세(稅) 수취(收取)와 관련된 것일 가능성도 있다. 의례적인 것으로만 한정해서 추측할 필요는 없을 것이다.

Ⅳ. 맺음말

이 책의 특징으로 동아시아 역사의 관점에서 보고 있다는 것을 지적하였다. 그런 특징에 비해 평자가 문제점, 의문점으로 제기한 점은 너무 작은 것 같다. 그것도 백제목간에 대한 연구가 아직 부진한 현 단계로는 면하지 못 할 것일지도 모르겠다. 그래도 이 책이 앞으로 가지는 영향력을 생각할 때, 그런 자세한 점을 지적해 두는 것도 무의미하지는 않다고 믿는다.

이 책이 간행된 뒤 백제 목간의 보고가 잇따르고 있다. 능산리 목간에 대한 정식 보고서도 간행되었다. 보고서에는 지금까지 공개되지 않았던 목간도 많이 포함되어 있고, 특히 부스러기목간이 많이 출토되어 있었던 것이 능산리사지에서의 문서 행정 실태를 생각하기 위해 매우 중요하다. 그리고 저자가 《목간과 문자》 창간호에서 직접 보고한 쌍북리 현내들유적 출토 목간도 있고, 2008년 봄에는 같은 쌍북리의 가까운 유적에서 "무인년좌관대식기"와 "외경부(外椋部)"가 쓰인 하찰, 그리고 제첨축 목간이 출토되었다. 나주 복암리에서는 백제에서 처음으로 지방 목간이 발견되었는데 거기에도 궁남지와 같이 중구(中口) 등 인민 파악과 관련되는 글자가 보인다.

어느 목간도 백제의 문자 문화, 특히 문서행정이 매우 발달되어 있었던 것을 엿볼 수 있는 자료이다. 이러한 자료들도 포함해서 앞으로 저자가 다시 "백제 이야기"를 들려줄 것을 기대한다.

참/고/문/헌

국립경주박물관, 『문자로 본 신라』, 2003.

국립부여박물관, 『백제의 문자』, 2003.

국립창원문화재연구소, 『한국의 고대목간』, 2004.

와세다대학교 조선문화연구소, 『韓國出土木簡の世界』, 雄山閣, 2007.

윤선태, 「한국고대목간의 출토현황과 전망」, 『한국의 고대목간』, 국립창원문화재연구소, 2004.

윤선태, 「扶餘 陵山里 出土 百濟 木簡의 再檢討」, 『東國史學』 40, 2004.

윤선태, 「百濟 泗沘都城과 '嵎夷' -木簡으로 본 泗沘都城의 안과 밖」, 『東亞考古論叢』 2, 2006.

윤선태, 「한국고대목간의 형태와 분류」, 『역사와 현실』 65, 2007.

윤선태, 「百濟의 文書行政과 木簡」, 『한국고대사연구』 48, 2007.

이용현, 『한국목간기초연구』, 신서원, 2006.

이용현, 「목간」, 『백제의 문화와 생활』충청남도 역사문화연구원, 2007

하시모토 시게루, 「雁鴨池 木簡 判讀文의 再檢討」, 『新羅文物研究』 창간호, 2007.

狩野久, 『日本の美術160 · 木簡』, 至文堂(東京), 1979.

목간과 문자 연구 II

역　음 / 한국목간학회
발행인 / 최병식
발행처 / 주류성 출판사
발행일 / 2009년 4월 24일
등록일 / 1992년 3월 19일 제 21-325호
주　소 / 서울특별시 서초구 서초동 1308-25 강남오피스텔 1309호
전　화 / 02-3481-1024(대표전화)
전　송 / 02-3482-0656
homepage / www.juluesung.co.kr
e-mail / juluesung@yahoo.co.kr

값 15,000원

ISBN 978-89-6246-013-1
세트　978-89-6246-006-3